E

La France

aspects géog _____ niques

ARMAND COLIN

Collection Prépas

Série Histoire, dirigée par Fabrice Abbad
Série Géographie, dirigée par Robert Cheize

F. ABBAD, *La France de 1919 à 1939.*

B. BRUNETEAU, *La construction de l'Union européenne depuis 1945.*

R. CHEIZE et J.-P. ROUSSEAU, *Le monde en cartes.*

F. MARCARD, *La France de 1870 à 1918.*

J. MAUDUY, *Les États-Unis.*

> **NOTE À L'USAGE DU LECTEUR**
>
> – Les termes suivis d'un astérisque renvoient à l'index des clés et repères, p. 235.
> – MF = million(s) de francs ; MDF = milliard(s) de francs.

© Armand Colin / Masson, Paris, 1996
ISBN : 2-200-01414-7

Masson / Armand Colin Éditeurs – 5, rue Laromiguière – 75241 Paris Cedex 05

Sommaire

Introduction 3-4

Chapitre 1. Le cadre français 5
Chapitre 2. La population française............................. 35
Chapitre 3. L'agriculture française.............................. 69
Chapitre 4. L'industrie française 105
Chapitre 5. L'énergie en France................................... 141
Chapitre 6. Les transports en France 167
Chapitre 7. La France dans le monde 203

Conclusion.. 232/233

Bibliographie 234

Index

index des clés et repères.. 235
index des notions 236/237

Table des synthèses.. 238

Introduction

Cette étude géographique et économique de la France fait le point sur les enjeux qui attendent notre pays, en l'insérant en permanence dans son contexte européen et mondialiste.

La France dans le système-monde

La place de la France, dans ce système-monde, est celle d'une puissance moyenne à vocation mondiale.
– 58,3 millions d'habitants en 1996 : c'est la 4e population du continent européen, sans compter l'ex-URSS, la 20e mondiale.
– Dans le classement de la Banque Mondiale en 1993, la France arrivait en 11e position avec 22 360 dollars PNB par habitant.
– La place de la France est aussi éminente dans le commerce mondial : 4e commerce mondial en 1994 avec 5,5% des échanges.
– Mais, en dépit de sa puissance moyenne, la France possède une vocation mondiale : rôle moteur dans l'Union européenne ; place de sa langue et de sa culture ; poids politique et économique ; idées (rôle de la Révolution française, droits de l'Homme) ; certaines réalisations technologiques ; voire la possession du 3e domaine océanique mondial.

La France en 1995-1996 : ombres et lumières

L'inflation au plus bas depuis 38 ans. 1994 a connu la plus basse inflation depuis 1956 (1,7% contre 1,9% en 1992 et 2,1% en 1993). En maîtrisant ses prix mieux que ses principaux concurrents (2,9% en moyenne pour 1994 ou 2,7% pour l'Allemagne), à part la Suisse ou le Japon, pour la 4e année consécutive, la France engrange chaque mois des excédents commerciaux : c'est la désinflation compétitive.
Saine, compétitive, conquérante à l'étranger, rassurante pour les marchés financiers, la France sans inflation est en principe un bon tremplin pour bénéficier de la reprise mondiale en cours. À ceci près que les sacrifices qu'elle s'impose depuis des années pour maîtriser ses prix bloquent le moteur principal qui fait tourner les entreprises : la confiance des Français eux-mêmes qui ne sont payés de cette vertu ni en termes de salaires ni en termes d'emplois.
Un cercle vicieux a fini par s'installer. La faible inflation s'explique par une maîtrise draconienne des coûts (gel des salaires, suppressions d'emplois) qui dépriment les ménages. En conséquence, pour attirer les consommateurs, on multiplie premiers prix, rabais, soldes, lesquels, dans les entreprises, pèsent sur les marges et surtout encore un peu plus sur les salariés.

La situation de l'emploi et les déficits. Le seuil des 3 millions de chômeurs a été atteint à la fin de l'année 1992 et on a culminé en 1993-94 à 12,5% de chômeurs dans la population active (3 350 000 en mars 1994), avant une légère décrue en 1995 pour revenir autour de la barre des 3 millions au milieu de l'année 1995 (croissance de 2,4%).

En revanche, conséquence de la récession des années 1992-1993, les déficits publics se sont creusés :

Difficile maîtrise des déficits budgétaires (en MDF) (hors recettes des privatisations)						
1990	1991	1992	1993	1994	1995	1996
− 93,5	− 133,6	− 236,2	− 334,9	− 349,1	− 323	− 290

La dette publique de l'État s'est considérablement accrue :

La dette publique de l'État (1980-1995) en MDF (hors dettes sociales)			
1980	1985	1990	1995
418	1 067	1 782	3 148

En 1995, l'État a consacré 200 MDF uniquement à rembourser ses emprunts. C'est le 3ᵉ poste budgétaire après l'Éducation nationale et la Défense. Cette charge passera à 226 MDF en 1996, devenant le 2ᵉ budget civil.

Depuis 1992, c'est l'explosion. L'explication est simple : les déficits budgétaires s'accumulent, obligeant l'État à multiplier les emprunts, leur niveau d'intérêt élevé gonflant les remboursements ; la faible croissance de l'activité économique des années 1992-93-94 a privé l'État de précieuses recettes. De plus, depuis mai 1993, les mesures en faveur des entreprises ont accru la dette.

Le dérapage des finances publiques n'est pas sain : un État lourdement endetté (41% des richesses produites en 1995) perd l'essentiel de sa marge de manœuvre pour peser efficacement sur l'économie.

Le retour à l'excédent du commerce extérieur. En 1991, le déficit du commerce extérieur était encore de 30 MDF. Le redressement s'est confirmé dès 1992 (+ 30,5 MDF) et s'est stabilisé (+ 88,2 MDF en 1993 et + 87,8 en 1994). Ces bons résultats soulignent la compétitivité de l'économie française et se trouvent confirmés par la balance des paiements* (+ 52,4 MDF en 1993 et + 54,4 en 1994) et par le solde commercial record de 1995 : + 104,5 MDF.

Une approche originale

Les sept chapitres de l'ouvrage, toujours articulés autour d'un *cours*, de *synthèses partielles*, de *sujets* et de *plans*, de *cartes* et des *clés et repères* nécessaires à leur compréhension, composeront une synthèse actualisée des connaissances et des problématiques concernant la France.

Tout d'abord, le cadre français et la population représentent les bases du fonctionnement économique : *le cadre français* met en place l'organisation du territoire, sa constitution, ses privilèges géographiques, tandis que *la population* est devenue une question économique et sociale fondamentale (ralentissement de la croissance démographique, immigration, chômage). Ensuite, les trois secteurs de l'économie sont passés en revue : *l'agriculture* face à son internationalisation dans un espace européen mais aussi mondial ; *l'industrie* qui constitue l'une des originalités économiques de la France par ses structures et qui doit, elle aussi, faire face à son insertion dans l'usine mondiale ; et, enfin, le secteur tertiaire. *L'énergie* et les *transports* sont les deux facteurs essentiels au développement économique du pays et à son intégration dans l'Union européenne ou dans le système-monde, tout comme les aspects contrastés du *commerce extérieur*.

Chapitre 1

Le cadre français

▶ **Sujets possibles** 6

▶ **Cours : Le cadre français** 7

    Introduction
    1. L'organisation du territoire
        1.1. Les deux grandes lignes de l'organisation du territoire
            1.1.1. Deux domaines structuraux
            1.1.2. Une histoire géologique complexe
        1.2. Les grands domaines morphologiques
            1.2.1. La France hercynienne des plaines et des plateaux
            1.2.2. La France hercynienne et alpine soulevée, disloquée, plissée
    2. Le climat de la France
        2.1. Les composantes du climat
            2.1.1. Le privilège climatique du territoire français
            2.1.2. Les principaux types de temps
        2.2. Les domaines climatiques
            2.2.1. Types de climat
            2.2.2. Les irrégularités du climat et son évolution
    3. Les caractères généraux de l'espace français
        3.1. La constitution du territoire
            3.1.1. La formation territoriale de la France
            3.1.2. Principales conséquences
        3.2. Les privilèges géographiques
            3.2.1. Les privilèges de situation
            3.2.2. Une position de relation
    Conclusion

▶ **Synthèses** 19

        1. Phénomènes naturels-catastrophes humaines
        2. Les climats français
        3. Le bilan de l'eau
        4. L'aménagement du bassin de la Loire
        5. L'émergence d'espaces transfrontaliers : les Eurorégions
        6. Carte : Atouts et contraintes de l'espace naturel français

▶ **Plans** 30

        1. La montagne face au tourisme
        2. Les activités liées à l'eau

▶ **Clés et repères** 34

Sujets possibles

1. Annales

– IEP Paris
Le milieu montagnard français : atout ou handicap (1993).

– Saint-Cyr
L'eau en France : origine, répartition, utilisation et gestion (l'étude portera aussi bien sur les eaux souterraines que sur les eaux superficielles et les bassins hydrographiques) 1993.
On a dit de la France qu'elle était « une puissance moyenne à vocation mondiale » : quels sont, selon vous, les fondements historiques et géostratégiques de cette réflexion ? (1994).

– Agrégation interne H/G
Les inondations en France : géographie d'un risque naturel (1995).

2. Sujets de synthèse

(comprenant une réflexion plus ou moins importante sur le cadre français)

Les conditions naturelles de la mise en valeur de l'espace français.
Atouts et handicaps naturels de l'espace français.
L'évolution des grands traits de l'organisation de l'espace français (1973-1993).

Les montagnes françaises et leur utilisation par le tourisme d'hiver (CAPES 1986).
La géographie du tourisme et des loisirs dans les montagnes françaises (CAPES 1993).
Différenciations et dynamiques des espaces montagnards français (CAPES interne 1992).
La montagne française : les aménagements de l'espace (Agrégation interne H/G 1989).
Les montagnes dans l'espace français (Agrégation de géographie 1995).
La montagne dans l'espace français : étude humaine.
La France alpine.

L'eau et l'agriculture en France (CAPES 1982 et Agrégation d'histoire 1987).
Les activités liées à l'eau (mers, fleuves, rivières, canaux…) dans l'économie française (ECRICOME 1990).
L'eau en France : nature et utilisations.
Les grands aménagements des fleuves français.

Continuité et ruptures dans l'aménagement du littoral français (Agrégation interne H/G 1994).
L'aménagement des espaces côtiers en France (Agrégation interne H/G 1991).
L'importance humaine de l'ouverture maritime de la France et ses limites.

La France est-elle un isthme ou un finistère de l'Europe ?
Rhin-Rhône-Méditerranée : rôle et perspectives dans l'organisation de l'espace français.

3. Sujets traités

La montagne face au tourisme.
Les activités liées à l'eau en France.

Cours

Le cadre français

Introduction

– La France bénéficie d'un certain nombre d'avantages de situation :

■ l'extension de son espace dans une Europe qui reste un petit continent à l'échelle planétaire : 551 695 km² devant l'Espagne (504 782 km²), la Suède (449 964 km²), l'Allemagne réunifiée (356 755 km²), la Finlande (337 009 km²), l'Italie (301 225 km²) ou le Royaume-Uni (244 046 km²) ;

■ sa position aux latitudes tempérées et le privilège climatique de façade ouest des continents ;

■ ses larges ouvertures maritimes, sur l'Atlantique ou sur la Méditerranée.

L'hexagone est le résultat d'*une longue histoire qui a mené à l'affirmation de sa souveraineté*, à l'intérieur de frontières patiemment acquises, et à l'*émergence du concept de nation* (987, guerre de Cent Ans, François Iᵉʳ, 1793…). Il est aussi le résultat d'une longue histoire de la construction des paysages* actuels, de leur mise en valeur, action qui se poursuit. Ce sont les hommes qui font les régions, les nations…

– Tout ceci pourrait se traduire par le fait que la France est une entité historique, un personnage historique (Michelet), c'est-à-dire l'État-nation où le cadre mais aussi la **nation** française ne font qu'un.

Les hommes s'approprient tout espace qu'ils habitent : ils l'organisent, le gèrent et en font un **territoire**. La France a été l'une des premières puissances à réaliser l'unité de son territoire. Sa pérennité découle des multiples solidarités qui se sont forgées au cours de son histoire.

Le territoire est donc une œuvre humaine, base géographique de l'existence sociale. Il est le produit des groupes sociaux qui le structurent (maillage par les villes et les infrastructures) et le font vivre (flux). Il est par conséquent sans cesse recomposé. Autour du territoire français, de nouvelles relations, de nouvelles solidarités se mettent en place, franchissant les frontières : intégration européenne, insertion dans le système-monde.

– *Science des territoires*, la géographie est l'étude à un moment donné des interactions entre un milieu naturel et les hommes. En découle la nécessité de prendre en compte les milieux naturels et de les connaître pour mieux en tirer parti ou les protéger (*cf.* les rapports entre climats et agriculture/tourisme ou géomorphologie*/tunnel sous la Manche, ou encore pétrole/géologie des bassins sédimentaires*).

cf. *cartes* p. 20 28-29 222

cf. *synthèse* p. 154

Agriculture, industrie et vie de relations s'appuient sur un certain nombre de facteurs naturels dont l'inventaire est nécessaire à une bonne compréhension économique du pays : l'organisation de l'espace régional ou national repose sur un certain nombre de contraintes physiques (couloirs, portes maritimes et montagnardes, seuils).

cf. *synthèses*
p. 19
  21
  22

Enfin, il ne faut pas oublier la nécessaire préservation de cet environnement face aux aléas climatiques ou aux excès anthropiques : sécheresse, incendies de forêts, pollution… ou aux catastrophes dites « naturelles » (inondations, glissements de terrain…).

1. L'organisation du territoire

1.1. Les grandes lignes de l'organisation du territoire

1.1.1. Deux domaines structuraux

Dans son ensemble, la France est un bas-pays où les régions de plaines, de bas-plateaux et de moyennes montagnes l'emportent sur les contrées de hautes montagnes. Ce caractère est bien mesuré par l'altitude moyenne de la France continentale qui est de 342 mètres :

- 25% se situent en dessous de 100 mètres ;
- plus de 68% en dessous de 250 mètres ;
- 6,8% dépassent 1 000 mètres.

La clé de l'organisation topographique n'est pas fournie par une courbe de niveau mais par une grande ligne en forme de S, de direction principalement méridienne, qui jalonne la limite entre deux domaines structuraux* : le domaine **hercynien*** et le domaine **pyrénéo-alpin*** :

- au nord et à l'ouest de cette ligne, se développent les deux types de structures hercyniennes : les massifs anciens* (Vosges, Ardennes, central, armoricain) ; les bassins sédimentaires* (anglo-flamand, parisien, aquitain) ;
- à l'est et au sud s'étendent les montagnes mises en place par les orogenèses tertiaires : Jura, Alpes, Pyrénées, mais aussi les couloirs d'effondrement qui leur sont liés : Alsace, Saône, Rhône.

Cette ligne est remarquable :

cf. *carte*
p. 28-29

- par les altitudes (rebord est du Massif central, volcanisme) ;
- par ses dénivellations (1 000 m par rapport aux plaines du bas Languedoc, au couloir Saône-Rhône). Elles isolent les hauts pays situés à l'ouest de cette ligne directrice (Vivarais) et interdisent toute liaison transversale. De rares seuils permettent les passages (Lauragais, Langres ou Bourgogne, voire Forez) ;
- par son rôle de ligne de partage des eaux : elle sépare les bassins hydrographiques orientés vers l'Atlantique de ceux tournés vers la Méditerranée.

Si cette ligne directrice sépare deux mondes structuraux, elle sépare aussi deux domaines dont l'évolution morphologique a été différente :

- à l'ouest, c'est la France du relief en creux où les plaines et les plateaux s'étendent indifféremment sur les bassins sédimentaires* et les massifs anciens* de cette France hercynienne. Les altitudes moyennes montrent la faiblesse de l'orographie* : Bassin parisien (178 m), Bassin aquitain (135 m), Massif armoricain (104 m), Vosges (580 m) et Massif central (715 m) ;
- à l'est, c'est la France des montagnes jeunes, des effondrements récents, des volumes topographiques importants : Corse (570 m), Jura (660 m), Pyrénées (1 010 m), Alpes du Sud (1 220 m), Alpes du Nord

(1 523 m). Ces montagnes sont associées à des régions fortement déprimées : bas Languedoc (122 m), couloir rhodanien (279 m).

1.1.2. Une histoire géologique complexe

Enfin, c'est l'aboutissement d'une histoire géologique complexe.

■ Immensité des temps précambriens (– 4 milliards d'années à – 600 millions) : l'espace français se situe sur l'emplacement de très anciennes orogenèses* précambriennes, reprises dans des mouvements ultérieurs. Il s'agit pour l'essentiel de roches métamorphiques (roches sédimentaires transformées sous l'action de facteurs physiques – température et pression – ou chimiques – apport de minéraux secondaires).

■ Importance du bâti hercynien* (Primaire – 600 millions à – 280 millions d'années) : c'est le socle français. On parle d'ailleurs souvent de « tyrannie hercynienne ».

■ Après la mise en place des massifs hercyniens, s'est déroulée une longue phase d'érosion, d'aplanissement, qui a donné la pénéplaine post-hercynienne (la fin des temps du primaire correspond à une durée de temps comparable à celle de la seule ère tertiaire).

■ Temps secondaire (– 280 millions à – 65 millions d'années) : transgressions et sédimentations marines, conséquences de l'ouverture progressive de l'Atlantique. C'est une longue période de calme tectonique.

■ Événements orogéniques* du Tertiaire (– 65 millions à – 1,5 million d'années) :

– éocène (– 53 à – 34 millions d'années), c'est la phase pyrénéo*-provençale ;

– oligocène (– 34 à – 23,5 millions d'années), c'est l'orogénie alpine* ;

– au miocène, se confirme le contraste d'évolution morphostructurale entre les deux France :

• à l'ouest et au centre-nord, sédimentation marine et lacustre ultime et pénéplanation sur les reliefs ;

• à l'est, au centre-sud et au sud-est, poursuite des mouvements orogéniques alpins, volcanisme sur le Massif central (Cantal) qui se poursuivra jusqu'au début du quaternaire (chaîne des Puys).

Pour le Tertiaire, les événements marquants sont, par conséquent, l'orogénie* des montagnes jeunes, le volcanisme et la fin de la sédimentation marine.

■ Le Quaternaire : variations climatiques et eustatiques ; les modelés d'aujourd'hui sont les héritages des ères géologiques passées mais aussi de leurs différents climats et donc des cycles érosifs qui se sont succédé.

L'évolution actuelle des milieux physiques continue. En sont témoins les littoraux, la haute montagne ou les catastrophes, dites « naturelles ». cf. *synthèse* p. 19

1.2. Les grands domaines morphologiques

1.2.1. La France hercynienne des plaines et des plateaux

Les massifs anciens* et les bassins sédimentaires* témoignent de la succession et de l'ampleur des cycles d'érosion.

Dans ce milieu homogène, l'essentiel du relief est déterminé par des réseaux de vallées, hiérarchisées, organisées en grands bassins. Ils délimitent les terroirs* qui constituent la trame de l'organisation territoriale de ces régions.

Les différences de lithologie* sont responsables des oppositions régionales les plus marquées (Lorraine, Champagne pouilleuse/humide, cuestas*/plateaux/dépressions).

Ce sont souvent des définitions historiques qui sont utilisées pour identifier et délimiter régions et pays, preuve du rapport étroit entre un paysage et sa mise en valeur.

1.2.2. La France hercynienne et alpine soulevée, disloquée, plissée

L'armature de cette zone peut être trouvée dans le grand escarpement de faille/ligne de partage des eaux analysé précédemment.

Le domaine est celui des grands plateaux calcaires (Langres, haute Saône, Jura, Préalpes, Provence, Causses). Ces plateaux sont inégalement karstiques*.

L'hydrologie est originale : les directions sont méridiennes.

La gamme des reliefs est variée (côteaux, cuestas*, escarpements de failles) allant de pair avec l'ampleur des dénivellations qui joue un rôle capital :

cf. *carte*
p. 28-29

■ dans la localisation des hommes, dans la délimitation des terroirs*, des régions ;

■ un rôle tyrannique sur la circulation : les axes sont canalisés dans les sillons ou resserrés sur les interfluves*. Les relations transversales sont de ce fait limitées et difficiles.

C'est aussi la France alpestre des grands massifs. Deux caractères en définissent l'originalité :

cf. *plan*
p. 30

■ l'altitude qui explique la dénivellation, l'étagement des formes du relief, des conditions climatiques, de la végétation, des sols. L'organisation et l'utilisation du sol sont marquées par cet étagement (transhumance) ;

■ la prédominance des vallées où se concentre l'humanisation.

Les terroirs* sont différents de ceux des plaines, ils se définissent en fonction de l'altitude, de l'exposition et des pentes.

L'espace français combine le privilège de la situation et le privilège du relief : c'est-à-dire que son relief n'oppose pas d'obstacles majeurs à l'exploitation de ses potentialités :
- 68% du territoire sont situés en dessous de 250 m d'altitude ;
- la disposition des plaines en fait l'un des pays les plus ouverts qui soient ;
- l'opposition orographique* se fait entre France Nord/Sud ; Ouest/Est.

---

2. Le climat de la France

2.1. Les composantes du climat

2.1.1. Le privilège climatique du territoire français

– Les situations zonale et géographique de l'espace français l'expliquent :

■ une latitude moyenne (42°5 N/51°N), soit la limite entre la zone tempérée et la zone subtropicale (12 mois avec une température supérieure à 6°C et une température de + 20°C en juillet sur la face ouest des continents, ce qui rattache la France aquitaine et méditerranéenne à ce domaine subtropical) ;

■ une double façade maritime.

– La disposition du relief sur les bordures est et sud du pays favorise une large ouverture aux influences océaniques et l'instabilité du temps liée au passage du Front Polaire (FP) qui explique la succession des types de temps sur l'hexagone. Les températures de juillet augmentent du sud vers le nord selon une disposition latitudinale, celles de janvier diminuent de l'ouest vers l'est selon une disposition méridienne.

2.1.2. Les principaux types de temps

– Les principaux types de temps sont :

■ l'été : un beau temps avec l'anticyclone des Açores, un mauvais temps avec un anticyclone faible (passage de dépressions) ;

■ l'automne : l'été « indien » si l'anticyclone reste, ou les premières tempêtes quand il se retire pour laisser la place au Front Polaire ;

■ l'hiver : froid et sec avec la présence des anticyclones scandinave ou sibérien, ou doux et pluvieux si le Front Polaire reste constant sur la France ;

■ le printemps : la persistance de la pluie et du vent avec le Front Polaire ou l'arrivée des premières bouffées de chaleur grâce aux timides incursions vers le nord de l'anticyclone des Açores et donc un accroissement du caractère orageux (giboulées).

– La circulation atmosphérique dépend, par conséquent, de quelques centres d'action : deux dépressions (Islande-Gênes) et trois anticyclones (Açores et l'hiver : Scandinavie ou Sibérie) qui sont responsables de l'existence du Front Polaire, des types de temps par saison, des vents et des précipitations.

2.2. Les domaines climatiques

2.2.1. Types de climats

Deux grands domaines climatiques se partagent la France : le domaine océanique avec ses dégradations continentales et montagnardes, et l'amphithéâtre méditerranéen.

cf. synthèse p. 20

Le climat océanique et ses nuances :

■ le *type breton* est le plus océanique (amplitude thermique limitée à 10°C, de 180 à 200 jours de précipitations, un ensoleillement modeste avec 1 600 à 1 700 heures par an) ;

■ le *type parisien* est caractérisé par des amplitudes plus fortes (12°C à 17°C), des précipitations moins abondantes (500 à 700 m/m), un ensoleillement plus grand (1 800 à 1 900 heures) ;

■ le *type aquitain* est, en revanche, plus chaud et orageux en été, avec un ensoleillement plus important (+de 2 000 heures).

Les dégradations continentales et montagnardes du climat océanique :

■ le type *lorrain* est semi-continental avec des hivers froids et des amplitudes annuelles plus fortes (16°C à 19°C), un ensoleillement modeste (1 600 à 1 700 heures) car les étés sont souvent pluvieux ;

■ le type *rhodano-alsacien* ou semi-continental d'abri concerne les grands fossés d'effondrement de l'est : de faibles précipitations souvent orageuses l'été (500 à 600 m/m), des hivers bien marqués et un ensoleillement non négligeable de 1 800 à 2 000 heures par an ;

■ la *nuance montagnarde* du climat océanique affecte les régions au-dessus de 600 à 800 m : diminution des températures (– 0,6°C tous les 100 m), précipitations atteignant plus de 1 000 m/m (record de France au mont Aigoual 2 280 m/m), la présence de la neige durant 3 à 6 mois.

Le *climat méditerranéen*, limité rapidement par les versants montagneux, se définit surtout par son climat chaud et sec l'été (ensoleillement élevé, 2 600 à 3 000 heures par an) et ses précipitations brutales d'automne et de printemps avec un hiver doux.

2.2.2. Les irrégularités du climat et son évolution

– Les accidents climatiques sont fréquents et leurs conséquences économiques lourdes :

■ sécheresses excessives : 1948, 1976, 1989-1990-1991 ;

■ hivers rigoureux : 1954, 1963-1964, 1985-1986-1987.

– Le climat français actuel devient plus océanique :

■ réchauffement des minima de température en hiver ;

■ refroidissement des maxima d'été ;

■ baisse de la température moyenne de juin par rapport à celle de septembre.

Ces trois critères sont liés avant tout à la régulation thermique de l'océan et à son bilan radiatif. Les variations de la circulation atmosphérique permettent une pénétration plus ou moins grande de ces influences.

■ La diminution du rapport pluies d'été/pluies d'hiver apparaît aussi importante. Cette notion traduit en partie l'opposition continent/océan. En effet, en hiver, les précipitations sont beaucoup plus abondantes dans les climats océaniques (refroidissement des masses d'air océaniques pénétrant sur le continent).

Cette océanisation du climat apparaît nettement dans la plus grande partie de la France, à l'exception du nord-est.

– L'urbanisation a aussi des conséquences sur l'évolution climatique. Elle se marque plus dans les températures que dans les précipitations. La variation des minima de température est essentiellement due en hiver à l'apport d'une énergie anthropique supplémentaire (2°C à 3°C par siècle), d'où une diminution spectaculaire du nombre de jours de gel et de brouillard. Mais il y a aussi une diminution des maxima d'été :

- baisse de la chaleur estivale à cause de l'océanisation ;
- baisse du rayonnement solaire due à l'augmentation de la pollution atmosphérique.

Évolution du nombre de jours de brouillard dans l'agglomération parisienne			
Stations (du centre à la périphérie)	1931-1960	1961-1980	Différence
Paris-Saint-Jacques	30	23	− 7
Paris-Montsouris	41	32	− 9
Saint-Maur-des-Fossés	51	42	− 10
Le Bourget	53	52	− 1
Orly	52	50	− 2
Villacoublay	53	53	=
Brétigny	57	57	=
Trappes	61	56	− 5
Melun	65	61	− 4

Modifications des moyennes climatiques de la ville par rapport à la campagne		
Facteurs	Ville comparée à la campagne (exemple pris dans les pays tempérés)	
Température	Moyenne annuelle Maximum d'hiver Saison sans gel	+ 0,7°C + 1,5°C + 2 ou 3 semaines
Vitesse du vent	Moyenne par an Fréquences des calmes	− 20% à 30% + 5% à 20%
Humidité relative	Moyenne annuelle Moyenne saisonnière	− 6% − 2% en hiver, − 8% en été
Précipitations	Moyennes Nombre de jours Nombre de jours de neige	+ 5% à 10% + 10% − 14%

Il reste que, globalement, les conditions climatiques favorables de la France peuvent être considérées comme des ressources appréciables pour l'agriculture, l'industrie, le tourisme, les transports. La France est située au centre des terres émergées et constitue à la fois un isthme* et un promontoire à l'ouest du continent eurasiatique, résultats de la géographie et de l'histoire

3. Les caractères généraux de l'espace français

3.1. La constitution du territoire

3.1.1. La formation territoriale de la France

– L'œuvre des Capétiens a été fondamentale. Les deux points de départ sont à la fois le traité de Verdun en 843 qui donne à Charles II le Chauve la Francie occidentale, puis l'élection de Hugues Capet en 987 qui fixe le royaume à Paris et en Ile-de-France. Les grands Capétiens (Philippe Auguste – 1180/1223 – ou Philippe IV Le Bel – 1285/1314) n'auront de cesse d'agrandir le domaine royal et d'y faire respecter leur autorité.

Le plus grand péril aura été anglais : les possessions anglaises étant un héritage des Plantagenêts (Guillaume le Conquérant, 1066) puis le résultat du divorce entre Louis VII et Aliénor d'Aquitaine qui donnera naissance par la suite à Richard Cœur de Lion et Jean Sans Terre (guerre de Cent Ans – 1346/1453).

– Cette œuvre sera poursuivie par les Bourbons, prolongeant l'action du Valois François Ier (Bretagne et Auvergne rattachées au domaine royal).

C'est un édit d'Henri IV (1607) réunissant le domaine privé au domaine royal qui donnera au territoire français un élément de cohésion inexistant auparavant.

Seules les frontières du Nord et de l'Est devaient encore être déplacées avant d'être fixées sur les lignes actuelles :

- pour la frontière Nord :
  - de la mer du Nord à la Sambre (traité d'Utrecht en 1713) ;
  - de la Sambre au Rhin (second traité de Paris en 1815) ;
- pour la frontière de l'Est, le Rhin est atteint sur toute la longueur de l'Alsace à la signature du traité de Rastadt en 1714.

Il restera alors l'acquisition du duché de Lorraine le 23 février 1766.

On rappellera, enfin, que du traité de Francfort (10 mai 1871) au traité de Versailles (28 juin 1919), l'Alsace et une partie de la Lorraine furent détachées de l'espace français.

Dans le sud-est, les évolutions seront plus récentes :

- la Corse devient française en 1768 ;
- le Comtat Venaissin et Avignon demandent leur rattachement le 14 septembre 1791 ;
- la Savoie et le Comté de Nice, un moment français sous la Révolution mais perdus à l'issue des guerres napoléoniennes, font retour à la France en 1860 (traité de Turin) ; de même que Roquebrune et Menton sont cédés à la France le 2 février 1861 par le prince de Monaco.

– Les dernières modifications datent de la Deuxième Guerre mondiale.

Lors de la conférence de la paix (juillet 1946 à Paris), la France obtient une rectification de sa frontière dans le sud-est : l'Italie cède quelques hautes vallées alpines tributaires des versants rhodaniens ou provençaux (Brigue et Tende).

La Sarre, politiquement détachée de l'Allemagne et économiquement rattachée à la France, devient un territoire autonome dirigé par un gouvernement local et un haut commissaire français. Elle reviendra définitivement à l'Allemagne le 1er janvier 1957.

Quelques étapes de la construction de la France	
Moyens utilisés	
Conquête militaire	−1204 : Normandie, Anjou et Poitou −1223-29 : une partie du sud de la France −1477 : Bourgogne −1552 : Evêchés lorrains −1601 : Bresse et Bugey −1648 : Alsace −1659 : Roussillon −1668 : Flandre −1678 : Franche-Comté −1918 : retour de l'Alsace-Lorraine
Utilisation du droit féodal	−1202 : confiscation par Philippe Auguste des fiefs de Jean Sans Terre −1305 : Vivarais −1307 : archevêché de Lyon
Droit privé (mariages et dots, héritages)	−1189 : Artois −1271 : Comté de Toulouse −1285 : Champagne −1481 : Provence −1532 : Bretagne −1766 : Lorraine
Achats et autres procédés	−1239 : Comté de Mâcon −1286 : Comté de Chartres −1461 : Dauphiné −1768 : Corse −1860 : Nice et la Savoie

D'Hugues Capet à l'hexagone actuel, il aura fallu presque 1 000 ans pour donner à la France ses frontières contemporaines, dites « naturelles » sur 5 des 6 côtés de son hexagone.

3.1.2. Principales conséquences

– L'unité politique de la France a été réalisée bien avant celle des autres pays d'Europe occidentale. Dès les XVIᵉ/XVIIᵉ siècles, la France représentait un grand espace politique face au morcellement de l'Italie, de l'Europe centrale et du Nord.
Dès le XVIIIᵉ siècle, le territoire de la France avait pratiquement acquis ses limites actuelles.

– Le territoire français, augmenté progressivement, a été solidement organisé par une monarchie autoritaire, fortement centralisatrice. Cette situation territoriale et politique particulière a favorisé par le passé le dynamisme et l'attraction de la France. Elle explique également l'ancienneté et le poids de la centralisation.

– Il ne faut cependant pas négliger l'importance de l'entrée tardive de certaines provinces dans l'espace politique et administratif français. Elle rend compte de certaines particularités de structures, de mentalités, de relations entre provinces qui persistent encore (Concordat en Alsace).

– Cette géographie historique tient une grande place dans les paysages* et l'organisation actuels de l'espace français. On ne peut comprendre la répartition de certaines forêts (les marches-frontières), les contrastes de peuplement et l'habitat, les sites de nombreuses villes sans faire référence à l'histoire de l'hexagone.

– Enfin, cette construction politique progressive de l'espace français fait mieux comprendre la relativité d'une France délimitée par des frontières dites « naturelles ».

Sur 5 500 km de frontières, on peut distinguer :

- 3 300 km de côtes ;
- 1 000 km de chaînes de montagnes (Alpes et Pyrénées) ;
- 195 km le long de la rive gauche du Rhin.

Seule la frontière Nord ne s'appuie sur aucun élément naturel : elle recoupe les bassins et les cours de nombreux fleuves et rivières de la Moselle à l'Yser, ce qui explique les problèmes d'arrière-pays* du port de Dunkerque face à celui d'Anvers.

La forme territoriale qui en résulte est massive :

- 950 km de Dunkerque au Canigou ou d'Ouessant à Strasbourg ;
- 1 000 km d'Hendaye à Lauterbourg ;
- 1 050 km de Brest à Menton.

3.2. Les privilèges géographiques

3.2.1. Les privilèges de situation

La situation (continuité entre les lieux) de la France peut se définir comme suit :

– au centre des terres émergées du globe : le pôle de l'hémisphère rassemblant la plus grande superficie des terres émergées du globe se trouve près de la ville de Nantes. Cela confère un rôle de plaque tournante à la France, ce que soulignent les grandes routes maritimes, ses façades maritimes, son rôle aérien (7e aéroport mondial et 2e européen).

– à l'extrémité de l'Europe occidentale, ce qui favorise une tendance continentale vers la grande plaine de l'Europe du nord-ouest et une tendance océanique ou maritime vers :

- la mer Méditerranée, fortement continentale, civilisatrice, mais aussi l'ouverture vers les colonies et l'Orient ;
- la mer du Nord (*Northern Range*) qui a pris le relais de la Méditerranée comme mer civilisatrice à partir du Moyen Âge ;
- enfin, l'océan Atlantique qui reste le domaine des grands espaces et des liens avec l'Amérique.

cf. *carte*
p. 28-29

– au carrefour de ces différents domaines :

- par les isthmes : le seuil de Naurouze ou Lauragais met l'Atlantique à 400 km de la Méditerranée ;
- par l'axe Rhône/Rhin (porte de Bourgogne ou d'Alsace), ou surtout Rhône/Champagne, puis Paris/Flandre/Angleterre (seuil de Bourgogne) reliant la Méditerranée à la mer du Nord (700 km), couloir constamment renforcé par aspect cumulatif (franchissements des Alpes par des tunnels, lignes TGV, tunnel sous la Manche).

La France présente ainsi des contrastes de circulation (infrastructures et flux) entre l'Est (l'axe Paris-Lyon-Marseille ou PLM) et l'Ouest (les périphéries atlantiques). La France a toujours eu des difficultés à les intégrer autant que son Nord et son Sud, ce qui explique les grandes oppositions de l'organisation de son espace.

3.2.2. Une position de relation

La position de la France est à la fois européenne, atlantique et méditerranéenne :

– européenne vers le Rhin :

■ qui a signifié un couloir de conquêtes pour Louis XIV, mais aussi d'invasions de 1870 à 1945 ;

■ qui représente aujourd'hui un axe structurant européen par excellence avec Strasbourg, symbole de l'Alsace et une des capitales européennes (parlement européen, Conseil de l'Europe).

– atlantique à l'ouest :

■ par l'Atlantique, la France a participé aux grandes découvertes avec J. Cartier en 1534 ou à la guerre de course ; au grand commerce triangulaire aux XVIIe et XVIIIe siècles (Nantes, Bordeaux) ; à l'aventure de l'Atlantique sud (l'Aéropostale avec Mermoz dans l'entre-deux-guerres) ;

■ par la mer du Nord, elle appartient au *Northern Range* (seconde façade maritime mondiale), le Pas de Calais-Sandettie étant le détroit le plus fréquenté du monde : 320 navires par jour.

– méditerranéenne au sud :

■ la France a subi les influences de la colonisation grecque (VIe siècle avant J.-C.) puis romaine ; des razzias sarrasines responsables du retrait du littoral et des villages perchés ;

■ elle a participé aux croisades des XIIe et XIIIe siècles ; à la conquête de l'Algérie (1830) et à l'établissement de l'influence française aux échelles du Levant (Palestine-Liban) ; au percement du canal de Suez (1869) et à l'aventure coloniale en Extrême-Orient.

Le territoire sur lequel s'inscrit la France n'était, par conséquent, aucunement prédestiné par sa configuration actuelle à former un État. Il aurait pu aboutir à une tout autre organisation politique, ce qui signifie qu'aucun déterminisme n'a joué en faveur de la configuration d'un hexagone.

Conclusion

– La France est, par conséquent, un espace de civilisation et de culture dont les héritages sont profondément enracinés dans son territoire.

L'histoire et le découpage géographique conduisent à une *double division de l'espace français* :

■ nord/sud,
• la France du Nord étant celle des villages groupés aux toits à forte pente, des champs ouverts et allongés (openfield*), de la langue d'oïl et du droit coutumier, des pratiques communautaires et de l'assolement triennal,
• la France du Sud celle des toits de tuiles à faible pente, de la langue d'oc, du droit écrit, des terres cultivées séparées du pacage ;

■ ouest/est,
• la France de l'Ouest est celle du bocage*, de l'habitat dispersé, des relations océaniques développées,
• la France de l'Est, structurée par les échanges entre Méditerranée et mer du Nord dans ses couloirs de circulation, a subi les influences germanique et italienne. C'est la France industrielle et commerçante.

– La France est un pays très anciennement développé qui présente aujourd'hui un bilan contrasté :

■ elle est au 47ᵉ rang par sa superficie, au 20ᵉ par sa population, au 4ᵉ par sa puissance économique mondiale après les États-Unis, le Japon et l'Allemagne ;

■ elle a connu de profondes mutations économiques et sociales depuis 1950 ;

■ elle détient un héritage mondial propre attaché à son passé de grande puissance avant le tournant décisif du milieu du siècle.

Mais, pour garder son rang, la France doit s'intégrer à un ensemble plus vaste (Union européenne) sans cesser d'exercer son pouvoir d'attraction particulier sur le Tiers Monde. Bien que négligeable, à l'échelle de la planète, le monde francophone regroupe néanmoins 135 millions de personnes sur les cinq continents.

La France n'est qu'une puissance économique moyenne, mais à vocation mondiale, héritage de l'histoire : elle possède le 3ᵉ domaine maritime mondial. Cette responsabilité appelle un effort considérable pour développer ce qui demeure la richesse française au plan international : sa culture et son dynamisme technique. Par sa double vocation, européenne et mondiale, la France occupe ainsi une place de choix dans la diplomatie mondiale.

cf. *plan*
p. 230

– Le développement économique de la France s'est fondé sur un potentiel agricole incontestablement favorable et sur des possibilités naturelles plus limitées : moins industrialisée que ses voisins du Nord et de l'Est, la France a, jusqu'aux années 1950, possédé un secteur agricole employant la plus grande partie de sa population active.

cf. *plan*
p. 132

La politique d'industrialisation et la croissance industrielle des années 1960-1975 ont fait ressentir plus fortement que jamais les dépendances vis-à-vis de l'étranger et l'insertion de l'économie française dans les circuits internationaux.

cf. *cours*
p. 69

Heureusement, la France dispose, tout au moins à l'échelle européenne, de belles réserves d'eau et de larges espaces : deux biens précieux pour le développement économique des années à venir, à condition de les préserver : eau/sécheresse-pollution ; espaces agricoles/problème des friches. C'est en grande partie le débat actuel de l'application de la réforme de la PAC et des accords du GATT*.

cf. *cours*
p. 167
cf. *synthèse*
p. 24

L'espace et les grandes infrastructures de communication sont les meilleurs atouts pour arrimer la France à l'Union européenne. En effet, si la France est indispensable, géographiquement et politiquement, à la construction européenne, le centre de gravité de celle-ci s'est déplacé vers le nord-est après la réunification allemande et les adhésions de l'Autriche, la Suède et la Finlande depuis le 1ᵉʳ janvier 1995.

Synthèses

1. Phénomènes naturels – catastrophes humaines

Les années 1985-1994 ont été marquées par un grand nombre de catastrophes : les cyclones Firinga à la Réunion (1985) et Hugo à la Guadeloupe (1989), la tempête de 1987 en Bretagne et celle de février 1990 qui ravagea les côtes normandes, la crue torrentielle du Grand Bornand (1987), les inondations catastrophiques de Nîmes (1988) et de Vaison-la-Romaine (1992), puis celles de l'hiver 1993-94 qui touchèrent plusieurs régions, notamment la Camargue[1].

Ce qui distingue les inondations et les mouvements de terrain des séismes, éruptions volcaniques ou cyclones, c'est la responsabilité que peut prendre l'homme dans leur déclenchement ou leur aggravation.

Tempêtes et inondations de 1982 à 1983	3 500 (dont 1 700 pour la tempête de novembre 1982)
Tempête d'octobre 1987 en Bretagne	700
Inondation de Nîmes	1 900
Sécheresse de 1989 à 1993	3 000
Inondations de février 1990	1 200
Inondations de septembre 1992	1 600 (dont 1 100 pour la région de Vaison-la-Romaine)
Inondations de l'automne et de l'hiver 1992-1993	3 000 à 4 000

Indemnités versées, en millions de francs

Tableau 1. Le coût des grandes catastrophes des années 1980 en France

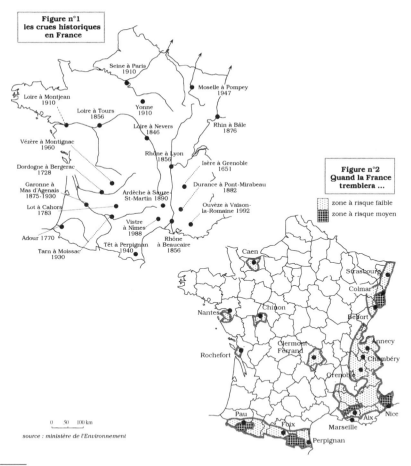

Figure n°1 les crues historiques en France

Figure n°2 Quand la France tremblera ...

zone à risque faible
zone à risque moyen

0   50   100 km

source : ministère de l'Environnement

---

1. Ledoux (Bernard), *Les catastrophes naturelles en France*, Payot, 1995, 455 pages ; et n° spécial de la *Revue de Géographie de Lyon*, n° 2-3, 1993.

2. Les climats français

Climat	Océanique			Dégradé continental			Méditerranéen
	Breton	*Parisien*	*Aquitain*	*Lorrain*	*Rhodano-alsacien*	*Montagnes (nord Alpes)*	
Températures — Été	frais 16°C	18°5C	chaud 21°C	19°C	chaud 21°C	18°C	chaud 23°C
Hiver	doux 7°C	froid 2°C	doux 6°C	froid 0,5°C	très froid - 2°C	très froid - 6°C	doux 8°C
Amplitude	faible 8-10°C	16-17°C	moyenne 15°C	forte 18°5C	forte 23°C	forte 25°C	moyenne 15°C
Précipitations — Total	830 mm	650 mm	830 mm	750 mm	<600 mm	1260 mm	700 mm
Maximum	hiver 180 j	hiver/été 160 j	hiver/automne 170 j	été/hiver 170 j	été/hiver 170 j	été/hiver 58 j neige	automne/hiver 80 j
Types	fines et persistantes	fines hiver orages été			fines hiver orages été		averses violentes

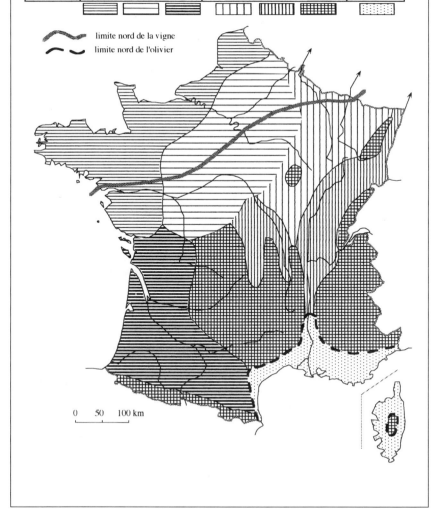

limite nord de la vigne

limite nord de l'olivier

0   50   100 km

3. Le bilan de l'eau

– Les *ressources*. Chaque année, les précipitations déversent sur la France environ 440 milliards de m³ d'eau. L'évaporation en restitue 60% à l'atmosphère. La majeure partie du reste, 100 milliards de m³ sur 180 ou seulement 60 en année sèche, alimente les cours d'eau et les nappes phréatiques par infiltration.

Ces ressources sont cependant inégalement réparties :

■ les bassins sédimentaires* disposent de vastes nappes, stockées dans des terrains aquifères poreux (30% de la consommation totale) ;
■ les montagnes sont abondamment arrosées mais les roches qui les constituent sont pour la plupart imperméables : les eaux ruissellent, s'écoulent et les nappes sont de faibles capacités (rôle de château d'eau du Massif central). Les sources, cours d'eau ou lacs assurent respectivement 20% et 50% de la consommation.

– Les *besoins*. La consommation globale de la France est de l'ordre de 30 milliards de m³ par an, soit 550 m³ par habitant, ce qui représente environ 20% des ressources théoriquement disponibles.

Les centrales thermiques en utilisent 45%, l'industrie 20%, l'agriculture 20% et la consommation domestique 15%.

Une politique de l'eau a été mise en place depuis 1964 : la gestion est répartie en six agences de bassin. Les stations d'épuration se sont multipliées. Néanmoins, les pollutions restent une menace, en particulier celles dues aux nitrates qui proviennent des engrais utilisés par l'agriculture, ou dues aux rejets de certaines industries surtout lors des années de sécheresse (1989-1990-1991).

– *L'eau et l'agriculture* : l'agriculture utilise directement les eaux de pluie ; les systèmes d'arrosage n'apparaissent que comme les correctifs d'une insuffisance ou d'une lacune des précipitations.

Les conditions climatiques (ensoleillement estival) et géologiques (plus ou moins grande imperméabilité) font que, sur une grande partie du territoire, certaines plantes ne trouvent pas les quantités d'eau nécessaires à leur cycle végétatif : par exemple le déficit en eau dans la région méditerranéenne est très élevé (de 400 à 500 m/m) ; il reste sensible de la moyenne Garonne aux Charentes, en Poitou, dans les Pays de la Loire moyenne jusqu'en Beauce.

Face aux demandes croissantes et aux exigences de nouvelles cultures, l'irrigation et l'arrosage ont été fortement développés.

L'irrigation par gravité est traditionnelle dans les régions méditerranéennes où des paysages, caractéristiques par leur quadrillage, ont été aménagés (dès le XIIIᵉ siècle dans le Roussillon). Depuis 1945, ces périmètres irrigués ont été considérablement étendus permettant l'extension des cultures légumières et fruitières, mais aussi celle du maïs et des prairies : 65 000 ha en bas Languedoc, 115 000 ha dans le bassin de la Durance, 18 000 ha dans les Pyrénées orientales.

L'arrosage concerne aujourd'hui 250 000 ha dans le Sud-Ouest, notamment 80 000 ha dans les pays de la moyenne Garonne, 67 000 ha dans la forêt Landaise. Près de 120 000 ha sont arrosés dans le centre du Bassin parisien.

4. L'aménagement du bassin de la Loire

cf. *synthèse*
p. 19

La Loire peut être considérée comme le dernier grand fleuve « sauvage » de l'espace français. Son degré d'aménagement n'est en aucun cas comparable à celui de la Seine ou du Rhône. Le problème posé est d'autant plus important que la Loire peut connaître des crues redoutables et également des étiages inquiétants. Il ne faut pas oublier que l'espace ligérien concerne près de 120 000 km^2, dans son vaste bassin (1/5e de l'espace français), que d'énormes installations nucléaires y ont été récemment installées : Belleville-sur-Loire, Dampierre, Saint-Laurent-des-Eaux, Chinon, d'amont en aval (risque d'accidents concernant le refroidissement des centrales nucléaires lors des années sèches ou avec le gel du fleuve lors des vagues de froid), que les villes des différentes régions concernées ont connu un essor spectaculaire depuis les années 1950 : Orléans, Tours, Angers qui dépassent aujourd'hui les 200 000 habitants.

Les efforts d'aménagements sont, dans l'ensemble, insuffisants ; les eaux du fleuve sont polluées et menacées d'eutrophisation* ; des constructions ont été implantées dans des zones à haut risque. L'exploitation accélérée des gravières provoque une reprise de l'érosion (des ponts sont menacés ou s'écroulent, comme à Tours en 1978).

L'idée de l'aménagement de l'ensemble du bassin s'est imposée, matérialisée par l'EPALA (Établissement public d'aménagement de la Loire et de ses affluents), installé à Orléans depuis 1984.

La menace permanente la plus grave (celle de la crue centenaire ou millénaire) demeure. Une des priorités de l'EPALA est de tenir compte de cette éventualité.

On s'est tourné d'abord vers la construction de barrages régulateurs. Toute une série d'ouvrages importants ont été édifiés : Naussac (Haut-Allier), Villerest (Haute-Loire, en amont de Roanne). La fonction de ces barrages est double : retenir un volume d'eau important en temps de crue ou soutenir le débit d'étiage lorsque la situation se présente. Ces ouvrages sont, à juste titre, considérés comme insuffisants, notamment à la suite de graves inondations survenues au Puy (octobre 1980). Cependant, la construction de nouveaux barrages n'a cessé d'être problématique. Ainsi, le barrage de Serre de la Fare, ouvrage prioritaire, présentait un coût prohibitif et fut combattu par les écologistes, qui voyaient de bonnes terres submergées et des sites abîmés. Le projet fut abandonné, ainsi que celui de Chambonchard, sur le Cher. La construction du barrage du Veurdre fut aussi remise à plus tard. Le problème devint alors politique.

cf. *plan*
p. 32

Finalement, le 4 janvier 1994, un plan Loire a été enfin adopté. Deux MDF sur dix ans sont alloués pour concilier trois impératifs : protection des populations contre les risques d'inondation, satisfaction des besoins en eau et restauration de la diversité écologique des milieux. Quant aux barrages, à la source de ce vaste plan, l'EPALA s'est attaqué à la construction de Chambonchard et de Naussac 2.

villes principales

Barrage existant

Barrage en projet

1 Villerest
2 Grangent
3 Naussac- 1
4 Serre-de-la-Fare
5 Naussac 2
6 Le Veurdre
7 Chambonchard

* Centrale nucléaire

a Chinon
b Saint-Laurent-des-Eaux
c Dampierre-en-Burly
d Belleville-sur-Loire

limite du bassin hydrographique

5. L'émergence d'espaces transfrontaliers : les Eurorégions

Un espace européen en recomposition

La multiplication des échanges (hommes, marchandises, capitaux) a caractérisé ces dernières décennies.

Plusieurs facteurs se conjuguent pour expliquer cette croissance : la révolution des transports, la construction européenne qui s'est progressivement imposée, les mutations industrielles en cours qui ont particulièrement affecté une aire d'industries de base aux mains de quelques géants industriels mal préparés à s'y confronter (Nord et Est de la France), ce qui a entraîné partout une forte intervention des pouvoirs publics et des collectivités locales.

La nécessité d'une entente transfrontalière s'avère une priorité tant elle s'inscrit dans l'histoire de l'Europe d'aujourd'hui pour peu que les populations régionales soient sollicitées.

Le programme *Interreg*, mis en place par la CEE à partir de 1991, a pour but de promouvoir le développement économique par la coopération transfrontalière de proximité (31 programmes), afin de favoriser une nouvelle approche à des échelles variables.

La ratification du traité de Maastricht et l'élargissement par adhésion de trois nouveaux pays impliquent un approfondissement de cette collaboration. De même, la plus grande ouverture des frontières intra-communautaires à partir de 1993 favorise une meilleure intégration des régions frontalières qui a nécessité la réforme des fonds structurels et le renforcement de la coopération transfrontalière à travers le FEDER (Fonds européen de développement régional), le FSE (Fonds social européen) et le FEOGA* (Fonds européen d'orientation et de garantie agricole).

Enfin, le débat sur l'aménagement du territoire en France (1993-94) et le rapport de la DATAR ont mis en lumière le rôle spécifique des régions frontalières, celles-ci devant être « un champ d'expérimentation de l'aménagement du territoire européen ».

Antériorité à l'Est

C'est dans l'Est qu'existent les exemples les plus avancés.

– En 1967 est née la **Regio Basiliensis**. Ce sont les Bâlois qui sont les instigateurs de ce premier espace transfrontalier qui compte des cantons suisses, les départements du Haut-Rhin et du Territoire de Belfort pour la France et le sud du *Land* de Bade-Wurtemberg pour l'Allemagne.

Ensemble, les géographes, les élus locaux et le patronat réfléchissent sur la meilleure façon de gérer leur territoire. C'est ainsi qu'est né l'aéroport commun à Bâle, Mulhouse et Fribourg-en-Brisgau.

– A partir de 1982, s'est constituée une circonscription du Rhin supérieur, appelée aussi « **région du coin des trois pays** ». Elle est plus vaste et rassemble les régions frontalières dans leur intégralité : Alsace, Bade-Wurtemberg, Rhénanie-Palatinat et canton de Bâle.

Les programmes et les initiatives pour y promouvoir une vie commune sur le plan économique, social et culturel sont multiples. Un réseau des universités du Rhin supérieur s'est mis en place avec une seule carte d'étudiant, un cursus d'études harmonisé, une banque de données et des échanges d'enseignants.

– L'espace **Sar-Lor-Lux** est le plus développé (42 000 km^2 et 5 millions d'habitants). Constitué en 1985, il regroupe un État souverain (le Luxembourg), deux puissants *Länder* allemands (Sarre, Rhénanie-Palatinat),

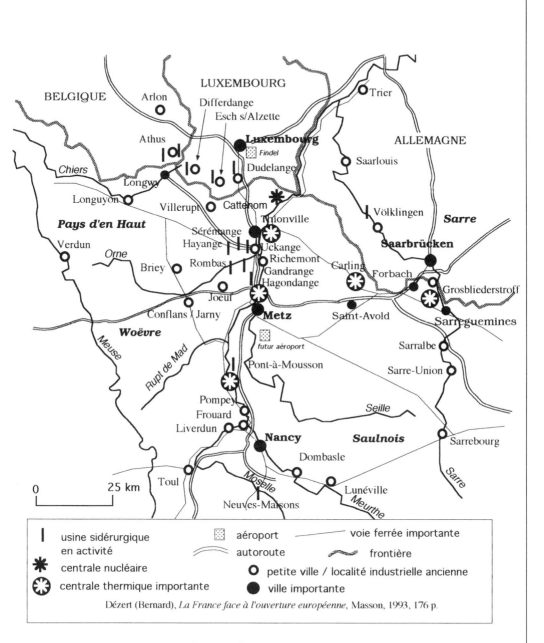

BELGIQUE

LUXEMBOURG

ALLEMAGNE

Arlon

Trier

Differdange

Esch s/Alzette

Athus

Luxembourg

Findel

Saarlouis

Chiers

Dudelange

Longwy

Sarre

Longuyon

Villerupt

Cattenom

Völklingen

Pays d'en Haut

Thionville

Verdun

Orne

Sérémange

Hayange

Uckange

Saarbrücken

Briey

Rombas

Richemont

Carling

Forbach

Gandrange

Grosbliederstroff

Hagondange

Joeuf

Saint-Avold

Sarreguemines

Conflans / Jarny

Woëvre

Metz

futur aéroport

Sarralbe

Pont-à-Mousson

Sarre-Union

Pompey

Seille

Frouard

Liverdun

Nancy

Saulnois

Sarrebourg

Dombasle

0   25 km

Toul

Lunéville

Neuves-Maisons

Moselle

Meurthe

Meuse

Rupt de Mad

Sarre

	usine sidérurgique en activité		aéroport		voie ferrée importante
✳	centrale nucléaire		autoroute		frontière
✲	centrale thermique importante	O	petite ville / localité industrielle ancienne	
		●	ville importante	

Dézert (Bernard), *La France face à l'ouverture européenne*, Masson, 1993, 176 p.

L'espace Sar-Lor-Lux

une région française (Lorraine) et une communauté autonome belge (Wallonie). C'est un carrefour majeur, à l'échelle européenne, qui apparaît entre les axes Paris/Europe rhénane et Benelux/Lyon/Méditerranée. Cette situation privilégiée est l'un des atouts principaux de l'espace Sar-Lor-Lux, confronté à de difficiles problèmes de reconversion industrielle. Seuls les technopôles* de Metz et Nancy, les nouvelles industries de haute technologie installées en Sarre et au Luxembourg (technologies de l'information), mais aussi le tertiaire supérieur (secteur bancaire) peuvent induire, à moyen terme, un nouvel âge économique sur ces vieilles terres industrieuses sises au cœur de l'Europe.

Organe de réflexion et de proposition, Sar-Lor-Lux soutient les actions de coopération entre les régions adhérentes :

cf. *synthèse* p. 129

■ le 1er accord a apporté une solution au problème posé par la fusion des sidérurgies sarroise et luxembourgeoise (Saarsthal-ARBED) ;
■ le 2nd est la constitution du Pôle européen de développement (PED) dont les villes industrielles participantes sont Athus (Belgique), Rodange (Luxembourg) et Longwy (France) ;
■ le 3e est celui d'une association entre la Lorraine et la Sarre pour promouvoir les échanges de technologie entre PMI sarroises et lorraines ;
■ le 4e concerne la création en novembre 1985 d'un consortium bancaire Sar-Lor-Lux favorisant la collaboration entre les organisations bancaires publiques pour le financement de programmes induits et bénéficiant d'aides de la part des instances communautaires.

– Entre 1986 et 1988, les métropoles de quatre régions ont constitué un « **quadrige européen** ». Il s'agit de Stuttgart (Bade-Wurtemberg), de Milan (Lombardie), de Lyon (Rhône-Alpes) et de Barcelone (Catalogne). Les réunions des présidents des régions ont permis l'amorce d'une coopération afin de développer les échanges, les relations universitaires, la recherche et développement* sur quatre thèmes ponctuels (céramiques, médecine, fibres optiques, aménagement rural). Il s'agit aussi de fortifier le réseau régional des PME.

Des tentatives plus récentes ailleurs

– Au Nord, les tentatives pour constituer des ensembles régionaux élargis sont plus récentes.

Le 21 juin 1991, une nouvelle eurorégion voyait le jour à Lille. Cinq régions, le Kent britannique, les trois régions belges (Flandre, Wallonie, Bruxelles-capitale) et le Nord-Pas de Calais, ont signé une charte de coopération.

Il s'agit de préparer ensemble les retombées du TGV, du tunnel transmanche et de l'ouverture des frontières, prévus pour la même année.

– A l'Ouest, la Commission de l'**Arc atlantique** réunit, depuis le 20 avril 1991, trente régions européennes ayant une façade sur le littoral de l'Océan.

Avec l'ensemble des élus locaux, elle réclame une densification des moyens de transport : construction rapide de l'autoroute des estuaires et accélération du TGV Atlantique, afin que sa progression soit identique à celle du TGV reliant Lille à Madrid par Lyon, Montpellier et Barcelone.

Elle revendique une aide de même nature que celle obtenue en 1986 par les pays méditerranéens. Au PIM (programme intégré méditerranéen) doit correspondre un PIA (programme intégré atlantique).

Elle souhaite aussi améliorer le potentiel universitaire et technologique. Déjà, Angers, Rennes et Nantes se proposent de créer un pôle agronomique de l'Ouest, à partir de leurs grandes écoles.

– Au Sud, les projets sont encore moins avancés. Les chances existent surtout en Catalogne, puisque les Catalans se reconnaissent depuis toujours de part et d'autre de la frontière et que le réveil de la région de Barcelone correspond à celui du Languedoc-Roussillon (Montpellier, Nîmes).

En 1990, huit régions (Communauté de Valence, Catalogne, Languedoc-Roussillon, Midi-Pyrénées, Provence-Alpes-Côte d'Azur, Ligurie, Piémont et Lombardie) ont mis en place le **premier GEIE** (Groupement européen d'intérêt économique) dont le but est de développer les investissements en matière de recherche, de technique de pointe et de favoriser la complémentarité entre les pôles existants en créant des infrastructures de liaisons, en harmonisant les formations.

Depuis 1983, la **Communauté de travail des Pyrénées**, organe de concertation commun, et un accord de 1985 entre les organismes franco-espagnols d'aménagement du territoire ont permis la mise en route de 21 projets de coopération dont la modernisation des infrastructures de transports, la gestion commune de deux agglomérations frontalières, la mise en valeur conjointe de deux parcs nationaux …

La dynamique des régions transfrontalières

– Les mutations des espaces régionaux, sous l'effet de l'internationalisation des économies, sont extraordinairement rapides. Atouts et handicaps se renouvellent sans cesse.

La polarisation des régions autour de leur capitale est toujours plus grande. Il y a donc rétraction de l'espace dynamique autour des pôles urbains les plus importants, comme le montre d'ailleurs l'évolution récente de la population. Depuis 1982, la croissance des plus grandes agglomérations a repris.

– En même temps, on observe la constitution de réseaux : réseaux de villes, réseaux de technopôles* (route des technopôles en Provence-Alpes-Côte d'Azur). Il semble que les métropoles françaises, conscientes de leur faible poids démographique et de leur faible pouvoir de décision par rapport à leurs homologues européennes ressentent le besoin d'unir leurs forces, afin de sauvegarder leur dynamisme.

Les grandes villes frontalières, par leurs infrastructures, leur tertiaire supérieur, leurs technopôles*, leurs universités ou laboratoires sont les animatrices de la reconversion de ces régions transfrontalières, en cette dernière décennie du XXe siècle.

6. Atouts et contraintes de l'espace français

1. Les contraintes naturelles

• Les données naturelles

— le littoral — les contraintes orographiques

côte ouverte

> seuil => rôle du Massif central,
véritable rond-point

col => ouverture des Alpes du Nord

côte fermée ou inhospitalière

passage maritime obligé

obstacles physiques aux communications
=> ouverture de l'essentiel de l'espace français
vers l'Atlantique, la Manche et la mer du Nord

• Les données climatiques

rareté du gel (— de 40 jours par an) => influence du littoral, de la dérive nord-
atlantique, de la latitude, de l'amphithéâtre méditerranéen

enneigement important => primauté des Alpes du Nord sur les Pyrénées

insolation importante (+ de 2000 heures par an):
- golfes atlantique et séquano-rhodanien
- importance du domaine méditerranéen

2. Les potentialités

cours d'eau important

• L'eau et les sols

château d'eau => rôle des montagnes
septentrionales et du Massif central

bonnes aptitudes pédologiques => terrasses fluviales, lœss du Bassin parisien

richesses forestières => importance des massifs montagneux

• Des réserves de plus en plus insuffisantes

charbon

hydrocarbures : pétrole des Bassins parisien et aquitain, gaz de Lacq

richesses minières : fer, bauxite, uranium, potasse

★ énergies renouvelables : barrage de la Rance (240 MW)
centrale solaire Thémis de Targassonne arrêtée (2 MW)

de futurs eldorados miniers ? Les amas polymétalliques de
Rouez (Sarthe) et Échassières (Allier)

3. L'isthme français

• Les grands axes Rhin-Rhône
Nord - Paris - Bassin aquitain

couloir de circulation majeur => Le Havre - Paris - Lyon - Marseille

portes maritimes => poids de Marseille et du Havre

• L'isthme français | 700 km Manche / Méditerranée 400 km Atlantique / Méditerranée

axe méditerranéen : Suez - Gibraltar
axe Manche / mer du Nord ou Northern Range

— **L'axe historique** : Italie du Nord - cols des Alpes - carrefour lyonnais - Paris -
Nord-Pas-de-Calais - mer du Nord - bassin de Londres :
1. axe renforcé par les tunnels (Mt Blanc, Fréjus), le TGV sud-est, le TGV nord et
nord-européen, le tunnel sous la Manche
2. diversification possible depuis la péninsule ibérique avec le percement des tunnels
pyrénéens : Puymorens (1995), Somport (1997)

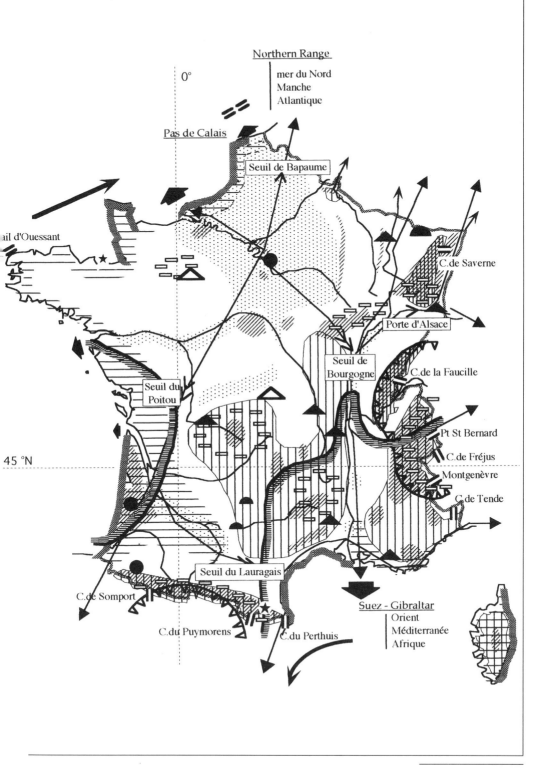

Northern Range
| mer du Nord
| Manche
| Atlantique

0°

Pas de Calais

Seuil de Bapaume

ail d'Ouessant

C.de Saverne

Porte d'Alsace

Seuil de
Bourgogne

C.de la Faucille

Seuil du
Poitou

45 °N

Pt St Bernard

C.de Fréjus

Montgenèvre

C.de Tende

Seuil du Lauragais

C.de Somport

Suez - Gibraltar
| Orient
| Méditerranée
| Afrique

C.du Puymorens

C.du Perthuis

Plans

1. La montagne face au tourisme

Introduction

– Depuis 1961, l'**espace montagnard** a une définition administrative qui tient compte de critères géographiques tels que la **pente** et l'**altitude**. Il englobe les communes qui sont situées pour 80% au moins de leur superficie à des altitudes supérieures à 600 mètres, ou dans lesquelles s'observent des dénivelés des zones cultivées d'au moins 400 mètres.

La montagne ainsi définie compte 5 667 communes, soit 21,5% de l'espace métropolitain et seulement 6,6% de la population, réparties en sept massifs : Vosges, Jura, Alpes du Nord et Alpes du Sud, Massif central, Pyrénées et Corse.

– Avec la naissance du tourisme au XVIIIe siècle, la mode de la montagne a été lancée. **Lieu de détente** pour une population toujours plus nombreuse, plus ou moins sportive, elle est perçue comme un **lieu de communication avec la nature** (en été ou en hiver).

Avec le développement de la société des loisirs et celui de l'écologie, des régions de montagne, qui paraissent menacées par le dépeuplement et l'abandon économique, obtiennent aide et assistance.

1. Les spécificités de la montagne face au tourisme

1.1. Les potentialités du cadre physique
    1.1.1. des atouts
    1.1.2. mais une utilisation onéreuse
1.2. Une perception sociologique favorable
    1.2.1. la mode et la conjoncture
    1.2.2. une clientèle de plus en plus vaste
1.3. Le renouveau des espaces de montagne
    1.3.1. l'optimum démographique au XVIIIe s.
    1.3.2. puis la notion d'espace enclavé au XIXe s.
    1.3.3. enfin, un espace récréatif ou un conservatoire de la nature à la fin du XXe s.

2. Diversité et limites de l'activité touristique

cf. synthèse
p. 224

2.1. Diversité des fonctions touristiques
    2.1.1. tourisme de santé
    2.1.2. tourisme sportif
    2.1.3. tourisme culturel
2.2. Les controverses sur le rôle du tourisme
    2.2.1. le coût des grands équipements
    2.2.2. les effets sur l'emploi
    2.2.3. les atteintes à l'environnement
2.3. Les limites de l'activité touristique
    2.3.1. une impulsion exogène
    2.3.2. le rôle décisif de l'Etat
    2.3.3. les aléas climatiques

3. Montagnes plurielles et vocations plurielles

3.1. Diversité des zones de montagne
    3.1.1. à l'échelle des massifs
    3.1.2. à l'échelle des agglomérations
    3.1.3. à l'échelle des communes

3.2. Espaces gagnants et espaces perdants en montagne
    3.2.1. les gagnants : les spécialisations industrielles, la nécessaire pluriactivité
    3.2.2. les perdants : les espaces ruraux et agricoles

Conclusion

– Les espaces gagnants des montagnes cumulent plusieurs atouts : une agriculture spécialisée sur des créneaux porteurs, une industrie largement reconvertie dans la troisième révolution industrielle (haute technologie) et des villes bien situées par rapport aux grands axes de communication et bien équipées en services.

– Les Alpes du Nord, qui ont su largement profiter de tous ces atouts, sont une des régions les plus dynamiques de France.

Les Vosges et le Jura, en difficulté plus ou moins grande à la suite de la reconversion industrielle, pourraient à l'avenir profiter davantage de la proximité des frontières comme les Pyrénées.

En revanche, Massif central, Alpes du Sud et Corse sont des espaces en attente.

2. Les activités liées à l'eau

Introduction

– L'eau (milieux océaniques et ressources aquatiques) devient en cette fin de siècle une richesse capitale pour l'avenir, moteur et support d'activités économiques variées : alimentation humaine, utilisation croissante dans l'agriculture, rôle majeur pour l'industrie (matière première pour le textile, la papeterie, la chimie, la sidérurgie), pour l'énergie (directe pour l'hydroélectricité ou indirecte pour le refroidissement des centrales). C'est aussi un secteur essentiel des transports (mers, fleuves, canaux), sans oublier le tourisme ou l'aquaculture.

– La France possède le 3ᵉ espace maritime mondial : 14 millions de km^2 en ZEE* ; plus de 260 000 km de rivières et plus de 20 000 ha de plans d'eau.

Mais les concurrences sont souvent vives. C'est aussi un bien menacé par une surexploitation ou un gaspillage lors des années de sécheresse et par la pollution.

1. Des activités très anciennes

cf. *synthèse* p. 96

1.1. *L'eau, une ressource naturelle : la pêche*
    1.1.1. une activité en crise
    1.1.2. les ports de pêche français se concentrent
    1.1.3. la pêche en rivière et en estuaire

cf. *cours* p. 167

1.2. *L'eau comme axe de communication*
    1.2.1. le transport maritime et les ports
    1.2.2. les voies navigables intérieures

cf. *cours* p. 105 p. 141

1.3. *L'industrie : l'eau axe structurant et polarisant*
    1.3.1. un moteur de la Révolution industrielle
    1.3.2. les industries actuelles très liées à l'eau
    1.3.3. un élément indispensable pour la production de notre énergie

2. L'émergence récente de nouveaux usages

cf. *synthèse* p. 224

2.1. *Le tourisme*
    2.1.1. le tourisme balnéaire
    2.1.2. le tourisme vert : encore plus récent
    2.1.3. les autres activités : thalassothérapie, thermalisme rénové

2.2. *L'aquaculture : une activité d'avenir*
    2.2.1. une activité nouvelle prometteuse
    2.2.2. la conchyliculture*
    2.2.3. la vénériculture*

cf. *synthèse* p. 21

2.3. *Les besoins croissants de l'agriculture*
    2.3.1. l'irrigation
    2.3.2. l'aspersion

3. La proximité de l'eau : un espace fragile très convoité

cf. *synthèse* p. 22

3.1. *Des usages aux conséquences non négligeables*
    3.1.1. la pollution, accidentelle ou chronique
    3.1.2. la surexploitation des milieux
    3.1.3. les sécheresses/inondations

3.2. *Concurrences et conflits*
    3.2.1. la pêche maritime
    3.2.2. les conflits d'occupation du littoral

3.2.3. les rivalités entre l'agriculture/l'industrie et la pollution

3.3. Mise en place progressive d'une politique de gestion
    3.3.1. les Agences de bassin depuis 1964
    3.3.2. les schémas d'aménagement nationaux/régionaux ou locaux
    3.3.3. une politique globale de l'eau depuis 1992

cf. *synthèse*
p. 22

Conclusion

– L'eau, la concentration des hommes et leurs activités sont intimement liées. Par nature, ces zones de contact (littoraux, vallées) sont en effet très propices aux activités humaines.

– Autour de cette « ruée vers l'eau » se cristallisent une multitude de rivalités, voire de conflits. Les différentes activités cohabitent d'autant plus difficilement entre elles que l'eau et sa proximité sont devenues rares et fragiles.

Un autre facteur vient compliquer la gestion de l'eau en France : les intervenants sont multiples. C'est toute la difficulté de gestion d'un bien de plus en plus précieux pour l'avenir d'une nation.

Clés et repères

cf. *synthèse* p. 154

Bassin sédimentaire : les invasions ou transgressions marines provoquent l'accumulation de sédiments qui constituent des bassins sédimentaires quand ils sont subhorizontaux et peu ou pas déformés (monoclinaux).

Bocage : paysage agraire d'Europe occidentale caractérisé par le développement de haies, plantées ou non sur un talus, entourant des parcelles de taille variée et de forme irrégulière. On met souvent en relation ce paysage avec l'habitat dispersé, les droits de propriété et d'exploitation individuels sur chaque parcelle, le développement de l'élevage.

Côte ou cuesta : rebord de plateau sédimentaire monoclinal comportant la superposition de couches résistantes sur des couches tendres.
Corrélat : bassin sédimentaire.

Eustatisme : variation du niveau de la mer.

Eutrophisation : du fait de l'excès de matières nutritives, les algues et microorganismes prolifèrent et, consommant trop d'oxygène, entraînent l'asphyxie progressive du milieu.

Géomorphologie : étude scientifique des formes de la surface terrestre.
Corrélat : structural.

Hercynien : surrection de chaînes de montagnes à l'ère Primaire (300 millions d'années).
Corrélat : orogenèse.

Interfluve : partie de l'espace compris entre deux vallées.

Isthme : langue de terre resserrée entre deux mers ou océans.

Karstique : forme de relief liée à l'action des eaux sur les roches calcaires dans laquelle la dissolution joue un rôle important.

Lithologie : étude des caractéristiques physico-chimiques des roches et des conditions dans lesquelles elles se sont formées.

Massif ancien : ensemble de reliefs élaborés dans des structures de l'ère Primaire, où les roches granitiques sont fréquentes et les aplanissements marqués.

Openfield : terme anglais désignant le paysage agraire de *champs ouverts* (ou *champagne*), aux parcelles géométriques portant des cultures, avec un habitat rural groupé en villages.

Orogenèse : genèse des reliefs. La description des reliefs est l'*orographie.*

Paysage : espace construit qui représente le projet d'une société à un moment donné de son histoire avec ses valeurs et ses techniques. Ce concept vidalien (Vidal de la Blache – 1845/1918 – véritable fondateur de l'école de géographie française) a servi de base au découpage des régions en France (fin XIXe/début XXe siècle).

Pyrénéo-alpin : mouvement orogénique tertiaire qui a provoqué en Europe la surrection et la mise en place des chaînes pyrénéenne et alpine (30 millions d'années).
Corrélat : orogenèse.

Structural : la forme des reliefs dépend de leur genèse et de leur structure. Un relief structural est un relief dont la définition fait appel à la structure au contraire d'un relief d'érosion.

cf. plan p. 32

ZEE ou zone économique exclusive : zone de souveraineté maritime (exploitation et protection des ressources) de 200 milles marins (environ 370 km) généralisée depuis 1982 à l'ensemble de la planète.

Chapitre 2

La population française

▶ **Sujets possibles** 36

▶ **Cours : La population : une question fondamentale** 37

Introduction
1. La croissance de la population française
    1.1. Lenteur de la croissance (1850-1945)
        1.1.1. Une baisse de fécondité précoce
        1.1.2. Les origines de cette baisse
        1.1.3. Une grave crise démographique : 1914-1945
    1.2. Depuis 1945 : deux phases contrastées
        1.2.1. Du *baby boom* au *baby flap*
        1.2.2. Les apports de l'étranger
        1.2.3. La stabilité de la croissance actuelle
    1.3. Du milieu rural au milieu urbain
        1.3.1. Citadins et ruraux
        1.3.2. Migrations et populations rurales
        1.3.3. Inégale croissance urbaine
2. Les facteurs démographiques
    2.1. La baisse de la natalité
        2.1.1. Le retournement démographique des années 1970
        2.1.2. Les causes de la réduction de la natalité
    2.2. Une mortalité de pays développé
        2.2.2. Diminution de moitié en un siècle
        2.2.3. Allongement de l'espérance de vie
3. La population active
    3.1. L'évolution générale
        3.1.1. Uniformité et évolution
        3.1.2. Rupture d'équilibre après 1974
        3.1.3. Les trois secteurs d'activité
    3.2. Le poids du chômage
        3.2.1. Les principales caractéristiques du chômage
        3.2.2. Les politiques de lutte
        3.2.3. Les causes du chômage
Conclusion

▶ **Synthèses** 52
    1. Comparaison 1789-1989
    2. Cartes du recensement de 1990
    3. Les cinq grandes tendances du recensement de 1990
    4. La pyramide des âges
    5. La répartition de la population
    6. Le chômage : un mal français ?
    7. Carte : Le système urbain français

▶ **Plans** 62
    1. Les étrangers en France
    2. La tertiarisation de l'emploi en France

▶ **Clés et repères** 66

Sujets possibles

1. Annales

– IEP

Banlieues et villes nouvelles (Paris 1987).
Peut-on parler de dénatalité ? (Paris 1987).
Les métropoles urbaines en France (Paris 1990).
La mobilité de la population française (Paris 1991).
L'immigration en France : les flux et les soldes, les marques économiques et spatiales (Bordeaux 1992).
Le réseau urbain en France métropolitaine (Paris 1995).

– École Normale Supérieure

La population étrangère en France (Ulm 1985).
L'inégale répartition de la population dans l'espace français et ses conséquences (départements et territoires d'outre-mer exclus) (Ulm 1993).

– Saint-Cyr

La question démographique en France (1990).

– Grandes Écoles de Commerce

L'évolution de la population en France en relation avec les transformations de l'économie nationale depuis 1945 (ESCAE 1979).
Le retournement démographique en France depuis les années 1960 et ses conséquences économiques et sociales (ESCAE 1988).
Démographie et économie en France depuis la fin de la Deuxième Guerre mondiale (HEC 1980).
L'emploi industriel en France (1960-1984) (ESSEC 1984).
L'évolution, dans l'espace, de la répartition de la population depuis 1945, reflet de l'évolution économique nationale et internationale (ECRICOME 1988).
La population de la France : une population vieillie ? (ESSEC 1988).
Croissance démographique et croissance économique en France depuis 1945 (ECRICOME 1993).

– CAPES et Agrégation

Flux (hommes, marchandises, capitaux), réseaux de transport et logiques d'organisation de l'espace français (Agrégation interne H/G 1993).
La mobilité géographique de la population en France métropolitaine et dans les DOM (Agrégation de géographie 1993).
La répartition de la population en France métropolitaine : vides et pleins, espaces d'abandon et espaces d'accueil (CAPES 1995).

2. Autres sujets possibles

La natalité/fécondité en France de 1801 à nos jours : évolution, comportement, conséquences.
La répartition géographique de la population française : son évolution depuis la Deuxième Guerre mondiale sur l'ensemble du territoire.
Le vieillissement de la population française.
L'emploi et ses problèmes dans la France d'aujourd'hui.
Les transformations de la population active française depuis 1945.
Place et rôle de l'immigration dans l'économie française depuis la fin de la Deuxième Guerre mondiale.
L'urbanisation en France.
Les formes de péri-urbanisation en France.
Les nouveaux aménagements urbains.
Villes et aménagement du territoire.

3. Les sujets traités

La tertiarisation de l'emploi en France.
Les étrangers en France.

Cours

La population française : une question fondamentale

Introduction

– La France souffre d'un *sous-peuplement relatif* : avec uniquement 16,3 % de la population de l'Union européenne. La densité de population l'illustre : elle a doublé en France depuis le début du XIXe siècle (104 habitants au km² en 1990), alors qu'elle a triplé pour les autres pays européens. La France est au 8e rang communautaire pour la densité, au 15e rang sur le continent européen.

Au recensement de 1990, la France métropolitaine comptait 56 614 500 habitants (sans les ressortissants français vivant à l'étranger). Avec la population des DOM/TOM, on parvenait à un total de 58 453 000 habitants.

Au 1er janvier 1996, la population de la France métropolitaine était de 58 300 000 habitants.

– *Une terre de migrations* : la population française est le résultat du mélange de peuples variés, lié à la situation géographique de la France, péninsule européenne, à sa position de carrefour sur le chemin des migrations.

Le résultat donne une grande variété de coutumes, de paysages, de langues, d'organisations sociales, d'habitats et d'urbanisme, de cuisines... plus ou moins atténuée par la volonté de centralisation royale renforcée par l'unification nationale de la Révolution (Jacobins), de l'Empire, puis de la République (école de J. Ferry, service militaire...).

La variété est plus forte au départ qu'en de nombreux pays européens, mais aussi plus combattue par le pouvoir central que dans les autres pays.

– *L'étude de la population reste par conséquent une question fondamentale* où trois thèmes prédominent :

1. la chute de la natalité et son corollaire, le vieillissement de la population. C'est un problème de société, mais aussi un problème politique et économique : sécurité sociale, retraites ;
2. l'immigration* : c'est un débat toujours actuel ;
3. le chômage lié à la sortie tardive de la crise (1986), aux mutations de la troisième révolution industrielle puis à la récession (1990-1993). C'est d'abord un problème de croissance économique, mais aussi de formation et de société.

cf. *synthèse* p. 59

1. La croissance de la population française

Depuis le début du XIXe siècle, la population française a doublé, mais de façon contrastée :

1800	=	28,3 millions
1990	=	56,6 millions

1.1. Lenteur de la croissance (1850-1945)

La population française est passée de 39 millions en 1881 à 41,5 millions en 1936. Première population européenne au début du XIXᵉ siècle – ce qui a servi les intérêts de la Révolution française et les idéaux napoléoniens –, elle a quasiment stagné ensuite.

1.1.1. Une baisse de fécondité précoce

Le ralentissement de la croissance démographique est dû, avant tout, à une baisse de la fécondité* :

1 000 000 de naissances	en 1884
moins de 800 000	à partir de 1911
moins de 700 000	en 1933

La baisse de la fécondité s'est produite avant celle des autres pays européens. Par contre, l'abaissement de la mortalité a été plus lent, signe d'une transition démographique* originale.

Ainsi, dans l'entre-deux-guerres, la situation démographique a atteint un seuil critique avec des soldes naturels* négatifs en 1929 et après 1935 (dépopulation*). En effet, le taux de natalité*, supérieur à 20‰ jusqu'en 1910, chute à 14,8‰ dans les années 1936-1938.

1.1.2. Les origines de cette baisse

Elles sont multiples :

■ la montée de l'individualisme est la conséquence de la révolution industrielle et de l'urbanisation (la population urbaine passe de 9,1 millions en 1851 à 17,5 millions en 1911). Ces deux facteurs ont considérablement facilité la diffusion de l'idéologie individualiste héritée de la Révolution française ;
■ le conservatisme des classes possédantes favorise une réduction de la natalité ;
■ le partage de l'héritage imposé par le code Napoléon limite la descendance ;
■ l'émancipation de la femme est l'une des conséquences de la Première Guerre mondiale.

Cette baisse de la natalité est en réalité une baisse de la fécondité*, car la nuptialité reste stable[1]. Les pratiques contraceptives se sont donc généralisées, et l'esprit malthusien* a triomphé sous la Troisième République.

1.1.3. Une grave crise démographique : 1914-1945

Les deux conflits mondiaux ont eu des conséquences désastreuses. Aux pertes militaires (1 325 000 morts ou disparus de 1914-1918[2] et 200 000 en 1939-1945) s'ajoutent des bouleversements de la structure par sexe (veuvage, célibat féminin), l'accroissement de la mortalité infantile* et les phénomènes de classes creuses.

---

1. Charbit (Yves), « Le passé démographique de la France », *Cahiers Français*, n° 259, janvier-février 1993, p. 5-10.
2. Abbad (Fabrice), *La France des années 20*, Armand Colin, Cursus, 1993, 192 pages.

Une autre conséquence, à la fois démographique et économique, a été l'appel à la main-d'œuvre étrangère. Le nombre des étrangers* est passé de 1 160 000 en 1911 à 3 000 000 en 1930. En 1946, la population étrangère s'élève à 1 670 000 ressortissants.

La France a connu une transition démographique* originale, précoce et courte, qui a mis en place les caractères fondamentaux de la population française contemporaine.

cf. *plan*, p. 62

1.2. Depuis 1945 : deux phases contrastées

De 1946 à 1990, la population française est passée de 40,4 à 56,6 millions, soit un gain de 16,2 millions d'habitants en 44 ans, autant que de 1760 à 1940 ; mais cette croissance n'a pas été régulière.

1.2.1. Du *baby boom* au *baby flap*

En 1946, le taux de natalité* était de 21,4‰ ; en 1968, il conservait un niveau élevé (naissances comprises entre 800 et 900 000). C'est le *baby boom** de l'après-guerre. Il décroît ensuite et s'affaisse à 13,9‰ entre 1975 et 1978 : c'est le *baby flap*.
Depuis 1974, on est en dessous du seuil de remplacement des générations ou indice synthétique de fécondité* (ISF) : moins de 800 000 naissances.

1,82	enfant par femme	en 1988	(771 000 naissances)	taux de natalité : 13,8 ‰
1,77	enfant par femme	en 1991	(759 000 naissances)	taux de natalité : 13,3 ‰
1,65	enfant par femme	en 1994	(708 000 naissances)	taux de natalité : 12,2 ‰
1,70	enfant par femme	en 1995	(729 000 naissances)	taux de natalité : 12,5 ‰

1.2.2. Les apports de l'étranger

Un solde migratoire positif a largement contribué à la croissance de la population* jusqu'en 1975 :

+ 0,47%	de 1962 à 1968
+ 0,23%	de 1968 à 1975
+ 0,07%	de 1975 à 1982
+ 0,09%	de 1982 à 1990

Déjà, la population immigrée en France représentait :

6%	de la population française	en 1918
6,6%	"	en 1931
4,1%	"	en 1954
8%	"	en 1990

La France a toujours été une terre d'accueil, organisant même la venue de travailleurs étrangers, dans les années 1920 : Polonais et Italiens en Lorraine ou dans le Nord qui s'ajoutent aux émigrés russes de la région parisienne. A partir de 1936, c'est le tour des Espagnols. Les Portugais et les Maghrébins vont constituer le principal du flot dans les années 1960-70 avant la dernière vague en provenance d'Asie ou d'Afrique noire.

cf. *plan*
p. 62

Depuis 1974, l'entrée des travailleurs étrangers est suspendue mais il y a des clandestins, des réfugiés politiques et des demandeurs d'asile. Les immigrés clandestins, qui ne jouissent d'aucune garantie économique ni d'aucune protection sociale, constituent une main-d'œuvre recherchée par certains employeurs (confection, BTP....).

1.2.3. La stabilité de la croissance actuelle

Les données de 1990 montrent un taux de croissance de 0,5% par an de 1982 à 1990 (1% entre 1946-1968, 0,7% entre 1968-1975 et 0,46% de 1975 à 1982). Le rythme d'accroissement s'est par conséquent stabilisé après l'importante inflexion du début des années 1970. L'excédent naturel* explique les 4/5 de cet accroissement.

Pour la période 1982-1990, le gain s'élève à 1 820 000 habitants supplémentaires, ce qui place malgré tout la France en bonne position dans l'Union européenne. Elle a ainsi dépassé l'Italie en 1994 et rattrapera le Royaume-Uni.

L'accroissement naturel* est stable en 1994 (+ 250 000), soit un peu supérieur à 0,4% par an. A ce même taux, le cap des 60 millions serait franchi en 2002, celui des 62 millions en 2015.

La France représente 1,1% de la population mondiale, en représentera 0,9% en l'an 2000 et 0,7% en 2015, c'est-à-dire à son maximum démographique prévisible actuellement.

1.3. Du milieu rural au milieu urbain

1.3.1. Citadins et ruraux

A la fin du XVIIIᵉ siècle, 82% des Français vivaient à la campagne et 18% en villes. Aujourd'hui, les proportions sont inversées : on compte 69% de citadins et 31% de ruraux et même 73,4% de citadins (3 Français sur 4) si on englobe les communes (de moins de 2 000 habitants) faisant partie des ZPIU*.

Conséquence de l'exode rural, le phénomène d'urbanisation s'est accéléré depuis la fin de la Deuxième Guerre mondiale. Ce mouvement a d'abord bénéficié aux grandes villes puis aux villes moyennes et aux banlieues, au détriment des centres-villes, malgré un regain d'attrait pour ces derniers entre 1982 et 1990 (rénovations, centres piétonniers).

Cela a entraîné une croissance des communes rurales proches des ZPIU* : le desserrement urbain ou rurbanisation*.

Le reste du rural profond poursuit sa décadence : l'abondance de célibataires masculins, la rareté des jeunes, le vieillissement, caractérisent des régions comme le Massif central, le Midi aquitain, les Alpes du Sud ou la Corse.

1.3.2. Migrations et populations rurales

On distingue trois types de migrations :

■ *l'exode rural* (départ massif vers la ville) qui a connu une phase paroxysmique de 1850 à 1914, liée à l'essor de la grande industrie, à la ruine de l'artisanat rural et à l'inégale modernisation des campagnes. Après 1945, il marque une reprise sensible (2,3 millions de départs de 1954 à 1962 ; 2 millions de 1962 à 1968). Encore majoritaires en 1962, les agriculteurs sont devenus les moins nombreux des actifs résidant dans les communes rurales ;

cours • 2

■ *le glissement paysan* qui concerne des migrations entre campagnes, des zones surpeuplées (Bretagne) vers des zones sous-peuplées (Vendée, Aquitaine, Rouergue) ;

■ *les migrations qui concernent des personnes âgées* prenant leur retraite à la campagne, des ruraux revenant à leur pays d'origine, et surtout une majorité d'installations nouvelles (dans les communes proches des villes ou des lieux de travail, c'est la rurbanisation*).

Les conséquences en sont des soldes migratoires* négatifs ou positifs.

1.3.3. Inégale croissance urbaine

La croissance urbaine a été positive (1,9% et 1,8% par an pour les périodes intercensitaires 1954-1962, 1962-1968), puis négative de − 1,1% pour la période 1968-1975 et − 0,3% de 1975 à 1982 pour de nouveau retrouver une croissance de + 0,46% de 1982 à 1990.

cf. *carte*
p. 60-61

Centres-villes et banlieues en 1990				
Ensembles	millions d'habitants	% de la population totale	superficies en km²	densités
Centres-villes Banlieues	23,5 17,6	41,5% 31 % 72,5%	83 000 avec les banlieues	493 hab/km² avec les banlieues
Rurbain Rural	9,7 5,8	17 % 10,5%	181 000 279 000	53 hab/km² 21 hab/km²

En mars 1990, la France métropolitaine comptait 119 agglomérations de plus de 50 000 habitants. 30 agglomérations dépassent 200 000 habitants soit 20,5 millions d'habitants ou 36% de la population totale de la France. Entre 1982 et 1990, l'évolution s'est effectuée quasiment à l'inverse de la période précédente : une croissance atténuée des petites et moyennes agglomérations et une reprise de la croissance des grandes agglomérations à l'image de Paris qui minore ses pertes (− 124 000 habitants de 1975 à 1982).

cf. *synthèse*
p. 54

Évolution des populations urbaines (1982-1990) (en milliers d'habitants)		
Centres-villes	1990	Pertes/gains par rapport à 1982
Paris	2 152	− 24 000
Marseille	801	− 73 000
Lyon	415	+ 2 000
Lille	364	− 3 000
Toulouse	359	+ 9 000
Nice	342	+ 5 000
Strasbourg	252	+ 3 000
Nantes	245	+ 4 000
Bordeaux	208	− 2 000

Les villes bénéficiaires de cette croissance urbaine valorisent leur situation dans un environnement favorable (mer ou montagne) par l'implantation d'activités de pointe, par la création ou le développement de technopôles* : Fréjus (+ 2,59% de taux annuel de croissance), Grasse-Cannes-Antibes (+ 1,60%), Toulouse (+ 1,47%), Menton-Monaco (+ 1,42%), mais aussi Annemasse (+ 1,81%) ou Annecy (+ 1,07%).

cf. carte
p. 60-61

À l'inverse, les unités urbaines les moins dynamiques sont, dans leur grande majorité, des villes à industries traditionnelles (minière, sidérurgique, textile) en perte de vitesse : Saint-Étienne, Béthune, Denain, Lens, Longwy...

cf. synthèse
p. 58

Cette tendance à la persistance sur plusieurs décennies d'une croissance urbaine sélective est un fait nouveau, sans précédent dans l'histoire des villes françaises[1]. Les Français se regroupent massivement dans les régions les plus peuplées de leur territoire et s'agglutinent autour des concentrations urbaines les plus grandes.

2. Les facteurs démographiques

Tableau démographique de la France (en milliers)					
	1973	1982	1990	1993	1994
Population	51 916	54 650	56 893	57 654	57 902
Naissances	857	792	762	711	708
Décès	559	543	526	531	520
Croissance naturelle	298	254	236	179	188
Migration nette	107	61	80	90	60
Accroissement total	405	315	316	269	248
Taux de natalité	16,4‰	14,6‰	13,4‰	12,3‰	12,2‰
Taux de mortalité	10,4‰	10,0‰	9,3‰	9,2‰	9,0‰
Espérance de vie des hommes	68,7 ans	70,7 ans	72,7 ans	73,3 ans	73,6 ans
Espérance de vie des femmes	76,3 ans	78,8 ans	80,9 ans	81,5 ans	81,8 ans
Mariages	401	312	287	254	254
Enfants/femme	2,3	1,91	1,78	1,65	1,65

2.1. La baisse de la natalité

2.1.1. Le retournement démographique des années 1970

Le maximum de naissances, en chiffres absolus, a été atteint en 1971 : 880 000 naissances. Depuis, le taux de natalité* a oscillé en 13,3‰ et 13,8‰ avant de chuter depuis 1990 (12,2‰ en 1994). Cela se traduit par une baisse des naissances, malgré une légère reprise entre 1980-1986 :

1981	1983	1986	1991	1992	1993	1994	1995
805 000	749 000	778 000	759 000	742 000	712 000	708 000	729 000

---

1. Pumain (Denise), « La répartition géographique de la population », *Cahiers Français*, n° 259, janvier-février 1993, p. 31-36.

Les démographes distinguent :

cours • 2

- une baisse profonde de la fécondité* de 1964 à 1976 ;
- une baisse de la natalité de 1972 à 1976 ;
- puis une période de dénatalité depuis 1976 ;
- une accélération de la baisse des naissances depuis 1991.

cf. *synthèse*
p. 56

Depuis 1976, la fécondité* française donnait à la France une position enviable sur le plan européen, sans assurer tout à fait le renouvellement des générations (1,8 enfant par femme). La première rupture s'est produite à la fin de l'année 1991, elle se prolonge et même s'accentue depuis 1993, puisque l'indice synthétique de fécondité* passe pour la première fois sous le seuil des 1,70. Pour la troisième année consécutive, sa valeur s'écarte du niveau observé pendant 15 ans, soit environ 1,8 enfant par femme. La France rejoint ainsi la moyenne européenne malgré le léger rebond des naissances en 1995.

La part des naissances légitimes issues de deux parents français diminue : elles représentaient 80% des naissances en 1976, aujourd'hui seulement 56%. De plus, l'âge moyen de la maternité est passé de 26,8 ans en 1980 à 28,8 ans en 1995.

Les naissances des couples étrangers ou mixtes sont stables en pourcentage : ils assuraient en 1976 11,3% des naissances, 11% aujourd'hui malgré une légère augmentation en nombre. La fécondité des étrangères ne cesse de baisser, cela s'explique par l'acculturation.

2.1.2. Les causes de la réduction de la natalité

Cette mutation du comportement est importante, elle résulte d'un problème de société, d'une nouvelle conception de la famille.

L'emploi féminin devient une composante permanente de notre vie. Or, la société française n'a pas su imaginer des formules capables d'offrir à la femme les moyens d'assurer harmonieusement ses tâches productives dans la cité et ses fonctions de mère (législation pour le travail à mi-temps/temps partiel).

La récession économique semble aussi jouer un rôle dans la baisse démographique. Aujourd'hui, la fécondité* est désirée. On remet l'enfant à plus tard. Mais en démographie, le temps ne se rattrape jamais tout à fait. La baisse de la natalité touchant aussi les femmes plus âgées, le rattrapage de la fécondité qui s'effectuait à partir de 28 ans risque d'être compromis.

Cette évolution se traduit dans la chute du taux de fécondité : il y a plus de mères potentielles (*baby boom* * de l'après-guerre) mais on compte moins de naissances. Ce grand tournant se situe dans un contexte de pression sociale aboutissant à un ensemble de lois :

- décembre 1967 : centres de planning familial, information sexuelle, vente de contraceptifs en pharmacie ;
- janvier 1975 : autorisation de l'interruption volontaire de grossesse ou IVG ;
- décembre 1982 : remboursement par la Sécurité Sociale de l'IVG.

Ces mesures ont accompagné un mouvement déjà inscrit dans les mœurs. Actuellement, près de 65% des femmes entre 19 et 49 ans utilisent une méthode contraceptive. Le nombre des avortements diminue. *C'est donc un fait de civilisation plus fort que toutes les politiques favorables à la natalité.*

De moins en moins de mariages : alors que les générations en âge de se marier sont de l'ordre de 840 000 par an soit 420 000 de chaque sexe, il n'y a eu en 1994 que 254 000 mariages. Les premiers mariages sont plus tardifs : 28 ans en moyenne chez les hommes et 26 ans pour les femmes, soit 3 ans plus tard qu'il y a 10 ans. Cette nouvelle baisse de la nuptialité rapproche la France des pratiques scandinaves. Parallèlement, le nombre des naissances hors mariage s'accroît (33%).

On voit par conséquent apparaître un nouveau modèle familial qui privilégie le couple avec un ou deux enfants. *La place de l'enfant dans les familles a changé* : né plus tard, l'enfant est perçu comme un bien nécessaire, mais dont la fonction exclut, par elle-même, la multiplication des naissances.

Bilan : le non-remplacement des générations en place, le vieillissement de la population qui remet en cause tout un fonctionnement social (retraite, coûts sociaux, défense...).

2.2. *Une mortalité de pays développé*

2.2.1. Diminution de moitié en un siècle

Le taux brut de mortalité* a diminué de moitié depuis le début du siècle :
- 1901-1906 = 19,6‰,
- depuis 1980, il est stabilisé en dessous de 10‰ (9,1‰ en 1995).

Les causes générales de cette réduction sont les progrès de la médecine (les années 1980 ont vu se renforcer la reprise des progrès amorcés dès 1970 en ce qui concerne les maladies cardio-vasculaires et les cancers pulmonaires, témoignant aussi d'un changement des modes de vie et de comportement) , le vieillissement des classes creuses de la guerre 1914-1918, l'élévation du niveau de vie...

La mortalité par âge est aussi variable :
- de 0 à 1 an, c'est la pointe de la mortalité infantile*, devenue l'une des plus basses du monde, alors qu'elle était encore au milieu du XIXe siècle de 204,4‰ des naissances vivantes (10‰ en 1980 et 5‰ en 1995) ;
- de 10 à 20 ans, c'est la montée de la surmortalité masculine (accidents) ;
- de 25 à 34 ans, la croissance de la mortalité est régulière : suicides ; accidents de la circulation ; sans oublier l'apparition du SIDA, encore négligeable en milieu de décennie ;
- enfin, une accentuation de la surmortalité masculine est nette après 45-50 ans (alcool, tabac, accidents de la route, suicides...).

Dans les années 1950-60, c'est la baisse de la mortalité avant 15 ans qui contribuait essentiellement aux progrès de la vie moyenne. A partir des années 1970, c'est la baisse de la mortalité aux âges adultes et aux âges avancés qui assure ces progrès.

2.2.2. Allongement de l'espérance de vie

cf. *synthèse* p. 56

Les conséquences en sont l'allongement de l'espérance de vie/vieillissement et la permanence d'inégalités devant la mort entre les hommes et les femmes (écart qui se maintient depuis 1980 autour de 8 ans).

	1861-65	1908-13	1933-38	1946-49	1960-64	1966-68	1982	1990	1994	1995
Hommes	39,1	48,5	55,9	61,9	67,9	68	70,7	72,7	73,6	73,8
Femmes	40,6	52,4	61,6	67,4	74,4	75,4	78,9	80,9	81,8	81,9

Mais de profondes inégalités subsistent :

■ selon l'appartenance socio-professionnelle : les catégories sociales les plus favorisées ont davantage profité des progrès enregistrés notamment dans la lutte contre les maladies cardio-vasculaires ;

■ selon les régions : un croissant de forte mortalité s'étend du Finistère à l'Alsace. A l'inverse, les Pays-de-la-Loire (à l'exception de la Loire-Atlantique) et le Sud-Ouest bénéficient d'une espérance de vie très élevée.

> Au sein des pays européens, la position française est moyenne pour les hommes (neuvième position) et excellente pour les femmes qui, avec 81,3 ans, connaissent avec les Suissesses l'espérance de vie la plus élevée d'Europe.
> La surmortalité masculine française, parmi les plus fortes, explique cette relative discordance entre hommes et femmes.

3. La population active

La masse des actifs a longtemps crû moins vite que celle de la population totale. La tendance s'est inversée après 1962 : rapatriés, classes nombreuses de l'après-guerre, femmes actives en progression.

En 1994, on comptait 22 millions d'actifs occupés (12,4 millions d'hommes et 6,6 millions de femmes) et 3 millions de chômeurs. Quelle importance accorder aux travailleurs clandestins ou occasionnels (3% à 6% des actifs) ?

3.1. L'évolution générale

3.1.1. Uniformité et évolution

L'uniformisation relative de la durée d'activité se réalise par une évolution divergente entre les hommes et les femmes : les taux d'activité* du sexe masculin ont notablement baissé avant 25 ans et dès 55 ans. Il en a été de même pour les femmes. En revanche, elles sont désormais beaucoup plus concernées par le travail à l'âge adulte, y compris jusqu'à 60 ans.

La France en col blanc. De 1962 à 1990, la France a connu des bouleversements sociologiques considérables : recul des paysans puis des ouvriers et forte poussée des cadres.

Groupes sociaux	1962	1975	1990
Agriculteurs-exploitants	3 045 000	1 691 000	991 000
Artisans, commerçants, patrons	2 084 000	1 766 000	1 756 000
Cadres supérieurs, professions libérales	892 000	1 351 000	2 604 000
Cadres moyens ou professions intermédiaires	2 114 000	3 480 000	4 452 000
Employés	3 535 000	3 093 000	5 898 000
Ouvriers	7 488 000	8 118 000	6 531 000

– Ainsi, entre 1962 et 1990, le nombre des agriculteurs a été divisé par trois, soit 2 millions d'exploitants.

– Après l'exode rural, voici venir l'exode ouvrier. La population ouvrière a progressé en France jusqu'en 1975. Depuis, le nombre d'ouvriers a diminué de 1,5 million. D'ores et déjà, aujourd'hui, on peut estimer que la France compte davantage d'employés que d'ouvriers. C'est toute une culture politique et toute une tradition sociale qui s'estompent.

– Ensuite, le nombre des cadres, au sens large, est passé de 3 millions en 1962 à 7 millions en 1990. Mais c'est l'évolution de la catégorie des cadres supérieurs qui a été la plus spectaculaire. Leur nombre a pratiquement triplé en 30 ans.

– Enfin, la modernisation de l'économie a entraîné une progression remarquable du nombre et de la proportion de salariés dans toutes les professions.

cf. *plan* p. 64

Avec 84,5% de salariés dans la population active, la France se classe en position moyenne par rapport à ses partenaires. Le secteur privé occupe toujours la première place pour l'emploi des salariés (67%) devant le secteur public. Le salariat s'est essentiellement développé dans le tertiaire. Les progrès sont encore plus nets dans la population féminine.

L'activité féminine en forte hausse (46%) : la France se situe dans le petit groupe de pays où les femmes sont les plus actives, pour une moyenne communautaire de 42%.

La progression du travail féminin apparaît comme le facteur primordial de l'augmentation globale de la population active, notamment depuis la crise de 1974 (1968 : 34,5%, 1982 : 40,7%).

Les caractéristiques de l'emploi féminin sont les suivantes :

■ il est d'abord tertiaire (les emplois de bureau sont féminisés à 65%) mais concerne aussi l'enseignement, la santé... ;

■ inversement, les métiers féminins restent assez souvent des professions subalternes, en particulier pour les jeunes (grande distribution, industries exigeantes en main-d'œuvre) ;

■ une proportion de salariés identique en pourcentage de la population active totale (84,5%).

3.1.2. Rupture d'équilibre après 1974

Depuis 1974, le gonflement rapide de la population active – conjonction du *baby boom** et du travail accru des femmes – s'est révélé excessif, entraînant la montée préoccupante du chômage, l'accroissement du nombre des inactifs (jeunes, chômage, vieillissement de la population). Le poids des inactifs et des chômeurs s'alourdit : 138 pour 100 actifs en 1990 contre 124 en 1975.

De 1982 à 1992, une étude de l'INSEE* sur l'emploi souligne deux faits importants :

■ la productivité et la réorganisation du travail auraient empêché que soient créés un million d'emplois supplémentaires entre 1982 et 1992 ;

■ la seule évolution démographique annuelle a, en moyenne, amené 200 000 actifs supplémentaires sur le marché du travail, dont 20 000 étrangers*.

Pendant la même période, l'agriculture a perdu 500 000 emplois, l'industrie autant et le BTP 125 000. En revanche, parmi les secteurs créateurs d'emplois, on trouve en tête l'administration locale (+ 180 000), l'enseignement du second degré du premier cycle (+ 110 000), suivis des restaurants et des cafés (+ 103 000) puis des services informatiques (+ 101 000). Ainsi, au déclin des emplois industriels des régions du Nord et de l'Est répond le développement du tertiaire en Ile-de-France et dans les régions du Sud.

Pour les années à venir, l'INSEE* estime que la progression de la population active* devrait se ralentir, en raison de la baisse de la natalité depuis 1974, baisse dont les effets seront toutefois atténués par l'apport migratoire. Deux éléments d'incertitude subsistent : le taux d'activité* des jeunes, dépendant des mesures pour l'emploi, et la féminisation.

S'agissant des qualifications, les mouvements sont également impressionnants. Un tiers des jeunes actifs ont au moins le baccalauréat contre 25 % en 1982. Progressivement, l'emploi non qualifié se déplace de l'industrie vers le tertiaire, des hommes vers les femmes, des ouvriers vers les employés, principalement du commerce et des services aux particuliers.

3.1.3. Les trois secteurs d'activité

Tableau de l'évolution des trois secteurs d'activité			
Années	Primaire	Secondaire	Tertiaire
1946	36,4%	29,3%	34,3%
1954	26,6%	35,5%	38,1%
1962	19,9%	38,2%	41,9%
1968	15 %	39 %	46 %
1975	10,1%	38,6%	51,4%
1982	8,1%	34,2%	57,6%
1990	5,6%	30,1%	64,3%

Le secteur primaire est devenu marginal. L'ensemble des activités de l'agriculture-sylviculture-pêche n'emploie plus que 1,25 million de personnes dont 1,18 pour la seule agriculture. Parallèlement, le nombre de jeunes agriculteurs continue de diminuer. L'exode rural concerne surtout les salariés, les jeunes et les femmes. Mais il se ralentit.

Enfin, la répartition géographique de la plus forte proportion d'agriculteurs est toujours la même : au sud d'une ligne Le Havre-Genève.

Le secteur secondaire est en déclin. Il est passé de 38,6% de la population active en 1975 à 30,1% en 1990. Les explications de ce recul sont multiples : gains de productivité, difficultés économiques ou restructuration de secteurs employant beaucoup de main-d'œuvre (bâtiment, textile, automobile ou sidérurgie).

La répartition géographique reste identique : les vieux pays noirs et la région parisienne concentrent 20% des emplois secondaires.

Le tertiaire représente la majorité des emplois depuis 1975. Il a gagné 1,9 million d'emplois de 1982 à 1990 (+ 16%). A l'intérieur de cette masse considérable, plusieurs postes sont devenus plus importants à eux seuls que l'agriculture : dans l'enseignement travaillent ainsi 1,57 million de personnes (+ 19%), dans la santé 1,43 million (+ 16%) et dans l'administration générale 1,77 million (+11%).

Le tertiaire se caractérise par sa diversité : cadres et professions intellec-
tuelles supérieures (8%) dont l'expansion a été la plus rapide ; professions
intermédiaires (instituteurs, professions para-médicales, techniciens,
agents de maîtrise) ; employés (groupe très féminisé – 3 employés sur
4 sont des femmes – mais très hétérogène).
La répartition géographique montre le rôle majeur des grandes villes :
région parisienne, Rhône-Alpes, littoral méditerranéen.

De 1982 à 1990, tandis que l'emploi progressait de 3,7% en huit ans, le
chômage augmentait de 35,3%. Aux 800 000 emplois supplémentaires
créés répondaient 700 000 chômeurs de plus.

3.2. Le poids du chômage

1974	615 000	2,8%
1975	902 000	4,1%
1981	1 895 000	8,1%
1985	2 440 000	10,5%
fin 1990	2 531 000	9,1%
fin 1991	2 826 900	9,8%
fin 1992	2 978 000	10,5%
fin 1993	3 290 000	12,0%
fin 1994	3 329 000	12,4%
fin 1995	3 019 400	11,7%

De 1945 à 1967, la France a
connu une période de plein
emploi (taux de chômage inférieur à 2%) et d'insuffisance de
main-d'œuvre (appel officiel à
des travailleurs immigrés). La
crise a déclenché la hausse du
chômage, le cap des trois millions de chômeurs a été franchi
à la fin du mois de février 1993.

3.2.1. Les principales caractéristiques du chômage

*Le manque de travail (actifs au chômage) atteint surtout ceux qui sont dépourvus
de formation professionnelle :*
- beaucoup de femmes 12,1% (dont 30,5% entre 15 et 24 ans) ;
- beaucoup de jeunes (15-24 ans) : 615 000 jeunes garçons ou filles, soit
20,5% du total ;
- de nombreux immigrés, lesquels représentent 18,9% de l'ensemble
des chômeurs.

Trois problèmes s'en dégagent :
- *celui des jeunes* : les classes d'âge arrivant sur le marché du travail
sont nombreuses ; quand elles diminuent, les départs en retraite sont
plus lents. Cela devrait s'arranger d'ici quelques années où l'on verra
le départ en retraite des premières classes d'âge du *baby boom** ;
- *le cap des 50 ans ;*
- *l'allongement de la durée du chômage* : à la fin de 1995 étaient au chômage depuis plus d'un an 1 065 608 demandeurs d'emploi (la durée
moyenne du chômage a dépassé 388 jours).

La dégradation du marché du travail n'a pas été uniforme suivant les régions. Ces
disparités résultent de l'évolution conjoncturelle de l'emploi dans les
régions : ainsi, le Nord et l'Est ont été affectés tant par le recul de l'embauche
que par les licenciements.

Régions les moins touchées (– 1%)		Régions les plus touchées (+ 1%)		cours • 2
Alsace	7,3%	Languedoc-Roussillon	15,5%	
Franche-Comté	9,5%	Nord-Pas de Calais	14,9%	
Limousin	9,5%	PACA	14,7%	
Ile-de-France	10,3%	Haute-Normandie	13,3%	
		Aquitaine	12,6%	
moyenne nationale 1993 : 11,6%				

3.2.2. Les politiques de lutte

La lutte contre le chômage représente des enjeux politiques, économiques et sociaux considérables. Quatre types de mesures ont été pris successivement ou simultanément par les différents gouvernements depuis 15 ans :

■ retarder les entrées en activité ou réduire le nombre des demandeurs d'emploi grâce à des dispositions s'appliquant aux jeunes : prolongation de la scolarité et opérations de formation (stages, congés de conversion). Les TUC ou SIVP représentent une solution hybride entre formation et travail ;
■ accélérer les sorties d'adultes actifs : retraite à 60 ans, pré-retraite à 55 ans, mais les coûts sont très élevés pour la société et l'essentiel a déjà été fait ;
■ réduire le temps de travail (39 heures, cinquième semaine de congés payés), mais la solution n'a pas suffisamment pris en compte les gains de productivité ;
■ agir sur les statistiques par des mesures techniques d'ordre administratif : épuration des listes, réduction des droits des chômeurs et de leur durée d'application.

Le traitement social coûte très cher : en 1974, il représentait 10 MDF ; en 1981, 89,3 MDF ; en 1991, 270 MDF et 286 MDF en 1994 (soit environ 4% du PIB). Cette charge est devenue excessive (prélèvements sur les entreprises et les ménages), préjudiciable à la reprise d'une bonne activité.

3.2.3. Les causes du chômage

Les causes conjoncturelles

– *L'impact des chocs pétroliers successifs* : l'augmentation brutale des prix du pétrole aurait fait baisser la demande générale de biens, par ailleurs volontairement freinée par les politiques gouvernementales de lutte contre l'inflation (baisse de la croissance + inflation = hausse du chômage). Au-dessous de 2% de croissance, l'économie française perd des emplois alors qu'un point de croissance supplémentaire au-dessus des 2% crée 200 000 emplois par an.
– *Une cause démographique est propre à la France* : l'arrivée des classes jeunes nombreuses sur le marché du travail. Ce n'est qu'en 2003, pour la première fois depuis un demi-siècle, que la tendance s'inversera et que le nombre d'actifs commencera à diminuer lentement (la population active atteindra alors 26,6 millions). Les projections de l'emploi sont par conséquent pessimistes, faute d'une forte croissance.

cours • 2

– *Une cause sociologique* : la montée spectaculaire du taux d'activité* féminin.

Les causes structurelles

cf. synthèse
p. 59

– *Chaque grande période de mutation technique et économique a créé un chômage important quasi inévitable.* La troisième révolution industrielle ne déroge pas à la règle. Restructurations, modernisations, informatisation créent une inadéquation entre demandes et offres d'emplois.

– *Causes politiques.* La priorité donnée à la lutte contre l'inflation et le refus d'organiser une politique générale de relance ont fait stagner le taux de croissance : austérité avant 1981, rigueur de 1983, réduction des déficits ensuite. Pour éviter les explosions sociales, les pouvoirs publics ont cherché à éviter ou retarder les licenciements : beaucoup d'investissements ont été consacrés au maintien d'activités en difficulté (« la logique sidérurgique »). Ils n'ont fait souvent que différer une issue fatale.

– *La fiscalité française* prend les salaires pour assiette privilégiée. Les entreprises de main-d'œuvre sont pénalisées et favorisent le remplacement de l'homme par la machine.

– Enfin, *les obstacles administratifs* (autorisation administrative de licenciement, seuils de création d'une section syndicale d'entreprise, comité d'entreprise) sont des barrières psychologiques que l'on cherche à moduler depuis 1986.

Le catalogue des rigidités sociales, sources du chômage, est donc important.
Le modèle français, c'est le travail proscrit avant 25 ans et après 55 ans, mais c'est aussi un partage à la française : plus de chômeurs, moins d'emplois et peu de temps partiel.

Conclusion

– *Par son évolution*, la France a été en retrait du modèle européen des deux derniers siècles :

■ peu d'émigrants au XIXᵉ siècle, sauf vers l'Algérie ;
■ un appel précoce à l'immigration*, de voisinage d'abord, de plus en plus lointaine ensuite ;
■ de fortes pertes lors de la guerre 1914-18 et de forts déficits de naissances lors des deux guerres mondiales.

cf. plan
p. 62
synthèse
p. 56

L'évolution « à l'européenne » est retrouvée après 1945, à travers le *baby boom** puis la baisse de natalité. Les pyramides des âges sont de plus en plus proches, à mesure que s'effacent les traces de 1914-18. Cependant les mentalités restent un peu différentes face aux problèmes de vieillissement et d'immigration*.

Par une répartition nationale très déséquilibrée. De profondes inégalités régionales persistent, très marquées en France. L'originalité française, c'est la place écrasante de l'agglomération parisienne (9,4 millions d'habitants contre seulement 1,2 million pour Lyon et 1 million pour Marseille).

La France en quatre. Structure par âge, fécondité*, mortalité, accroissement naturel*, scolarisation, constituent un groupe d'indicateurs ayant de fortes corrélations géographiques et opposant le Nord au Sud de la France. De même, rapport de masculinité, proportion d'étrangers, intensité de l'urbanisation, structure des activités et composition socio-professionnelle forment un autre groupe de critères possédant une forte homogénéité spatiale qui oppose les moitiés Sud-Ouest et Nord-Est du territoire. Ces deux groupes forment des systèmes[1], c'est-à-dire des ensembles d'éléments en interaction dynamique. Le premier est de nature *socio-démographique* (attitudes à l'égard de l'école, du travail...). Le second peut être qualifié de *démo-économique*, car il exprime l'influence du système productif.

Ces deux systèmes sont en interaction et en évolution constante.

Notre pays est ainsi marqué par des déséquilibres accentués entre une France de « hautes pressions démographiques » et une France des « basses pressions démographiques ».

– La France connaît par conséquent une évolution de pays industrialisé : freinage de sa croissance démographique, vieillissement de la population, non-remplacement des générations. Tout ceci pose des problèmes sociaux à court, moyen et long terme : assurer le renouvellement de la population, faire face au vieillissement, intégrer les étrangers* : trois tâches sur la réussite desquelles se jugera, à la fin du siècle, le succès ou l'échec démographique de la France[2].

L'aspect le plus crucial reste le vieillissement de la population. En 2020, un actif sur deux aura plus de 40 ans. Si, dans un premier temps, l'allongement de l'espérance de vie à la naissance a correspondu à un rajeunissement de la population jusque dans les années 1960 (on a commencé par mourir moins aux âges jeunes), dans un deuxième temps, les progrès se situent au sommet de la pyramide des âges. La tendance lourde d'ici le siècle prochain, c'est le vieillissement des plus âgés (accroissement du nombre des octogénaires). Ce vieillissement provoquera un frein à la mobilité, aura des répercussions sur l'organisation du travail dans les entreprises, suscitera peut être un nouvel appel à l'immigration*, risquera d'entraîner la désertification de certaines régions.

cf. *synthèse* p. 56

La population d'âge actif va continuer à augmenter pendant une dizaine d'années. Mais à partir de 2005-2010, elle devrait diminuer en valeur absolue et, plus encore, en poids relatif : les générations nombreuses du *baby-boom** arriveront à l'âge de la retraite. Cela pose le problème aigu du financement des retraites.

Qualification et polyvalence seront les deux exigences essentielles pour créer des emplois, avec un autre rythme de travail (développement du temps partiel). Le rapport *Choisir l'emploi,* présenté au Commissariat au Plan dans le cadre du XIᵉ Plan (1993-1997), a proposé de réduire le poids des charges sociales sur les bas salaires, d'encourager la création d'emplois dans les services, de faciliter la flexibilité, d'aménager la durée du travail et son partage avec réduction salariale.

Enfin, jusqu'au bout le XXᵉ siècle restera celui des femmes. Elles ont conquis l'école et l'entreprise. En 1900, leur taux d'activité était moitié moins élevé que celui des hommes. En 2000, il l'aura presque rattrapé.

Dans les dix ans en cours (1990-2000), un million de femmes supplémentaires arriveront sur le marché du travail contre 300 000 hommes à peine.

---

1. Noin (Daniel) et Chauviré (Yvan), *La population de la France,* 2ᵉ édition, Masson, 1991, 204 pages.
2. *La France dans deux générations,* Fayard, ouvrage collectif sous la direction de Tapinos (Georges), 1992, 360 pages.

Synthèses

1. Comparaison 1789-1989

La France de 1789 et la France de 1989		
	1789	1989
Population	28,1 millions	56,1 millions
Naissances	1,052 million	0,770 million
Décès	0,936 million	0,524 million
Taux de natalité	37,8‰	13,6‰
Taux de mortalité	33,4‰	9,4‰
Taux d'accroissement naturel	0,41%	0,44%
	116 000 enfants	246 000 enfants
Indice de fécondité	5 enfants par femme	1,82 enfant par femme
Espérance de vie hommes	27,5 ans	72,3 ans
femmes	28,1 ans	80,6 ans
Taux de mortalité infantile	278‰	7,6‰
Plus de 60 ans	8,5%	19%
Moins de 20 ans	40,1%	28%
		(dans les mêmes frontières)

Source : *Populations et sociétés* – « Comparaison des chiffres de la population française 1789-1989 », INED, n° 233, mars 1989.

Selon les estimations de l'INED*, il a fallu deux siècles à la France pour doubler sa population.

En 1789, l'indice de fécondité* était estimé à 5 enfants par femme, ce qui est relativement peu eu égard à la fertilité des couples en l'absence de tout moyen contraceptif et par rapport aux autres sociétés de l'époque. Ce résultat est lié d'abord à l'âge tardif auquel se font les mariages (28,5 ans pour les garçons et 26,5 pour les filles) et ensuite aux grands intervalles entre naissances dus à la durée de l'allaitement.

Tout au long du XVIIIe siècle, l'âge du mariage s'est élevé et la fécondité* réduite, réaction d'une population de paysans qui n'a plus de terres à défricher, ne dispose que de peu d'industries, est peu portée à émigrer et tient à préserver ses héritages.

Après d'importants progrès au milieu du XVIIIe siècle, la mortalité a stagné pendant une trentaine d'années, reflet des difficultés alimentaires liées à celles de la production et du commerce des grains. Pour la décennie 1780-1789 :

■ la mortalité des jeunes enfants est telle qu'avec un nombre de naissances annuel supérieur de 40% au nombre de 1989, le nombre d'enfants de 0 à 4 ans est alors inférieur de 7% à ce qu'il est aujourd'hui à territoire égal ;

■ l'espérance de vie à la naissance est estimée à 27,5 ans pour les hommes et 28,1 ans pour les femmes.

Au 1er janvier 1790, la proportion des personnes âgées de 60 ans ou plus était de 8,5% et celle des jeunes de moins de 20 ans de 40,1%. Ces proportions resteront stables encore 40 ans. Ce n'est que vers 1830 que la baisse de la fécondité a commencé à faire diminuer la part des jeunes et augmenter celle des personnes âgées.

Enfin, l'accélération de la baisse de la fécondité pendant les années de la Révolution et de l'Empire justifie l'appellation de « révolution démographique » qu'Adolphe Landry a donné en 1934 à ce phénomène qui caractérisera la seule population française pendant près d'un demi-siècle. La crainte des débordements populaires n'est pas étrangère au réflexe malthusien* que les élites propagent à partir du Consulat. La concomitance des bouleversements politiques et démographiques n'est sans doute pas fortuite : elle tient à de multiples causes sociologiques, économiques, religieuses et militaires.

2. Le recensement de 1990

QUATRE FRANCE

excédent naturel et
excédent migratoire

excédent des départs
sur les arrivées

excédent des décès
sur les naissances

deux facteurs négatifs
+ de décès
+ de départs

0   50   100 km

20b
non disponible
20a

Évolution annuelle
en pourcentage
de 1982 à 1990

de 0,80 ou plus
de 0,40 à 0,79 %
de 0,10 à 0,39 %
de 0 à 0,09 %
inférieure à 0 %

Moyenne nationale
+ 0,50 % par an

ÉVOLUTION DE LA POPULATION
DEPUIS 1982

3. Les cinq grandes tendances du recensement de 1990

cf. *synthèse* p. 58

Les écarts entre les régions se creusent : les six régions où la croissance de la population a été la plus rapide depuis 1982 sont le Languedoc-Roussillon (+ 1,14%), la région Provence-Alpes-Côte d'Azur (+ 0,9%), la région Rhône-Alpes (+ 0,79%), la région Ile-de-France (+ 0,7%), l'Aquitaine (+ 0,63%) et la Haute Normandie (+ 0,6%). Cinq d'entre elles enregistrent une accélération. Ce groupe comprend trois des quatre régions les plus peuplées ainsi que quatre des six régions où la densité est la plus élevée.

À l'autre extrême, six régions ont un taux de variation inférieur ou égal à 0,10% : Bourgogne (+ 0,1%), Nord-Pas de Calais (+ 0,09%), Champagne-Ardenne (0%), Lorraine (− 0,09%), Auvergne (− 0,14%) et Limousin (− 0,23%). Toutes ces régions, sauf le Nord-Pas de Calais, enregistrent un nouveau ralentissement ou une diminution accélérée de leur population. Partout, la décélération se poursuit de façon ininterrompue de 1962 à 1990.

*L'effet d'entraînement des grandes métropoles** : les communes rurales à l'écart de la zone d'influence des villes stagnent (+ 0,1%). En revanche, les communes rurales situées à la périphérie des agglomérations se développent très rapidement (+ 1,3%) et s'attribuent plus de 40% de l'accroissement de la population totale entraînant de véritables constellations de pôles urbains et de communes rurales associées. Dans la région Rhône-Alpes, les départements de l'Ain, de la Savoie, de la Haute-Savoie et de l'Isère conservent des taux de croissance très élevés. L'influence des agglomérations de Bordeaux, Toulouse, Montpellier et Nîmes est déterminante dans leurs départements. En Provence-Alpes-Côte d'Azur, l'essor se poursuit sur un rythme très soutenu pour le Var (1,74%), avec une accélération dans les Alpes-Maritimes et les Alpes-de-Haute-Provence.

cf. *carte* p. 60-61

La polarisation de l'agglomération parisienne se fait sentir jusque dans l'Oise, l'Eure-et-Loir, le Loiret et l'Eure où le taux d'accroissement annuel dépasse partout 1%. La Seine-et-Marne reste le département métropolitain où la croissance est la plus rapide avec une nouvelle accélération depuis 1982 (+ 2,43% par an).

À l'inverse, l'absence de pôles majeurs se traduit par une érosion démographique : l'Orne, les Côtes-d'Armor et à l'est la Haute-Marne. C'est toutefois dans la Creuse que l'on trouve l'exemple le plus caractéristique : depuis le début du siècle, ce département a vu sa population diminuer de moitié et ce déclin ininterrompu s'est accéléré depuis 1982 (− 0,79%).

L'Ouest, le Nord et l'Est, en deçà de la croissance moyenne : tous les départements du grand Ouest connaissent un ralentissement de leur croissance démographique (effritement à la fois de l'excédent naturel* et du solde migratoire*). La part des régions de l'Ouest dans la population totale tend ainsi à se réduire.

La reconversion industrielle de la Lorraine et du Nord-Pas de Calais s'est accompagnée d'une grande mobilité : 175 000 personnes ont quitté le Nord-Pas de Calais, 109 000 la Lorraine. Le Nord-Pas de Calais n'assure sa légère croissance (+ 27 000) que grâce à une fécondité* exceptionnelle. Par contre, la Moselle mise à part, les départements lorrains continuent de voir diminuer leur population (− 16 000 pour l'ensemble de la Lorraine).

Reprise pour l'Ile-de-France : de 1962 à 1982, les échanges migratoires de la région Ile-de-France s'étaient orientés vers le déficit :

+ 60 000	de 1954 à 1962 (solde migratoire* annuel)
+ 16 000	de 1968 à 1975
− 39 000	de 1975 à 1982
− 7 000	de 1982 à 1990

D'autre part, l'excédent naturel* s'est accru sensiblement, entraînant un renversement de tendance qui caractérise les trois composantes de la région :

■ Paris qui avait perdu 124 000 habitants de 1975 à 1982, n'en perd plus que 24 000 ;
■ la petite couronne, qui en avait perdu 72 000, en regagne 85 000 ;
■ le reste de la région progresse de 521 000 habitants contre 390 000 ;

soit au total un gain de 577 000 personnes (+ 0,7%).

Deux vastes zones de basse pression démographique : la carte des taux de variation de la population révèle de plus en plus nettement la constitution de deux ensembles où la population diminue ou stagne.

– Le plus vaste est formé du Limousin et de l'Auvergne, auxquels s'ajoutent au nord : la Saône-et-Loire, la Nièvre, le Cher, l'Indre et au sud : la Lozère, l'Aveyron et le Lot.
– Au nord-est, les Ardennes, la Meuse, la Haute-Marne, la Meurthe-et-Moselle, les Vosges et la Haute-Saône forment un second ensemble orienté à la baisse.

Ces deux vastes régions regroupent 20 départements parmi lesquels 14 des 27 départements métropolitains où la densité est inférieure à 50 habitants au km². Cette similitude entre la carte des faibles densités et la carte de la stagnation démographique est significative de l'enclavement croissant de certaines zones où la population a fortement vieilli.

cf. *synthèse* p. 53

Population des 20 départements les plus et les moins peuplés en 1990			
Départements les plus peuplés		Départements les moins peuplés	
Nom	Population	Nom	Population
Nord	2 531 855	Lozère	72 825
Paris	2 152 423	Hautes-Alpes	113 300
Bouches-du-Rhône	1 759 371	Corse-du-Sud	118 174
Rhône	1 508 966	Alpes-de-Haute-Provence	130 883
Pas-de-Calais	1 433 203	Creuse	131 349
Hauts-de-Seine	1 391 658	Haute-Corse	131 563
Seine-Saint Denis	1 381 197	Territoire de Belfort	134 097
Seine-Maritime	1 223 429	Ariège	136 455
Val-de-Marne	1 215 538	Lot	155 816
Gironde	1 213 499	Cantal	158 723

Au total, les régions rurales de la moitié ouest (Auvergne, Limousin, Aquitaine, Poitou-Charentes, Bretagne, Pays-de-la-Loire et Basse-Normandie) sont encore des réserves de main-d'œuvre pour les régions métropolitaines : elles tendent à perdre des jeunes et à recevoir des retraités.
A l'inverse, l'Ile-de-France, l'Alsace et Rhône-Alpes sont des régions dont les possibilités de formation et d'emploi attirent et retiennent mais que l'on quitte à l'âge de la retraite.

4. La pyramide des âges

Le net ralentissement contemporain de l'accroissement démographique

La croissance démographique actuelle connaît un net ralentissement :

Périodes intercensitaires	Croissance démographique totale en %	Part de l'excédent naturel* en %
1962/1968	1,15	0,68
1968/1975	0,81	0,58
1975/1982	0,46	0,40
1982/1990	0,50	0,41

Ces chiffres soulignent une stabilisation sur les quinze dernières années et un croît positif qui, s'il n'est plus suffisant pour assurer le renouvellement à terme des générations, permet à la population française de croître d'un million environ tous les 4 à 5 ans :

1988	1989	1990	1991	1992	1993	1994	1995
+ 247 000	+ 236 000	+ 236 000	+ 234 000	+ 219 000	+ 179 000	+ 188 000	+ 200 000

À part l'Eire, la France est donc le seul pays de l'Union européenne à avoir un croît aussi régulier et important. Cependant, en 1993, pour la première fois depuis 1983, l'accroissement naturel* se réduit et devient inférieur à 200 000.

Bien que le solde migratoire* soit devenu officiellement nul, le croît est là aussi légèrement positif (+ 90 000 en 1991, 1992 et en 1993 ou + 60 000 en 1994).

L'héritage d'un siècle

La forme générale de la pyramide des âges française est dite en *meule de foin*, traduisant parfaitement le vieillissement de la population. Elle comporte une large base aux contours réguliers pour toutes les classes d'âge postérieures à 1945 jusqu'à 1973, surmontée par une seconde partie dont les flancs ne convergent pas linéairement vers le haut mais présentent un contour renflé au niveau des années 1920-1930. Cette opposition entre la base et la partie supérieure résume les deux styles démographiques qu'a connus la population française, avant et après 1945.

Trois composantes se superposent :
■ *le ralentissement de la croissance démographique est évident* : la partie supérieure est l'héritage de la démographie d'avant-guerre et des deux guerres mondiales ; la partie inférieure correspond au contraire à une spectaculaire reprise démographique (1945-1973) qui est celle du *baby-boom**. L'infra-base de la pyramide annonce une nouvelle ère démographique, celle d'une croissance démographique plus lente où l'indice synthétique de fécondité* est inférieur à 2,1 enfants par femme ;
■ *la prépondérance féminine* : le taux de masculinité est de 1 000 pour 1 049 femmes (héritage des guerres, mais aussi de la surmortalité masculine). En effet, le sexe masculin est biologiquement le sexe faible et subit une surmortalité constante. C'est pour cela que naissent plus de garçons que de filles : 1 047 pour 1 000 (sex-ratio*) ;

■ *le vieillissement global de la population française* se concrétise dans la répartition par âge et son évolution. On parle d'une société vieillie quand la population âgée de plus de 65 ans dépasse 7% de la population totale.

Tableau de la répartition par âges (en % de la population totale)			
Recense- ments	0-19 ans	20-65 ans	65 ans et +
1946	29,6%	59,4%	11,1%
1962	33,1%	55,1%	11,8%
1968	33,8%	53,6%	12,6%
1975	31,7%	54,8%	13,5%
1982	28,7%	58,1%	13,2%
1990	27,7%	58,3%	14,0%
1995	26,0%	58,8%	15,2%

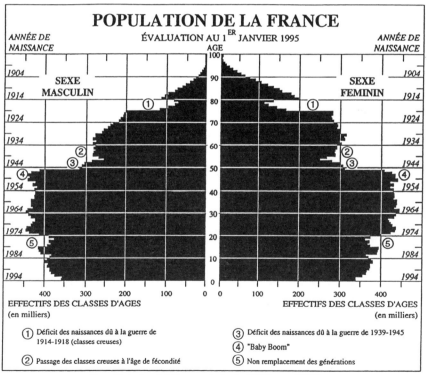

POPULATION DE LA FRANCE

ANNÉE DE NAISSANCE ÉVALUATION AU 1ER JANVIER 1995 AGE *ANNÉE DE NAISSANCE*

SEXE MASCULIN   SEXE FEMININ

EFFECTIFS DES CLASSES D'AGES (en milliers)   EFFECTIFS DES CLASSES D'AGES (en milliers)

① Déficit des naissances dû à la guerre de 1914-1918 (classes creuses)

② Passage des classes creuses à l'âge de fécondité

③ Déficit des naissances dû à la guerre de 1939-1945

④ "Baby Boom"

⑤ Non remplacement des générations

Pyramide des âges de la France au 1er janvier 1995. Source : INSEE

5. La répartition de la population

La répartition globale de la densité montre une grande diversité : 14 habitants au km^2 en Lozère, 7 200 dans les Hauts-de-Seine, 20 640 à Paris.

cf. *synthèse*
p. 54

– L'évolution des populations départementales souligne le renforcement de la concentration de la population[1]. Quatorze des trente départements les moins peuplés ont encore perdu de la population à l'exception de ceux qui bénéficient de l'attraction méditerranéenne (Hautes-Alpes, Alpes-de-Haute-Provence, Corse-du-Sud). À l'inverse, sept des dix départements les plus peuplés ont perdu une importance relative : déclin réel du Nord ou du Pas de Calais, déconcentration de type périurbain* autour de Paris.

Le principal contraste dans la répartition du peuplement tient au poids de Paris dans l'organisation du territoire (18,83% de la population totale). Cette densité « nord-européenne » est partagée par la région Nord-Pas de Calais. À l'inverse, quatre régions, Corse, Limousin, Auvergne et Bourgogne n'atteignent pas la moitié de la densité française moyenne. Moins de 4% de la population française sont ainsi dispersés sur environ le quart de la superficie du territoire avec des densités souvent inférieures à 20 habitants au km^2.

– Quatre régions – 18% du territoire – concentrent 24,2 millions d'habitants, soit 43% de la population :

Ile-de-France	10,660	millions
Rhône-Alpes	5,350	millions
Provence-Alpes-Côte d'Azur	4,257	millions
Nord-Pas de Calais	3,965	millions

La répartition géographique des densités montre des zones de concentration, comme en Alsace ou dans le Nord-Pas de Calais ; des liserés le long de certains littoraux (Méditerranée, Bretagne) ; des alignements le long des vallées des grands fleuves : Seine, Loire moyenne ou aval, Garonne, Rhône-Saône ; en taches autour des villes, moyennes ou grandes.

En revanche, de vastes étendues sont fort peu occupées : les massifs montagneux en général sauf les Vosges et les Alpes du Nord ; les plateaux et les bassins de la Champagne au Berry. Elles dessinent cette « diagonale du vide » qui va du nord-est (plateaux lorrains) au sud-ouest du pays (Landes).

– Finalement, si la baisse de la mobilité s'est confirmée en 1990, l'évolution des flux migratoires inter-régionaux fait donc apparaître une logique complexe où se combinent :

■ la mise en place d'un réseau de métropoles* de niveau européen ;
■ le tassement des gains enregistrés lors de la dernière période intercensitaire (Bretagne, Pays-de-la-Loire, Limousin) ;
■ l'attirance pour le séjour dans les régions du Sud ;
■ l'aggravation des déficits migratoires des régions du Nord de la France.

Excédents naturels au Nord, excédents migratoires au Sud, ainsi pourrait-on résumer l'évolution des populations des 22 régions depuis plusieurs décennies.

1. Pumain (Denise), « La répartition géographique de la population », *Cahiers Français*, n° 259, janvier-février 1993, p. 31-36.

6. Le chômage, un mal français ?

Le chômage semble être un mal dont la France paraît s'accommoder. Un des derniers rapports de la Commission des Comptes de la nation a révélé un constat : celui d'une relative impuissance face au chômage. Ainsi, depuis le milieu des années 1970, la croissance de la France est moins riche en emplois que celle de ses partenaires. Même au cours des trois dernières années de la décennie 1980 où la croissance était forte, le chômage français n'a reculé que de 1,5% contre 3% en Allemagne et 5% au Royaume-Uni.

Les Français craignent le chômage alors que l'entreprise France semble s'en accommoder. En d'autres termes, **le chômage est aussi la conséquence d'un modèle français.**

– La France s'est développée, depuis près d'un siècle, sur les gains de productivité du travail, héritage d'une population active longtemps stabilisée à son niveau de 1910, un peu au-dessus de 21 millions d'actifs. Cette modernisation à marche forcée a permis à plusieurs générations de Français d'améliorer leur niveau de vie avec à peu près le même nombre d'actifs.

– Mais aussi, pour préserver son modèle social, la France doit maintenir sa productivité à un niveau élevé (besoin de vendre à profit au reste du monde pour alimenter ses systèmes de protection sociale et maintenir le niveau de vie de ses citoyens) et, de ce fait, créer du chômage. Le niveau actuel de soutien aux sans-emplois en France implique des transferts croissants d'une partie des revenus du travail et condamne la France à une augmentation constante, et plus forte que ses partenaires, de sa productivité. Mettre un frein à cet effort aurait pour effet d'affaiblir la compétitivité des entreprises.

On devine, derrière ce choix, le poids de valeurs existentielles. Le refus du travail à temps partiel, de l'apprentissage, de la hiérarchie des métiers et leur respectabilité, expliquent notre retard dans la création d'emplois.

Un choix politique est venu renforcer ces tendances : l'entrée dans le SME (Système monétaire européen) et l'obligation de « convergence » avec la politique économique allemande. Dans l'impossibilité d'une relance (en 1986-1987 et 1988) sous peine d'accroître le déficit commercial franco-allemand, la France s'est condamnée à un plus fort chômage. Il lui en reste une stratégie de désinflation compétitive : mieux contrôler les prix que le vertueux voisin pour avoir des taux d'intérêt plus bas et pouvoir investir plus. L'emploi arrivera au bout d'un chemin qui promet d'être long.

Enfin, les rigidités légales ont pénalisé les entreprises françaises de 1973 à 1986. Il y a eu dix-huit mois de décalage, pour l'industrie, entre le point de conjoncture le plus bas et le moment où les entreprises ont achevé d'ajuster leurs effectifs en conséquence : de quoi acquérir une solide hantise de l'embauche permanente (utilisation massive du travail temporaire, répugnance à recruter des jeunes sans expérience, méfiance à l'égard des salariés de plus de 50 ans).

7. Le système urbain français

1. Population urbaine (recensement de 1990)

* rang 1 — Paris

    rang 2 — agglomérations millionnaires (3)

    rang 3 — agglomérations de plus de 200 000 habitants (26)

    rang 4 — agglomérations de 100 à 200 000 habitants (28)

* évolution de la population entre 1982 et 1990

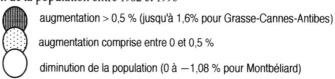

augmentation > 0,5 % (jusqu'à 1,6% pour Grasse-Cannes-Antibes)

augmentation comprise entre 0 et 0,5 %

diminution de la population (0 à −1,08 % pour Montbéliard)

➡ Paris et les villes de Rennes à Nice puis les villes nord-alpines connaissent une croissance forte. Elles continuent de progresser grâce aux effets de la politique de décentralisation, aux technopôles, à l'héliotropisme.

Les villes touchées par la crise industrielle connaissent une évolution négative de leur population : villes du charbon et de la sidérurgie, villes mono-industrielles ou les grands ports.

Enfin, 21 agglomérations voient leur population augmenter lentement.

2. Régions et systèmes urbains

Système urbain \ Aire	Manche-Atlantique	Rhin-Rhône Méditerranée
Polarisé intégral	Bassin parisien	
Bipolaire	Sud - Ouest	
Polarisé-articulé	Nord-Pas de Calais	ensemble lyonnais
Articulé	Ouest	Est
Linéaire		domaine méditérranéen

d'après Damette (Félix) et Scheibling (Jacques)
Le Bassin parisien, DATAR, 1992.

SYSTÈMES URBAINS
– – – limites
◯—◯ relations interurbaines

➡ La forte urbanisation et les systèmes urbains se répartissent de part et d'autre de la « diagonale aride » en réseaux plus ou moins polarisés ou articulés.

Les deux grandes régions Nord-Pas de Calais et Rhône-Alpes s'organisent selon un système polarisé autour de leur métropole mais fortement articulé autour du bassin minier pour le Nord, de l'axe rhodanien pour l'ensemble lyonnais.

Les deux systèmes urbains de l'Est et de l'Ouest ne sont pas marqués par une véritable métropolisation, en revanche les articulations sont fortes.

Le système linéaire méditerranéen est mal polarisé par Marseille.

Le réseau du Sud-Ouest est polarisé par les deux métropoles de Toulouse et de Bordeaux sur l'axe de la Garonne.

Enfin, le Bassin parisien est un système polarisé intégral avec une structure concentrique de plusieurs couronnes de villes laissant deviner les axes fluviaux de la Seine, de la Loire et de l'Oise.

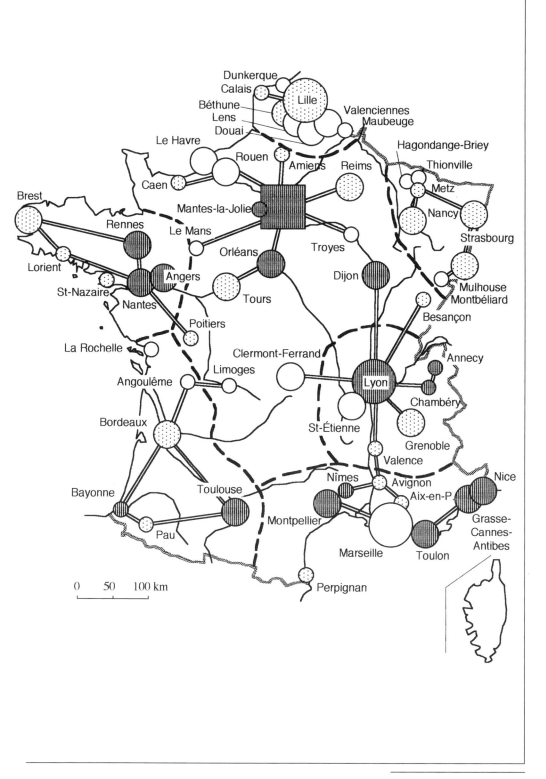

Plans

1. Les étrangers en France

Introduction

– L'importance de la présence de plusieurs millions d'étrangers* en France est grande. Les problèmes concernent, pratiquement, tous les aspects de la vie française, sur les plans démographique, économique et social, et même politique. Comptant pour environ 8% de la population du pays et 6,1% de la population active, les étrangers jouent un rôle notable et, dans l'ensemble, nettement positif, dans la vie française.

Leurs origines, leurs activités, leur répartition dans l'espace français sont extrêmement diverses.

– La notion « d'étranger » est une notion juridique. Elle ne se confond pas avec la notion « d'immigré ». On peut brièvement rappeler (INSEE*, 1982) qu'est considérée comme étrangère toute personne s'étant déclarée telle lors du recensement : personne née hors de France ou enfant mineur né en France de parents étrangers. Incidemment, tout enfant étranger, né en France et qui y réside devient automatiquement Français le jour de sa majorité, sauf s'il décline expressément sa qualité de Français dans l'année qui précède. C'est le « jus solis » (droit du sol).

Les lois Pasqua ont modifié récemment ce droit au sol, liant l'attribution de la nationalité française à un acte volontaire (harmonisation européenne, volonté de mieux contrôler les flux migratoires, volonté de devenir Français donc d'en accepter les droits et les devoirs).

1. Les étrangers en France par nationalités

1.1. La France a toujours été une terre d'accueil

1.1.1. Le pourcentage global des étrangers en France depuis 1931 n'a pas beaucoup varié (sauf au lendemain de la Deuxième Guerre mondiale) : 6,6% en 1931, 6,8% en 1982 et 8% en 1990.

1.1.2. Mais la composition par nationalité, elle, a fortement changé.

1.2. Les flux migratoires

1.2.1. Un solde migratoire* positif a largement contribué à la croissance de la population jusqu'en 1975.

1.2.2. Depuis 1974, l'entrée des travailleurs étrangers a été suspendue mais il existe des entrées clandestines (100 000 par an), des réfugiés politiques (140 000 présents officiellement) et des demandeurs d'asile (d'Asie du sud-est ou d'Afrique, avoisinant 50 000 par an).

1.3. La population étrangère

1.3.1. Des immigrés d'origine de plus en plus lointaine.

1.3.2. Le nombre de Français par acquisition nés hors de France ne cesse d'augmenter.

L'immigration* est donc un phénomène très fluctuant sur le plan historique. Des strates successives d'immigrés viennent progressivement s'installer sur le sol français. D'abord les Européens des régions méditerranéennes et de l'Europe de l'Est, puis les Maghrébins, actuellement les Noirs africains, demain peut-être de nouveaux Européens et des Asiatiques.

2. Les activités des étrangers en France

2.1. Une migration de travail

2.1.1. La majorité des étrangers vient en France pour y trouver du travail.

2.1.2. Les emplois recherchés varient également en fonction de la nationalité.

2.2. Une population en majorité ouvrière
2.2.1. La majorité (portugaise et maghrébine) appartient aux professions ouvrières.
2.2.2. Ces ouvriers faiblement qualifiés sont souvent menacés par le chômage.

2.3. Une évolution vers le tertiaire
2.3.1. La désindustrialisation est devenue une réalité depuis quinze ans au moins.
2.3.2. Ce sont surtout certaines activités tertiaires qui progressent.

Toutes les catégories socio-professionnelles (y compris les plus élevées) sont donc représentées dans la population étrangère, mais certaines plus que d'autres. Ouvriers peu qualifiés et, de plus en plus, commerçants et employés sont les plus nombreux.
Les enfants d'étrangers devenus français connaissent souvent une progression sociale nette par rapport à leurs parents.

---

3. La localisation des étrangers en France

3.1. A l'échelle nationale : la moitié est de la France
3.1.1. France du Nord, du Nord-Est, de la région lyonnaise et du Midi méditerranéen, comptent, avec Paris, le plus grand nombre d'étrangers.
3.1.2. La situation est bien différente à l'Ouest, surtout au Nord-Ouest.

3.2. A l'échelle régionale : le cas de la région parisienne
3.2.1. D'abord par le fort pourcentage d'étrangers dans la population francilienne (jusqu'à 17% en Seine-Saint-Denis et à Paris), et 12,9% dans l'Ile-de-France en 1990.
3.2.2. Ensuite, par une répartition très inégale dans l'agglomération : certains arrondissements du nord-est parisien (XVIIIe, XIXe, XXe), ainsi que de nombreuses communes du nord et du nord-est de Paris comptent un nombre élevé d'étrangers.

3.3. Le problème des quartiers à l'échelle locale
3.3.1. Au niveau du quartier et même de l'îlot, voire des bâtiments : on a dénombré environ 400 quartiers dits « sensibles ».
3.3.2. L'intégration se heurte à d'énormes problèmes dans certains de ces quartiers défavorisés.

C'est le regroupement des minorités ethniques qui est le révélateur des problèmes des quartiers. C'est aussi l'échec de l'intégration à la française qui a toujours été une intégration individuelle.

Conclusion

– Certaines données sont particulièrement importantes :
■ le rôle de plus en plus notable des étrangers en France (cadres, ingénieurs, artistes) ;
■ l'extrême diversité de la population étrangère ;
■ la mobilité récente de leurs activités ;
■ la concentration dans certaines régions (surtout la région parisienne) ;
■ l'importance des problèmes, posés notamment au niveau du quartier pour les étrangers de condition modeste (ceux que l'on appelle les « immigrés »).
■ l'importance du logement et de l'école. C'est là que se fait l'intégration.
En dépit de multiples difficultés, l'intégration progresse. Mais le travail à faire reste parfois considérable (banlieues dites « difficiles »).
– « La France sera toujours une terre d'immigration. Mais, en raison de la crise économique, il est impossible de laisser croire qu'elle peut largement accueillir les travailleurs étrangers ».
« L'entrée en France sur proposition d'emploi doit devenir la règle, les régularisations rester l'exception ».

Rapport du Haut Conseil de l'Intégration, 16 décembre 1992.

---

2. La tertiarisation de l'emploi en France

Introduction

– Comme dans toute économie développée, le tertiaire domine en France (66% de la population active en 1993).

– La tertiarisation de l'emploi est forte en France mais c'est un phénomène difficile à cerner :

- mauvaise réputation du secteur* (faible productivité) ;
- secteur protéiforme ;
- tertiaire : un signe de modernité ou un signe annonciateur de déclin (la France serait-elle atteinte du syndrome britannique ?) dans une société « post-industrielle ».

1. La croissance du tertiaire

1.1. Les étapes

1946	33%	1975	51%
1954	38%	1982	58%
1962	42%	1990	65%
1968	46%	1993	66%

1.2. La crise a accéléré le phénomène de tertiarisation
    1.2.1. La dynamique des effectifs et sa féminisation
    1.2.2. La stratégie des entreprises en temps de crise (externalisation des activités non vitales)

1.3. Une croissance moindre

L'emploi tertiaire limité aujourd'hui dans son essor :

- freinage des achats de services par les particuliers
- l'amélioration de la productivité dans les bureaux *cf.* banques

> Aujourd'hui, le tertiaire ne peut plus recevoir les excédents de main-d'œuvre dégagés par les autres secteurs et le processus du déversement intersectoriel à son profit se ralentit.

2. Les déséquilibres accentués par la tertiarisation

2.1. Un tertiaire qui coûte cher
    2.1.1. La progression des dépenses de santé
    2.1.2. Le poids des fonctionnaires

2.2. Les déséquilibres sociaux : le tertiaire, miroir des tensions actuelles
    2.2.1. Le tertiaire épongerait les emplois les moins productifs et ralentirait ainsi la croissance
    2.2.2. De même, les catégories les plus vulnérables occupent les emplois les moins gratifiants, les plus précaires et les plus mal payés

2.3. Tertiarisation et déséquilibres géographiques
    2.3.1. L'emprise croissante de la ville

2.3.2. La prédominance de la capitale

> L'emploi tertiaire reflète, en les amplifiant, les déséquilibres et les tensions de la société française en temps de crise.

3. Le rééquilibrage économique par le tertiaire

3.1. Le tertiaire, au cœur des technopôles
    3.1.1. Le concept de technopôle*
    3.1.2. Le tertiaire y joue un rôle de catalyseur dans la fertilisation croisée (recherche, enseignement, création d'entreprises) nécessitée par l'activité économique moderne

3.2. Une position ambivalente sur le plan monétaire
    3.2.1. Une source d'inflation (faible productivité)
    3.2.2. Ou une source de désinflation (externalité et abaissement des coûts)

3.3. Un facteur d'équilibre de nos échanges extérieurs
    3.3.1. La percée des services français (25% de nos exportations/2ᵉ excédent mondial avec 50 MDF) répondant à 10% des besoins internationaux, derrière les Etats-Unis (16% du marché mondial)

cf. *synthèse* p. 221

    3.3.2. Un renforcement du capitalisme français dans le monde (banques, secteur du tourisme, publicité ou multimédia)

> Le tertiaire est devenu un secteur vital d'une économie moderne.

Conclusion

    – Un signe de modernité pour une économie industrialo-tertiaire.
    – La position internationale de la France est enviable mais reste fragile et doit être confortée.

Clés et repères

Accroissement naturel : variation de l'effectif résultant de la balance des naissances et des décès pour une période donnée, dans un cadre territorial précis. On dit aussi *excédent naturel* ou *solde naturel*.
Le *taux d'accroissement naturel* le mesure en pourcentage par rapport à la population totale.

Baby boom ou explosion des naissances : désigne une brusque augmentation de la natalité. Phénomène de courte durée qui s'observe à la fin d'un conflit armé (après la Deuxième Guerre mondiale pour les pays développés) ou qui traduit la première phase de la transition démographique pour les pays en développement.
Corrélat : transition démographique.

Dépopulation : diminution de la population occasionnée par un excédent de décès sur les naissances.

cf. *plan*
p. 62

Étranger : au sens strict, est officiellement celui qui relève d'un autre État, qui a une autre nationalité. L'étranger perd sa qualité par naturalisation, mais restera, de par ses origines, un immigré.
Corrélat : immigration.

Fécondité : le taux de fécondité générale correspond au nombre de naissances annuelles rapporté au nombre de femmes en âge de procréer (15 à 49 ans pour la France). Ce taux est exprimé en ‰.

Immigration : entrée dans un pays de personnes non autochtones qui s'y fixent de manière définitive ou temporaire. L'immigration est un phénomène historique et géographique majeur.
Corrélat : étranger.

INED : Institut national d'études démographiques.

INSEE : Institut national de la statistique et des études économiques.

ISF ou **indice synthétique de fécondité** : nombre d'enfants qu'aurait une femme, au cours de sa vie féconde si elle se comportait conformément à la fécondité par âge observée au cours d'une année donnée. On additionne le nombre moyen de naissances par femme dans les divers groupes d'âges féconds successifs.
Il s'agit, par conséquent, d'une mesure conjoncturelle de la fécondité globale d'une société qui donne des indications sur le renouvellement à terme des générations. Le simple remplacement de la population exige un indice de 2,1 dans les pays développés compte tenu de la mortalité des jeunes enfants.
Corrélat : fécondité.

Malthusien : comportement anti-conceptionnel visant à réduire la descendance des hommes par la contrainte morale. De Malthus, pasteur anglais, qui publia en 1789 son *Essai sur le principe de la population* : il y affirmait que l'augmentation constante de la population représentait un danger pour la subsistance du monde, il convenait par conséquent de réduire volontairement les naissances.

Métropole : grande agglomération dotée d'équipements tertiaires supérieurs, commandant un réseau urbain et organisant, structurant et polarisant une zone d'influence étendue (régionale, nationale ou mondiale).

Mortalité infantile : nombre de décès des enfants de moins d'un an ; le taux de mortalité infantile est exprimé en ‰.

Rurbanisation : l'ensemble de la rurbanisation appartient à la *périurbanisation*, c'est-à-dire toute l'urbanisation périphérique nouvelle (banlieues), mais aussi l'expansion urbaine en dehors des limites de la ville (exurbanisation) qui fait partie de la ville par ses activités et ses modes de vie.
Un rurbain est un citadin qui vit à la campagne mais à proximité de la ville où il travaille.

Terme d'origine américaine.

Secteur d'activité : répartition de l'activité économique devenue d'usage courant (C. Clark).
Un secteur regroupe l'ensemble des unités économiques qui ont la même activité principale, ce qui le différencie du concept de branche d'activité.
On distingue habituellement :

- le secteur primaire : l'agriculture, la pêche et l'exploitation forestière ;
- le secteur secondaire : les industries extractives et manufacturières, la construction et le bâtiment, l'artisanat ;
- le secteur tertiaire : les services aux particuliers ou aux entreprises (transports, communication, commerces, finances, administrations, défense, services personnels).

Sex-ratio : proportion relative des sexes dans une population, voire le taux de masculinité à la naissance.

Solde migratoire : différence entre l'émigration apparente et l'immigration apparente pour une unité administrative quelconque (pays, région, unité urbaine…).

Taux d'activité : c'est le nombre d'actifs rapporté à la population totale : il est exprimé habituellement en pourcentage, est fréquemment utilisé pour mesurer la participation d'une population à l'activité économique.

Taux de mortalité : nombre de décès survenus au cours d'une année, par rapport à la population totale. Ce taux est exprimé en ‰.

Taux de natalité : nombre de naissances au cours d'une année, rapporté à la population totale, exprimé en ‰.

Touriste : toute personne se rendant dans un lieu autre que celui de sa résidence habituelle pour plus de 24 heures (*excursionniste* pour moins de 24 heures) et pour toute autre raison que celle d'y exercer une profession rémunérée.
Corrélat : vacances.

Transition démographique : phase intermédiaire entre le régime démographique ancien (forts taux de natalité et de mortalité) et le régime démographique moderne (faibles taux). Le passage de l'un à l'autre se traduit par une forte augmentation (explosion) démographique : la phase 1 avec la baisse du taux de mortalité avant qu'un réajustement n'intervienne par abaissement de la natalité (la phase 2).
Corrélat : baby boom.

Vacances : séjours de 4 jours consécutifs et plus, passés en dehors de son lieu de résidence et pour toute autre raison que celle d'y exercer une profession rémunérée.
Corrélat : touriste.

ZPIU ou zone de peuplement industriel et urbain : définie depuis 1954, en France, par l'INSEE pour mieux cerner la réalité urbaine. Une ZPIU englobe non seulement les unités urbaines mais aussi les communes rurales transformées par la proximité de la ville (forte proportion d'actifs non agricoles, importantes migrations quotidiennes, taux de croissance démographique élevés, activités créées ou développées en fonction de la ville).
Corrélat : rurbanisation.

Chapitre 3

L'agriculture française

▶ **Sujets possibles** 70

▶ **Cours : L'agriculture française
face à son internationalisation** 71

  Introduction
  1. L'agriculture française à l'heure européenne
    1.1. Les structures productives
      1.1.1. En dix ans, près d'une exploitation sur cinq a disparu
      1.1.2. La population a diminué d'un quart
      1.1.3. Une spécialisation accentuée
    1.2. Des évolutions marquées pour les productions végétales
      1.2.1. Le renforcement des grandes cultures
      1.2.2. L'importance des productions françaises dans l'UE
    1.3. La prépondérance des productions animales
      1.3.1. La concentration des cheptels
      1.3.2. Le plus important secteur communautaire
  2. Une douloureuse adaptation
    2.1. La nouvelle PAC, une opération survie
      2.1.1. Les principaux réajustements de la PAC depuis 1984
      2.1.2. Trente ans, trois rapports, une réforme
      2.1.3. Premier bilan
    2.2. Une nouvelle révolution agricole
      2.2.1. Les productions et les systèmes de production
      2.2.2. La localisation et le volume des productions
      2.2.3. Le tissu économique du monde rural
    2.3. Le malaise paysan
      2.3.1. Des chiffres amers
      2.3.2. L'agriculture, le secteur le plus aidé
      2.3.3. Le revenu agricole : les hausses de 1994 et 1995
  Conclusion

▶ **Synthèses** 83

      1. La fin des paysans
      2. L'ancienne PAC, une cause perdue
      3. Le différend agricole CEE-États-Unis : un conflit exemplaire
      4. Les vignobles de qualité en France
      5. Les céréales
      6. Carte : Les régions agricoles en France
      7. La pêche française

▶ **Plans** 98

      1. Les élevages en France
      2. La forêt française, enjeux et perspectives

▶ **Clés et repères** 104

Sujets possibles

1. Annales

– IEP

Les problèmes de la pêche maritime (Paris 1986).
L'Europe verte, une chance pour la France ? (Paris 1989).
Les mutations de l'espace dans l'Ouest français (Paris 1990).
Puissance et compétitivité : l'agriculture française en Europe (Bordeaux 1992).
Après la renégociation de la PAC et les accords du GATT, l'agriculture et la vie rurale en France : état des lieux et perspectives (Bordeaux 1994).

– Grandes Écoles de Commerce

L'agriculture française et la CEE (ESCAE 1982).
La France, puissance agro-alimentaire : limites et perspectives (EDHEC 1983).
Les mutations de la France agricole depuis 1958 (ESCP 1989).

– CAPES et Agrégation

Les forêts en France (Agrégation de géographie 1976).
L'eau et l'agriculture en France (CAPES 1982 et Agrégation d'histoire 1987).

2. Autres sujets possibles

Les transformations de l'agriculture française depuis 1950.
Climats et agriculture.
Les régions agricoles françaises : permanence et mutation.
Atouts et handicaps de l'agriculture française.
Les mutations de l'agriculture française depuis la création de la CEE.
L'agriculture française à la veille de 1992.
Progrès agricoles et malaises paysans depuis 1945.
Les industries agro-alimentaires françaises : perspectives dans le marché unique depuis 1993 ?
La vigne et le vin en France.

3. Sujets traités

Les élevages en France.
La forêt française : enjeux et perspectives.

L'agriculture française
face à son internationalisation

Introduction

cf. *synthèse*
p. 84

– *La première puissance agricole de l'Union européenne*. La France a largement bénéficié de l'ancienne PAC (Politique agricole commune) et de l'ouverture des frontières. Elle est le premier producteur agricole de l'UE avec 23,6% de la SAU (Surface agricole utile ou utilisée) et 22% de la production. Dans l'ensemble des produits agricoles bruts de l'UE, elle se distingue par l'importance de ses productions de céréales, d'oléagineux*, de vin, de viandes, de volailles et de lait.

La France a connu *trente ans de boom de la production agricole*.

Principales productions agricoles	Production française indice 100 en 1960		Part de la France dans la CEE en 1991 en %
	1960	1991	
Oléagineux	100	3 330	38
Volailles	100	395	26
Céréales	100	308	35
Lait	100	212	22
Betteraves	100	175	29
Bovins	100	170	20
Ovins	100	155	14
Porcs	100	150	13

– *Le second exportateur agro-alimentaire mondial* : l'agro-alimentaire reste « la vache à lait » ou « le pétrole vert » du commerce extérieur français.

Le recul de 1994 résulte largement de la dégradation du solde des produits agricoles liée à la réforme de la PAC sur les marchés des céréales, des oléagineux* et des protéagineux*. La réduction de la production, sous l'effet du gel des terres, ainsi

31,7	MDF d'excédents	en 1987
57,0	MDF d'excédents	en 1993
46,7	MDF d'excédents	en 1994
51	MDF d'excédents	en 1995

que celle des prix communautaires de ces produits, s'est en effet traduite par un fléchissement des exportations en volume et en prix. Par ailleurs, les importations de produits tropicaux se sont développées à un rythme élevé (fruits tropicaux et café).

Malgré tout, avec un total de 200 MDF, la France est devenue le deuxième exportateur mondial de produits agricoles et agro-alimentaires, derrière les États-Unis et devant les Pays-Bas. Elle est aussi le premier exportateur

cf. *cours*
p. 203

mondial de produits transformés, cette fois devant les Pays-Bas, avec 116 MDF. Effet tangible de la politique agricole commune, notre excédent commercial est réalisé essentiellement (83%) avec l'UE.

La France des champs fait ainsi jeu égal avec l'industrie automobile ou l'aéronautique. L'agriculture procure en amont et en aval des emplois à près de 180 000 personnes, plus que le groupe PSA.

1. L'agriculture française à l'heure européenne

Les chiffres de production de l'agriculture (1974, 1984, 1994) (unité en milliers de tonnes ou d'hectolitres ou de têtes)			
Productions	1974	1984	1994
Blé	19 100	32 900	29 944
Maïs	8 885	10 500	12 901
Orge	9 972	11 500	8 020
Riz	49	42	124
Seigle	312	349	---------
Betteraves	21 932	27 700	28 879
Pommes de terre	7 490	6 200	4 903
Vin	70 010	64 000	54 800
Chevaux	434	281	332
Bovins	22 864	23 500	20 112
Lait	30 607	34 700	25 533
Beurre	539	600	435
Fromage	870	1 368	1 565
Ovins	10 324	12 200	11 420
Porcins	11 369	11 200	12 868
Viandes	4 680	5 500	6 128

Source : *Images économiques du monde*, SEDES, publication annuelle.

1.1. Les structures productives

1.1.1. En dix ans, près d'une exploitation sur cinq a disparu

Une double évolution des structures agricoles de la France se dessine : diminution du nombre d'exploitations et forte progression de leur taille, surtout au-delà de 50 ha, catégorie qui représente 1/4 des exploitations.

Entre 1979 et 1988 (recensements généraux de l'agriculture), près d'une exploitation sur cinq a disparu[1]. Dans le même temps, la SAU n'a diminué que de 3%, entraînant une augmentation de la surface moyenne exploitée qui est passée de 23 (19 ha en 1970) à 28 ha. En 1988, 1 016 800 exploitations agricoles étaient en activité, soit 250 000 de moins par rapport à 1979.

Toujours en 1988, les fermes françaises de plus de 100 ha représentaient 4% du total, mais occupaient 1/4 de la SAU.

---

1. Jeantet (Antoine), « Le recensement général de l'agriculture 1988 », *Informations Agricoles*, janvier 1990, dans *Problèmes économiques*, La Documentation Française, n° 2170, 11 avril 1990, p. 5-8.

C'est le résultat d'un grand chambardement qui a commencé au début des années 1960 avec la mise en place de trois innovations encore significatives aujourd'hui :

■ la mise en place de plans de retraite anticipée (IVD ou indemnité viagère de départ, créée en 1962, complétée en 1986 par la retraite à 60 ans et la pré-retraite en 1992) pour encourager les agriculteurs âgés à laisser leur place aux jeunes ;

■ la création des SAFER (Société d'aménagement foncier et d'établissement rural) qui ont un droit de préemption sur les terres agricoles mises en vente ;

■ celle des GAEC (Groupement agricole d'exploitation en commun) qui associent plusieurs agriculteurs (1/8 des terres agricoles).

1.1.2. La population agricole a diminué d'un quart

L'évolution de la population agricole familiale suit l'évolution des structures.

En 9 ans, on enregistre une diminution d'un quart de la population agricole. En 1988, sur 1 016 800 chefs d'exploitation, 85 % étaient des hommes, 15 % des femmes (contre 9 % en 1979), mais elles constituent une sous-population plus âgée (69 % ont plus de 50 ans). Un agriculteur sur deux l'est à temps complet.

cf. *synthèse* p. 83

La moitié des exploitants a plus de 52 ans. Cependant, le nombre d'agriculteurs de moins de 35 ans augmente, passant de 11 % à 13 %. Le nombre des plus de 60 ans recule de 6 % mais représente encore 27 % de l'ensemble des exploitants. Cette diminution de la population agricole devrait se poursuivre : sur les 567 000 exploitants de plus de 50 ans, un sur quatre seulement a un successeur assuré.

Mais la main-d'œuvre agricole ne comprend pas que des exploitants : 853 000 aides familiaux s'y ajoutent parmi lesquels la plus grande part (60 %) est constituée par des conjoints.

Enfin, la diminution de la main-d'œuvre salariée s'est accélérée : 156 000 salariés permanents seulement ont été recensés en 1988 contre 233 000 en 1979.

Le fermage*, mode d'exploitation dominant, progresse fortement, passant de 49 % de la SAU en 1979 à 54 % en 1988 au détriment du faire-valoir direct*.

cf. *carte* p. 94-95

1.1.3. Une spécialisation accentuée

Côté production, la réduction du nombre d'exploitations s'accompagne d'une spécialisation toujours plus nette, touchant à la fois les systèmes d'exploitation et les aires de production. Ainsi, les exploitations de polyculture-élevage diminuent fortement, tandis que celles qui associent le lait et la viande ont vu leur effectif chuter de moitié, au profit de celles qui sont spécialisées en viande. La conversion des élevages se fait largement au bénéfice des cultures : le nombre de céréaliers ne baisse que de 10 % et ceux qui diversifient leur assolement avec des oléagineux* ou protéagineux* passent de 78 000 à 110 000 entre 1979 et 1988.

Malgré cette évolution vers un modèle productiviste agricole qui s'imposera, en reposant sur l'agrandissement des exploitations, la spécialisation avec simplification des systèmes de cultures, la normalisation des techniques, l'emploi massif d'intrants* et le recours à des capitaux de plus en plus importants, l'agriculture française doit obligatoirement se décliner ɔu pluriel, prenant en compte toute sa diversité structurelle et géographique[1].

La Manche avec 81% du sol affectés à la production agricole ou plus encore la Mayenne (82,6%) peuvent être classées comme les départements les plus imprégnés de culture paysanne. A l'autre bout de l'échelle, se distinguent la Corse du Sud et les Alpes-Maritimes (13%).

L'Ille-et-Vilaine et la Manche arrivent en tête pour le nombre d'exploitations agricoles et de personnes qui y travaillent. A partir de ce critère, la Bretagne pèse trois fois et demie plus que Provence-Alpes-Côte d'Azur, une fois et demie plus que Rhône-Alpes.

Enfin, la Marne, grâce au champagne et aux céréales, détient le ruban bleu pour la valeur ajoutée produite : 400 fois plus que la Lozère.

Par conséquent, spécialisation des produits et spécialisation des régions se conjuguent :

- la moitié des élevages hors-sol* est en Bretagne ;
- plus de la moitié des producteurs de lait est dans le grand Ouest (Basse-Normandie, Bretagne, Pays-de-la-Loire) ;
- deux tiers des céréaliers sont installés dans le Bassin parisien et le Sud-Ouest ;
- enfin, le Sud-Est concentre la moitié des viticulteurs-arboriculteurs-exploitants légumiers.

La France, bénéficiant d'un climat tempéré, de terroirs* variés, a su créer et développer un grand nombre de productions agricoles tant végétales qu'animales. L'histoire a consacré cette richesse en suscitant une tradition culinaire ou gastronomique internationalement renommée.

1.2. Des évolutions marquées pour les productions végétales

1.2.1. Le renforcement des grandes cultures

cf. *synthèse* p. 93

Le développement des grandes cultures (céréales-cultures industrielles) s'est poursuivi : + 760 000 ha de 1979 à 1988 (progression du blé, du maïs au détriment de l'orge et des céréales secondaires).

Au total, les céréales représentent le tiers de la superficie agricole et sont cultivées par deux agriculteurs sur trois. On peut souligner :

- l'explosion des oléagineux* (soutien de l'UE, progrès techniques) ;
- la forte diminution des cultures fourragères à la suite de la mise en place des quotas* laitiers ;

cf. *synthèse* p. 88

- enfin, le paysage viticole a lui aussi beaucoup évolué : diminution rapide du vignoble produisant des vins de table (1/3 de moins en 9 ans), croissance des AOC*.

1.2.2. L'importance des productions françaises dans l'UE

L'UE est le 5e producteur mondial de céréales. La France est le 1er producteur communautaire de céréales (1/3 de la production de l'UE). En 1994, elle assurait 40% de la production communautaire de blé, ce qui situait

---

1. Limouzin (Pierre), *Agricultures et industries agro-alimentaires*, Masson, 1992, 208 pages.

notre pays à la 5ᵉ place mondiale derrière la Chine, les États-Unis, l'Inde, la Russie et devant le Canada.

La France exploitait 22% des superficies plantées en betteraves à sucre (premier rang européen) avec une production de 4 millions de tonnes pour une consommation de 2 millions de tonnes.

La France reste le 3ᵉ producteur de légumes derrière l'Italie et l'Espagne. Il en est de même pour les fruits, avec le développement à un rythme élevé du kiwi et de la fraise.

La France est toujours le second producteur de vin, en volume, derrière l'Italie.

Enfin, la France est le 4ᵉ producteur mondial de colza derrière la Chine, le Canada et l'Inde. Le soja connaît un développement sensible. La production du tournesol est spectaculaire (multipliée par 10 depuis 1980), plaçant notre pays au 3ᵉ rang mondial (50% de la production communautaire) derrière l'ex-URSS et l'Argentine.

À la suite des accords du GATT*, l'ONIC* prévoit une augmentation de l'autoconsommation qui pourrait atteindre près de 4 millions de tonnes de céréales.

1.3. La prépondérance des productions animales

1.3.1. La concentration des cheptels

Le phénomène est particulièrement net pour l'élevage laitier. En 9 ans, le cheptel* a perdu 1/5 de ses effectifs et un producteur de lait sur deux a pris sa retraite ou changé d'orientation. Cette évolution, accélérée par la mise en place de primes incitatives à l'arrêt de la production laitière, s'est traduite par une concentration accrue : la moitié des vaches se regroupe dans les étables de plus de 30 contre un tiers en 1979. Ce mouvement se traduit aussi dans la répartition par races : les races à viande ont fortement augmenté (Charolaise, Limousine, Blonde d'Aquitaine) alors que parmi les races laitières, toutes sont en baisse, seules la Française Frisonne et la Montbéliarde se maintiennent.

Enfin, malgré les quotas*, la production laitière peut atteindre 10 000 litres par vache dans les meilleurs élevages.

Le mouvement de concentration est encore plus net dans l'élevage porcin. Poursuivant la tendance de la décennie précédente, un élevage sur deux a disparu mais la dimension moyenne des élevages a doublé depuis 1979. Ce sont surtout les grands élevages qui se sont développés : 6% des élevages concentrent les 3/4 du cheptel, la Bretagne seule élevant la moitié du troupeau.

Pour les ovins et les caprins, la production française connaît depuis plusieurs années un fléchissement sensible, alors que la consommation intérieure continue à se développer à un rythme soutenu. Le déséquilibre entre l'offre et la demande a entraîné un accroissement non négligeable des importations.

cf. plan
p. 98

1.3.2. Le plus important producteur communautaire

La France est le 4ᵉ producteur mondial de viande bovine et assure 20% de la production communautaire.

Elle occupe le 3e rang européen pour la viande porcine après l'Allemagne et les Pays-Bas.

Pour les volailles et les œufs (l'UE est le second producteur mondial), la France conserve la première place européenne :

- 24,6% de la production communautaire de volailles ;
- 19% des œufs.

cf. *carte*
p. 94-95

Pour la production laitière, la France se situe à la deuxième place de l'UE (25,9%) derrière l'Allemagne après sa réunification. En France, les principales utilisations du lait sont le beurre (48%) puis le fromage (24%).

La France a ainsi largement bénéficié de la PAC qui a provoqué ou accompagné la deuxième révolution agricole (les défrichements de la Champagne pouilleuse, les mutations profondes de la Bretagne devenue la première région agricole européenne).
La productivité augmente de 3% en moyenne par an. En 1950, un agriculteur français pouvait nourrir 8 de ses concitoyens, aujourd'hui il peut en nourrir 30.

---

2. Une douloureuse adaptation

2.1. La nouvelle PAC, une opération survie

2.1.1. Les principaux réajustements de la PAC depuis 1984

cf. *synthèse*
p. 84

Des mesures destinées à juguler les effets pervers de la PAC se sont mises progressivement en place.

– *Une politique de prix restrictive* appuyée par la mise en place des stabilisateurs budgétaires. Leur principe est le suivant : les prix réglementaires sont garantis jusqu'à un niveau de production donné (QMG = quantité maximale garantie) et en cas de dépassement, les prix subissent automatiquement des baisses déterminées selon les produits.
Le système des quotas* laitiers (mis en place à partir du 1er avril 1984) se rattache à ce mécanisme de quantité maximale qui est garanti par le biais de pénalités.

– *Un allégement du système d'intervention* : période d'intervention réduite, critères de qualité renforcés, plafonnement des quantités. C'est la fin de la politique du guichet ouvert.

– *Une extension de la co-responsabilité budgétaire des producteurs*, inaugurée pour le sucre dès 1968, a été étendue aux céréales.

– *Une réforme de la politique structurelle en 1988,* qui envisage de doubler les ressources budgétaires après 1992 afin de renforcer les missions du FEOGA*-intervention : pour adapter les structures agricoles, développer les régions en retard ou défavorisées (montagne), aider à l'installation des jeunes agriculteurs.

– *Une politique de gel de terres*, appliquée pour la première fois lors de la campagne 1988-89, avec l'objectif de geler 15 millions d'ha d'ici à l'an 2000.

– *Une aide à l'extensification*, qui intéresse la viande bovine et le vin.

– Enfin, *l'aide directe au revenu* afin de soutenir provisoirement l'effort d'ajustement des exploitations agricoles fragilisées par les nouvelles conditions de marché découlant des réformes de la PAC (aide dégressive sur 5 ans).

2.1.2. Trente ans, trois rapports, une réforme

cours • 3

Dès 1968, Sicco Mansholt avait vu juste. En 1985, Franz Andriessen jetait
les bases de la réforme. En 1991, Ray Mac Sharry publiait un rapport fina- cf. *synthèse*
p. 86
lement adopté le 21 mai 1992 sous la pression des États-Unis qui avaient
fait du démantèlement de la PAC leur cheval de bataille dès 1986, à Punta
del Este, lors de l'ouverture de l'*Uruguay Round.*

Évalué par les experts, l'impact de la réforme apparaît pratiquement nul
sur l'évolution du revenu des agriculteurs. *C'est un pas vers l'aide directe
aux producteurs,* calquée sur les *deficiency payments* américains, de préfé-
rence au soutien à la production. Le traumatisme psychologique est pourtant indéniable : on demande aux agriculteurs de renoncer à exporter et
de geler une partie de leurs terres ou de diminuer leurs troupeaux en
échange de primes. Les premiers exportateurs de France sont humiliés
par cette transformation en « assistés ».

C'est pourquoi le gouvernement français a mis en place dès le 20 juillet 1992
un plan d'adaptation de l'agriculture à la réforme de la PAC donnant une
réponse favorable aux trois priorités syndicales : allègement des charges,
désendettement, aides à l'extensification avec des mesures conjoncturelles
comme les encouragements par la fiscalité aux bio-carburants.

2.1.3. Premier bilan

Les résultats des deux premières années d'application de la nouvelle PAC
sont conformes aux prévisions (baisse du prix des céréales ; régulation
des productions grâce à la jachère*).

Ainsi, les surfaces cultivées en céréales, qui atteignaient 36 millions d'hectares en 1991 ont été ramenées, grâce au gel des terres, à 32,3 millions
d'hectares en 1993. Quant à la production de céréales, elle a reculé de
180,7 millions de tonnes en 1991 à 164,7 millions en 1993. La reconquête
du marché communautaire des aliments du bétail, au détriment des
importations de PSC*, s'effectue de façon encourageante (7 millions de
tonnes).

La France a fait le bilan des terres gelées par la mise en application de la
nouvelle PAC : 2 millions d'hectares, soit 13% de la surface totale des
grandes cultures.

Première puissance agricole européenne, la France est la grande bénéficiaire de la réforme : en 1994, le pactole des primes communautaires aux
éleveurs et aux céréaliers français a atteint 43,5 MDF, soit 6,1 MDF de plus
qu'en 1993.

En 1996, lorsque prendra fin la période transitoire de la mise en œuvre de
la nouvelle PAC (en 1994, le budget agricole de la Communauté dépasse
37 milliards d'Écus – 240 MDF – soit plus de 60% du budget, la réforme
s'étant traduite essentiellement par le passage d'un soutien des prix à un
soutien par les primes), la plupart des pays européens exigeront proba-
blement la révision à la baisse du budget agricole au coût exorbitant : plafonnement des primes par exploitation, nouvelle baisse des prix garantis
qui favoriseront la grande agriculture intégrée aux industries agro-alimentaires au détriment des petites exploitations aux cultures traditionnelles, peu diversifiées.

Cette baisse du soutien au secteur agricole s'est faite en fonction des négo- cf. *synthèse*
p. 86
ciations commerciales multilatérales dans le cadre du GATT*.

2.2. Une nouvelle révolution agricole

La réforme de la PAC et les négociations au GATT* vont avoir de profondes répercussions sur l'agriculture française. Les mécanismes conçus il y a trente ans se sont révélés souvent totalement inadaptés. Les systèmes de production actuels de nombreuses régions seront remis en question.

2.2.1. Les productions et les systèmes de production

– *Le nombre d'exploitations.* En France (et en Europe), l'exploitation agricole restera une exploitation à responsabilité familiale. Mais la concentration va s'accélérer, pour des raisons démographiques et économiques. A la fin du siècle, l'agriculture française comptera encore entre 500 000 et 450 000 exploitations. Les gros bataillons resteront constitués de petites ou moyennes exploitations familiales assurant au moins le plein emploi d'une unité de main-d'œuvre. Néanmoins, c'est cette catégorie qui sera la plus touchée par les effets conjugués de la démographie et de l'environnement économique.

Dans un contexte général de baisse des prix agricoles et donc des marges par hectare cultivé, *le niveau d'intensification* choisi par les chefs d'exploitation *devra être*, plus strictement que par le passé, *adapté aux conditions de production de chaque région et même de chaque exploitation*, c'est-à-dire au potentiel agro-climatologique, à l'environnement agro-industriel et à la compétence du chef d'exploitation. Ainsi, les terres les plus riches et les mieux pourvues en industries agro-alimentaires performantes supporteront le niveau d'intensification le plus élevé (un homme, 200 ha, 10 000 qx par an pour les céréaliers). A mesure que les conditions de production deviendront moins favorables, le niveau d'intensification décroîtra, jusqu'aux systèmes les plus extensifs.

2.2.2. La localisation et le volume des productions

– *La localisation des productions.* La baisse des prix et le rôle grandissant du marché dans le choix des systèmes de production accroissent la concurrence entre les exploitations et entre les régions. La spécialisation va se renforcer encore.

Parmi les régions qui ne devraient pas connaître de trop grands changements, on peut citer :

cf. *carte*
p. 94-95

■ le Bassin parisien (cultures annuelles) ;

■ la Normandie, la Bretagne, une partie des Pays-de-la-Loire, la Franche-Comté, le Lyonnais (lait) ;

■ le Nivernais, le Bourbonnais, le Limousin, une partie de l'Auvergne (viande bovine).

A l'opposé, de nombreuses régions vont vraisemblablement voir disparaître l'essentiel de leur agriculture. Ces régions sont évidemment parmi les plus défavorisées :

■ les montagnes sèches (Corse, Alpes du Sud, Cévennes, est des Pyrénées) ;

■ les zones d'étangs et de marais (Sologne, Brenne, marais de l'Ouest) ;

■ certaines montagnes humides de plus en plus souvent replantées en forêts (Vosges, Morvan, Haut-Limousin, Livradois) ;

■ les vallées de l'Ouest étroites et humides.

Enfin, il reste des régions intermédiaires, notamment la périphérie du grand Bassin parisien et une bonne partie du Sud-Ouest, entre Loire et Adour.

– *Les volumes de production.* Une réduction probable, mais limitée, et peut-être temporaire, du volume de la production agricole française doit être envisagée. Compte tenu de la modification des niveaux d'intensification, certaines régions françaises continueront d'accroître leur volume de production, tandis que d'autres, plus étendues, le réduiront fortement.

Les régions dont le volume de production augmentera sont la Bretagne et, en raison de leur proximité des grandes industries agro-alimentaires, les autres régions du grand Ouest.

Le volume de production des grandes plaines céréalières à sol riche se stabilisera. Certes, le gel des terres entraînera une réduction temporaire du volume de production. Mais cette baisse sera assez rapidement compensée par l'accroissement des rendements sur la sole restante et parfois par la substitution des céréales au profit des productions non contingentées ou à forte valeur ajoutée.

Pour les autres régions, le volume de production diminuera. Ce sera le cas sur une moitié de la France, c'est-à-dire dans les zones défavorisées. Dans le meilleur des cas, des exploitations subsisteront en s'agrandissant et en extensifiant leur production. Mais les terres les moins favorables seront plus ou moins rapidement abandonnées.

2.2.3. Le tissu économique du monde rural

Quatre situations vont se présenter :

■ des régions disposant d'une agriculture active et créatrice d'emplois, qui restera comme par le passé un support efficace de l'activité rurale. C'est le cas de la Bretagne où l'activité agricole génère 30% de l'emploi salarié à travers les industries agro-alimentaires ;

■ des régions où l'agriculture subsistera, tout en étant rentable, mais avec un très petit nombre d'actifs par km². Une telle agriculture ne pourra pas assurer seule la survie des villages. Il en sera ainsi dans les régions d'élevage extensif, mais aussi dans de nombreuses plaines céréalières ;

■ on pourra voir des régions sans agriculture mais avec des villages actifs (bénéficiant des ressources de la chasse, du tourisme de passage, de la création de résidences secondaires et même de résidences principales près des grandes villes...) ;

■ dans d'autres cas, l'évolution se fera vers des régions sans agriculture et sans village. Un quasi-désert humain n'est pas à exclure dans les régions les plus défavorisées en matière agricole et très isolées, car loin des courants d'activités non agricoles. Heureusement, en France, ces régions devraient rester peu étendues.

L'entrée en application de tous ces bouleversements, notamment la réforme de la PAC, imposera de revoir l'ensemble de la politique agricole nationale.

Tout sera à repenser de fond en comble dans le cadre d'une nouvelle loi d'orientation agricole comme celles de 1960-1962 qui avaient accompagné la seconde révolution agricole.

Ce futur texte (1997) visera à moderniser les stuctures de l'agriculture et l'organisation des filières. Il prendra en compte l'ensemble du secteur (agriculture, alimentation et forêt).

2.3. Le malaise paysan

2.3.1. Des chiffres amers

Le revenu brut des exploitations stagne depuis les années 1970. Aussi, le paysan d'aujourd'hui est obligé de faire toujours plus, non pas pour améliorer sa situation financière, mais simplement pour que celle-ci ne se détériore pas. Un agriculteur français sur deux a aujourd'hui un deuxième emploi pour vivre, un foyer agricole sur trois dispose de traitements ou de salaires.

Les 10% des retraites les plus faibles sont versés dans plus des deux tiers des cas à d'anciens agriculteurs (1 720 francs par mois).

Des signes de désespoir. Il y a beaucoup plus de suicides chez les agriculteurs et les ouvriers agricoles que dans les autres groupes sociaux. Au XIXᵉ siècle, le suicide était un phénomène urbain. De nos jours, il atteint son maximum dans les communes rurales.

L'endettement est devenu problématique : 12 MDF en 1960, 48 MDF en 1975, 250 MDF en 1990.

Les agriculteurs français sont venus tard à la mécanisation. Pour rattraper leur retard, ils ont emprunté beaucoup auprès du Crédit Agricole qui offrait des prêts subventionnés par l'État. La dette moyenne d'une exploitation a plus que doublé entre 1970 et 1990, passant de 160 000 à 400 000 francs. Cependant, l'endettement est très concentré : 15% des exploitations regroupent 60% des annuités de remboursement.

Autre point noir, la transmission des exploitations. De moins en moins nombreux, les agriculteurs sont aussi de plus en plus âgés. La transmission des exploitations est difficile dans la mesure où le coût de la reprise du capital est élevé au regard de la faible rentabilité du travail de la terre.

Les agriculteurs les plus âgés se concentrent sur la bordure méditerranéenne (dans le Var 40% des agriculteurs ont plus de 60 ans) et en Normandie, et c'est dans ces régions aussi que les revenus sont beaucoup plus faibles que la moyenne nationale. En revanche, la Vendée, la Lozère, la Corse mais aussi Bretagne et Champagne-Ardenne comptent beaucoup plus de jeunes.

Enfin, aujourd'hui, de nouveaux éléments s'ajoutent à ce sentiment de malaise :

- ■ la mondialisation des échanges qui a pour conséquence de rendre vaines les manifestations devant les préfectures ;
- ■ le fait que les agriculteurs n'ont plus le même poids social et surtout politique : on compte aujourd'hui trois fois plus de chômeurs que d'agriculteurs.

2.3.2. L'agriculture, secteur le plus aidé

L'agriculture coûte cher au budget de la nation : 33% des aides publiques pour 6% de la population active et 3% du PIB.

Les aides nationales et européennes à l'agriculture française ont grimpé avec la réforme de la PAC. Elles représentaient en 1994 le tiers du chiffre d'affaires agricole (70 MDF). On obtient le chiffre exorbitant de 151 MDF en y ajoutant les subventions des cotisations sociales.

cf. *synthèse* p. 83

L'agriculture est devenue un secteur dominé. C'est « la fin des paysans », l'émergence d'entrepreneurs performants dans les secteurs présentant les meilleurs avantages comparatifs face à des exploitants-jardiniers dans les zones périphériques moins productives (jachère* pâturée, agriculture de montagne)...

2.3.3. Le revenu agricole : les hausses de 1994 et 1995

Après trois années de baisse, le revenu brut par exploitation a progressé de 11,5% en 1994, de 10,8% en 1995. Trois facteurs expliquent ce bon résultat : l'augmentation des subventions de Bruxelles (aides compensatoires qui accompagnent la nouvelle PAC), la baisse des charges sociales compensées par le budget, la baisse du nombre des agriculteurs (ils étaient 829 000 en 1993 contre 680 000 en 1995).

Comme chaque année, les disparités entre agriculteurs et types de production sont criantes.

■ En grande culture (céréales et oléagineux*), le revenu progresse (11% en 1995, 3% en 1994, après 12% en 1993 et 19,8% en 1992).

■ La viticulture progresse de 33,7% en 1995.

■ Les éleveurs de bovins s'en sortent mieux que les producteurs de lait (+ 14% en 1995, + 12% en 1994, + 14% en 1993), juste devant les agriculteurs en polyculture (+ 8%).

■ En revanche, 1993 a été catastrophique pour les productions non protégées par la PAC : fruits et légumes (– 63% en 1993 après – 42,4% en 1992) ; pour l'élevage hors-sol* (– 47%) ou les producteurs de porcs (– 27%). 1994 et 1995 marquent un redressement.

■ Enfin, les maraîchers et horticulteurs dont le revenu chutait de 30,6% en 1992, connaissent une progression significative : + 2,7% en 1993, + 34% en 1994, + 8,2% en 1995.

> L'exploitation moyenne a réalisé une production de 550 000 francs en 1991 et dégagé un résultat courant de 125 000 francs, avec un actif immobilisé de 900 000 francs et un taux d'endettement de 35%. Mais cette moyenne cache en fait des agricultures de plus en plus différentes et de moins en moins solidaires.

Conclusion

– *L'avenir des régions agricoles françaises au sein de l'Union européenne* : la réforme de la PAC ne bouleversera pas les évolutions en cours. Elle va seulement les accélérer au profit de quelques céréaliers : des prix moins élevés leur permettront de récupérer une part plus importante du marché français des aliments pour le bétail. Les jeunes agriculteurs seront en mesure de s'agrandir en achetant les terres des voisins plus âgés sans successeur. Des agriculteurs peuvent aussi se diversifier dans le tourisme (20 000 exploitations fournissent un hébergement à la ferme ou d'autres services au tourisme).

Seules les régions qui sont déjà les mieux placées pour tel ou tel produit assureront leur avenir. Celles qui amorcent un déclin verront ce processus s'accentuer, sauf à mettre au point de nouveaux systèmes de production.

Quatre types de régions vont se mettre en place en France :

■ celles qui sont spécialisées dans les produits de luxe et qui bénéficient de ce fait d'une rente de situation (vignobles) ;

cf. *synthèse* p. 88

■ les régions offrant une bonne rentabilité aux capitaux avec des exploitations de grande dimension (Bassin parisien) ;

■ les régions à fort potentiel de croissance (grand Ouest) ;

■ les régions où l'agriculture est en péril (Massif central, Corse, Pyrénées, Alpes).

Chaque région doit aussi assurer une marge suffisante aux agriculteurs et aux transformateurs (IAA). Il lui faut donc posséder une réelle capacité concurrentielle pour continuer à se développer.

– *Agriculture et ruralité :* pendant des siècles, les paysans ont gratuitement et sans en être vraiment conscients, produit de « l'environnement » en entretenant l'espace rural. Or, l'agriculture, dans sa course aux rendements, est devenue polluante et destructrice d'espace.

La concentration de la production sur une partie de l'espace pose plus clairement encore l'alternative du retour à la friche ou de l'entretien pour « fabriquer » du paysage*. Dans certaines zones, il n'y a déjà plus d'agriculteurs pour assurer cette fonction d'entretien. Le rapport du groupe de prospective de la DATAR le souligne :

> « L'abandon probable de terres marginales de moyenne montagne imposera, si on veut éviter la broussaille et son cortège de nuisances, des travaux permanents d'intérêt collectif que seuls pourront exécuter à cette échelle des professionnels salariés. »

On remarque en effet que les non-agriculteurs sont de plus en plus nombreux sur le marché foncier agricole et rural. Dans le même temps, la mobilité des ruraux s'est considérablement accrue. Cela concerne les zones péri-urbaines, mais aussi les zones rurales « classiques » où des ruraux occupent des emplois dans de petites industries ou services locaux. *L'image de la campagne a beaucoup changé.*

La question qui se pose est donc celle de la survie des zones rurales (et pas seulement des zones agricoles) et, corrélativement, celle de la place des agriculteurs dans le paysage rural.

Pour Bernard Kayser, géographe et responsable du groupe de prospective DATAR sur le monde rural :

> « Les mécanismes mis en place permettront le maintien en France d'une agriculture du type de ce qu'elle a : il n'y aura pas d'abandon de larges zones, ni de concentration. L'exploitation familiale continuera, y compris avec les mesures compensatrices pour le revenu. Ces mesures ne sont pas une assistance honteuse, mais la reconnaissance de la qualification de leur travail. »

La mutation n'est pas terminée : d'ici l'an 2000, 419 000 disparitions d'exploitations ne seraient compensées que par 205 000 installations nouvelles. L'âge moyen de l'agriculteur resterait élevé (51 ans) et la superficie moyenne d'exploitation passerait de 31 à 38 hectares. Enfin, la référence à l'environnement ne peut plus être absente des préoccupations des agriculteurs comme des pouvoirs publics.

Synthèses

1. La fin des paysans

Après une première révolution agricole aux XVIIe et XVIIIe siècles en Angleterre avec le mouvement des *enclosures* (suppression de la jachère*, prairies artificielles, clôtures), une seconde révolution agricole intervient après la Deuxième Guerre mondiale avec le productivisme (engrais et machines). En 1851, 20 millions de Français, un sur deux, vivaient de l'agriculture ; en 1945, 10 millions, un sur quatre.

Une troisième révolution agricole sera achevée d'ici l'an 2000 : produire moins mais mieux face à l'environnement[1].

« S'ils veulent franchir en nombre le cap du prochain millénaire, les paysans devront proposer autre chose que des quintaux de blé ou des hectos de lait. L'identité n'est pas un tonnage, ni l'acte de produire une fin en soi, s'il n'existe en face un marché, une envie, une demande sociale. En ajoutant des tonnes aux tonnes, l'agriculture n'a pas accroché son sillon à la bonne étoile. Le marché disait trop de grains, trop de lait, la société a répondu comme on règle un compte : trop d'hommes, trop de terres. » Sanction : le gel, la friche, la jachère*.

Ainsi la France qui comptait 1,45 million d'agriculteurs en 1982, 998 000 en 1990, n'en prévoit plus que 450 000 en 2000. La chute de leur nombre est plus rapide dans les régions d'élevage et particulièrement de production laitière. Ainsi dans les trois régions du grand Ouest (Bretagne, Haute-Normandie et Pays-de-la-Loire), 24 exploitations ont disparu chaque jour sur ces douze départements de 1989 à 1994.

Dans un contexte d'exode massif, ce sont les jeunes et particulièrement les jeunes femmes qui sont partis. Le déséquilibre entre les sexes s'est constamment accentué : 30% des exploitants masculins de moins de 40 ans sont célibataires. Peu de jeunes prennent la place des départs : 8 000 installations par an au lieu des 12 000 possibles.

Il a fallu une génération d'agriculteurs de l'après-guerre pour devenir des exportateurs ; il leur en faudra peut-être encore une autre avant de devenir des hommes d'affaires. Mais c'est indispensable. Les agriculteurs qui continuent à ignorer les lois du marché ne le pourront pas indéfiniment. Ils n'ont que le choix entre s'adapter ou « être adaptés ». L'agriculture n'est plus un état mais une profession.

Deux catégories d'agriculteurs survivront. La première satisfera la consommation courante en produits agricoles bon marché, banalisés (grande exploitation performante). La seconde, constituée d'exploitations petites ou moyennes, produira des denrées de grande qualité destinées à satisfaire la demande de produits frais (légumes, vins...).

« La fin des paysans », « la France en friche[2] », sont des expressions et des manifestations qui stigmatisent la peur de l'avenir.

---

1. Fottorino (Eric), *L'homme de terre*, Fayard, 1993, 319 pages.
2. Fottorino (Eric), *La France en friche*, Lieu commun, 1989, 208 pages, voir aussi : Tacet (Daniel), *Un monde sans paysans*, Hachette Pluriel, « Interventions », 1992, 175 pages.

2. L'ancienne PAC, une cause perdue

Un bilan impressionnant

Poumon du Marché Commun dès sa création en 1962, la PAC, dont l'objectif était à terme l'autosuffisance européenne, a permis à la CEE de reconquérir son marché intérieur, notamment celui des produits céréaliers.

Cette reconquête était pratiquement achevée au début des années 1970 pour les produits laitiers, les vins et les boissons ; elle s'est réalisée un peu plus tard pour les céréales et seulement au cours des années 1980 pour la viande. Les douze pays de la Communauté en ont profité, même si la France, premier producteur agricole, a toujours fait figure de principale privilégiée.

Ces succès s'expliquent par un système généreux de soutien des prix qui garantit aux exploitants l'écoulement de leur production, soit au moyen de ventes subventionnées dans les pays tiers, soit par l'achat et le stockage des excédents aux frais du budget communautaire. La logique pousse alors à produire toujours plus, quelles que soient les conditions du marché. En fait, dès la fin des années 1970, la Commission s'est trouvée confrontée à des excédents pour tous les grands produits : lait, viande, céréales. À partir de 1984, elle a dû multiplier les mesures exceptionnelles de limitation de production. Les plus controversées ont été les fameux quotas* laitiers.

Avec ce régime, le décalage entre les prix pratiqués sur le marché intérieur et les prix mondiaux n'a cessé de croître. Deux fois supérieurs aux prix mondiaux au début des années 1970, les prix français des céréales étaient trois fois plus élevés en 1991. Du coup, le poids des subventions versées par la CEE s'est alourdi en comparaison de son concurrent américain.

L'évaluation totale de l'OCDE en 1991 est sans appel : 84 milliards de dollars « d'équivalents subventions » du côté européen, 35 milliards dans le camp américain.

Des effets pervers

La nécessité d'un ajustement de la PAC[1] est apparue à la fin des années 1970. Elle a représenté pour la plus grande partie des productions agricoles un retournement des situations des marchés. Les mécanismes mis en place dans une situation de sous-approvisionnement se sont alors révélés incapables de gérer une situation d'excédents structurels, mettant en lumière certains dysfonctionnements :

■ croissance des excédents exportables vers les pays tiers et explosion budgétaire correspondant dès lors que les exportations bénéficient d'une restitution communautaire permettant de ramener leur prix au niveau des cours mondiaux. L'explosion des dépenses est elle-même amplifiée par la pression à la baisse que les exportations communautaires exercent sur les cours mondiaux ;

■ mauvaise allocation des ressources induites par la hiérarchie des prix, en particulier le coût élevé de l'alimentation animale pénalisant les productions hors-sol* et suscitant des importations de produits de substitution aux céréales (PSC*) ;

---

1. Delache (Xavier) et Deroin-Thévenin (Michel), « Les réformes de la PAC : bilan et perspectives », *Économie et Prévision*, n° 5, 1989, dans *Problèmes économiques*, La Documentation Française, n° 2192, 26 septembre 1990, p. 23-29.

■ orientation des productions et des exportations vers les produits d'intervention au détriment des produits à plus forte valeur ajoutée mais à un prix non administré ;

■ perte de valeur des produits lors de l'intervention (congélation du beurre et des carcasses de viande bovine) ;
■ pérennisation d'exploitations peu compétitives ralentissant les progrès de productivité ;
■ perte de bien-être social par le soutien excessif du secteur agricole.

De plus, la France n'a pas profité au mieux de ses avantages comparatifs au sein de la CEE. Le niveau de prix élevés, les mécanismes agri-monétaires (MCM ou montants compensatoires monétaires), ont excessivement stimulé certaines productions chez nos partenaires (RFA) et le commerce extérieur français a nettement souffert des distorsions dues à la PAC : orientation vers des produits peu transformés, dévalorisation des produits d'intervention, fragilité des marchés des pays tiers qui dépendent du régime des restitutions.
Mais, au total, c'est l'explosion des dépenses budgétaires qui aura été le déclencheur des réformes, et leur contrôle restera la ligne principale des ajustements actuels et à venir.

Les moyens d'ajustement

Deux options orientent les moyens d'ajustement de la PAC.
– Tout d'abord, *la baisse des prix de soutien* permet de retrouver un équilibre du marché, de mieux faire apparaître les avantages comparatifs de certaines régions en fonction de leurs potentialités, d'accélérer les restructurations et donc de restituer au consommateur les gains de productivité sans oublier l'effet favorable sur l'indice des prix.
– Ensuite, *la maîtrise quantitative de l'offre* assure un maintien du revenu des producteurs. Cette politique se justifie par la fragilité sociale excessive du secteur, des effets externes positifs du maintien de certains producteurs en activité (entretien de l'espace rural, aménagement du territoire). Mais elle a des inconvénients : maintien d'un équilibre artificiel du marché en assurant un surcroît de rente aux producteurs en place par l'intermédiaire de prix élevés (quotas*) ou de subventions (jachères*, extensification).
La France a une position intermédiaire, favorable à la baisse des prix pour les productions végétales où ses avantages comparatifs sont évidents, plus réticente pour les productions animales où les fragilités socio-culturelles sont plus importantes.

En trente ans, l'agriculture française est devenue performante par sa productivité, son excédent commercial et la compression de ses prix. Un symbole : le blé.
La productivité du travail de l'agriculture française a quadruplé pendant les trente dernières années.

cf. *synthèse* p. 93

3. Le différend agricole CEE-États-Unis : un conflit exemplaire

La première proposition américaine dans l'*Uruguay Round* ou option zéro, avancée lors des négociations en 1987, visait à une complète élimination des mesures de soutien à l'agriculture à l'horizon 2000. Elle fut immédiatement rejetée par la CEE car elle aboutissait à un démantèlement des principes de base de la PAC : prix intérieurs élevés déconnectés des prix mondiaux et systèmes des prélèvements et des restitutions variables. Si les propositions des deux acteurs se sont quelque peu rapprochées, elles restent néanmoins bien distinctes dans leurs logiques[1].

La position américaine : d'abord les intérêts commerciaux

Le souci majeur des États-Unis est d'atténuer, et si possible d'inverser, les conséquences négatives de la PAC sur les échanges des céréales et des ingrédients de l'alimentation animale, principaux intérêts américains à l'exportation.

Les États-Unis n'ont jamais réellement accepté les principes de la PAC. La raison essentielle est simple : une protection élevée sur les céréales communautaires implique une réduction de ce débouché. Ils ont toujours considéré le mécanisme communautaire des prélèvements et restitutions variables comme contraire aux règles du GATT*. Ils ont également essayé d'obtenir un accès préférentiel au marché communautaire (sans succès lors du premier élargissement de la CEE, mais avec succès lors de l'entrée de l'Espagne et du Portugal).

Les intérêts commerciaux américains sur les tourteaux protéiques et les sous-produits du maïs (PSC) sont également étroitement liés à la politique communautaire céréalière.* Ces produits sont en effet exemptés de droits d'entrée dans la communauté. Ces exemptions représentent des concessions antérieures faites par la CEE dans le cadre du GATT* qui, à l'époque de leurs signatures, ne semblaient pas importantes mais se sont révélées, avec le temps, lourdes de conséquences. L'écart entre prix intérieurs des céréales et prix mondiaux des autres ingrédients de l'alimentation animale a en effet favorisé le remplacement des premiers par les PSC* dans les aliments du bétail. De plus, la permanence de l'écart a également influencé l'évolution des techniques d'alimentation animale, en favorisant l'utilisation des tourteaux protéiques et des différents sous-produits, et en jouant négativement sur les tendances à l'utilisation des céréales en alimentation animale et positivement sur celles des produits importés.

L'importance du débouché communautaire (60 millions de tonnes) et le désir de maintenir la pression sur l'organisation commune du marché des céréales expliquent le refus des États-Unis d'une harmonisation de la protection communautaire sur ces produits soit par taxation, soit par fixation de quotas* d'importation. Ils expliquent également le souci américain de limiter le développement du secteur oléagineux* communautaire qui n'a pu se réaliser qu'au prix d'un accroissement considérable des dépenses (3,4 milliards d'écus en 1990) dû à un système de soutien totalement budgétisé.

---

1. Gyomard (Hervé) et Mahé (Louis-Pascal), « La réforme de la PAC et les négociations du GATT : un pas vers un compromis minimal ? », *Economie et Statistique*, mai-juin 1992 dans *Problèmes économiques*, La Documentation Française, n° 2302, 2 décembre 1992, p. 14-17.

La position communautaire : des considérations internes

L'attitude défensive de la Communauté au GATT* est dictée plus par des préoccupations internes que par des intérêts commerciaux. Les mesures prises depuis 1984 (instauration des quotas* laitiers en avril) et surtout depuis le sommet de Bruxelles de février 1988 (politique de prix restrictive, taxes de co-responsabilité appliquées aux céréales et au lait, quantités maximales garanties pour les céréales et les oléo-protéagineux*, etc.), ont en effet pour premier objectif de freiner la croissance des dépenses budgétaires. Les propositions de la Communauté cherchent donc à préserver les principes de la PAC et à corriger, si possible, certains effets pervers liés à des concessions faites dans le cadre de *rounds* précédents.

La CEE a toujours considéré que la PAC n'était pas négociable et refusé le principe de négociations distinctes sur les politiques de concurrence à l'exportation, d'accès aux importations et de soutien interne. En particulier, le mécanisme des prélèvements et restitutions variables étant une conséquence logique des politiques domestiques, la réduction du soutien interne devrait, selon la conception communautaire, se traduire par une diminution automatique de la protection et des subventions aux exportations. Par la suite, la CEE a accepté de négocier la réduction du soutien interne mais refusé le principe d'engagements spécifiques aux exportations.

La Communauté a alors proposé une procédure différente de tarification avec maintien d'une certaine variabilité de la protection et rééquilibrage sur les produits pour lesquels la Communauté jugeait la protection trop faible (PSC*). Cette tarification préconisée par la CEE illustre clairement son souci de ne pas remettre en cause les fondements de la PAC et de corriger les effets négatifs liés à des décisions antérieures, la réduction du soutien apparaissant alors comme une concession à la taxation de ces importations.

Cette surenchère agricole a mis en péril l'axe franco-allemand, socle de la construction européenne, a libéré les Anglais de leur lenteur à ratifier Maastricht, a permis aux Danois d'obtenir des dérogations très favorables par rapport aux exigences du traité.

Les négociations du GATT* ont pesé lourdement sur l'avenir de la construction européenne[1].

---

1. Bonnamour (Jacqueline), « A propos des accords agricoles du GATT et de la PAC : les géographes et l'actualité », *L'Information Géographique*, n° 1, 1994, p. 1-10 et n° 2, 1994, p. 45-52.

4. Les vignobles de qualité en France

Les vignobles de qualité en France représentent un des éléments majeurs de l'agriculture française et offrent des aspects très originaux :

■ sur le plan de la production et de sa valeur ;
■ sur le plan de l'organisation : un classement remarquable des grands vins a été mis en place dès le début du XIXᵉ siècle, constamment amélioré depuis ;
■ sur le plan humain : des sociétés très originales se sont développées.

cf. synthèse
p. 126

Ces grands vignobles sont très variés : Bourgogne, Bordelais, Pays-de-la-Loire, Champagne, Alsace, Cognaçais, présentent chacun des aspects originaux et se trouvent progressivement intégrés dans le complexe des industries agro-alimentaires de luxe.

1. Les vignobles de très grand cru

1.1. La Bourgogne viticole

Des environs de Dijon aux abords de Lyon se succèdent plusieurs régions viticoles, dans des conditions assez voisines : Châlonnais, Mâconnais, Beaujolais et surtout Côte d'Or.

Les données physiques sont simples : la Côte d'Or correspond à un escarpement de faille exposé vers l'est, échancré de petites vallées sèches, avec des sols variés. Les cépages sélectionnés sont surtout le Pinot noir.

Les conditions historiques sont remarquables. Ce vignoble existait déjà à l'époque gallo-romaine et, dès le Moyen Âge, était tourné vers les marchés d'Europe du Nord grâce au soutien des abbayes et des Ducs de Bourgogne.

Les structures socio-économiques ont évolué sous les coups de crises très dures, particulièrement vers 1929-1939, avec la chute des prix, la mévente. Mais, depuis les années 1950, une prospérité exceptionnelle règne dans le vignoble. Les vignerons connaissent un niveau de vie élevé. Les propriétaires-vignerons dominent la société viticole, avec des exploitations moyennes de 2 à 5 hectares. Les grands propriétaires (plus de 5 ha) bourgeois et négociants, ne sont qu'une minorité. Souvent, les petits exploitants ne vinifient pas, mais vendent le raisin aux négociants. Le vieillissement de ces vins de longue garde est assuré par des négociants-éleveurs.

La capitale du vin, Beaune, assure 80% de l'exportation. Seules les communes de Meursault et de Puligny-Montrachet sont tournées vers les grands vins blancs, certains exploitants exportant la totalité de leur production.

Ce vignoble, en fait, assure une remarquable « image de marque » à la Bourgogne, avec ses Confréries et la célèbre vente aux enchères des Hospices de Beaune.

1.2. Le vignoble champenois

Il est particulièrement original par sa localisation. Si les conditions topographiques (front de la côte* d'Ile-de-France tourné vers l'est et précédé d'un glacis en pente douce) sont bonnes, la latitude est plus élevée. Le danger des gels de printemps est grand pour la vigne, la plante supportant bien les grands gels de l'hiver.

Le vignoble dépasse actuellement les 20 000 ha, et s'accroît chaque année de 500 à 600 ha, dans le cadre des superficies délimitées et qui avaient été abandonnées après la crise phylloxérique. L'élaboration du Champagne s'effectue dans les vastes caves, creusées dans la craie, des grandes maisons (Moët et Chandon, Pommery, Mercier, etc). Les bouteilles doivent rester au moins 5 ans en cave, ce qui correspond à une grosse immobilisation de capital.

Actuellement, le vignoble champenois est un vignoble jeune où dominent trois cépages : Pinot noir et Meunier pour les noirs, Chardonnay dans la Côte des Blancs (au sud de la Marne). La réglementation des rendements est stricte (comme dans les vignobles de très haute qualité), et le contrôle sévère.

L'originalité sociale de ce vignoble est aussi remarquable. Environ 16 000 vignerons, dont 13 000 propriétaires, se partagent les 4/5 du vignoble. Les grandes maisons (environ cinquante maisons de négoce), ont parfois constitué de vastes domaines (Moët et Chandon, 700 ha) et s'agrandissent, pour mieux assurer leurs besoins en raisin. Ce sont les vignerons possédant de 1 à 2 hectares qui assurent 33% de la production de raisin et comptent pour 20% dans le total des exploitants.

La production du Champagne a connu de profondes modifications ces dernières années. Naguère, les vignerons vendaient leur raisin aux grandes maisons qui élaboraient le vin. Actuellement, plus de 3 500 vignerons vinifient et commercialisent leur récolte. Cent trente coopératives (très rares en Côte d'Or) regroupent les petits producteurs, s'occupent du pressurage, du stockage, de l'élaboration des vins. Mais les principales maisons gardent la plus grande partie de leur puissance, et ont tendance à se regrouper dans le cadre des industries de luxe.

Avec 180 millions de bouteilles, dont la moitié est exportée, la production est insuffisante. Cette activité anime de nombreux bourgs et villages. C'est la base de la prospérité d'Épernay, une des activités de celle de Reims.

Une production de semi-luxe, bien adaptée au marché, des prix qui montent, des bénéfices substantiels : l'activité du vignoble champenois fait de cette région un pays prospère.

1.3. Le vignoble bordelais

Il possède une forte originalité. C'est d'abord le plus vaste, avec 100 000 ha, dont 70 000 en AOC*. C'est le plus productif, avec une production oscillant entre 3 et 5 millions d'hectolitres. Il prend parfois des aspects de vignoble de masse. Il a tendance à régresser dans les petites qualités, mais se maintient fort bien dans les hautes qualités.

Les conditions naturelles sont particulières. Le vignoble est en partie protégé des grands vents d'ouest par la pinède des Landes. La douceur de la température des eaux de la Gironde (un véritable bras de mer) évite ou limite les froids printaniers. Quand l'été et l'automne sont secs et ensoleillés, on a des millésimes exceptionnels.

Les sols sont excellents pour la vigne : sols développés sur des graves (nappes de graviers quaternaires, terrasses de la Garonne). On a fréquemment un paysage agricole mixte : vigne sur les terrasses, prairies dans les fonds humides, localement céréales et vergers, mais absence de monoculture sur une bande étroite, comme en Bourgogne.

L'évolution de la production a été remarquable : longtemps on a privilégié les vins blancs doux, types Sauternes, à l'extérieur du Médoc. La mode a changé, on se tourne vers les vins blancs secs, souvent exportés vers l'Allemagne et surtout les rouges majoritaires.

Les structures foncières sont très originales. Si la petite exploitation viticole existe, le fait majeur demeure dans l'existence de « châteaux » (de 30 à 150 ha), étendues exceptionnelles pour un vignoble de qualité. Château-Margaux atteint 350 ha, Château-Yquem 150, Château-Mouton-Rothschild plus de 100. C'est là un capital énorme que l'on fait fructifier.

Le « château », c'est, au sens géographique du terme, un vrai « système » : depuis le propriétaire absentéiste jusqu'au régisseur, d'abord. C'est lui le vrai responsable (ceci depuis le XVIIIe siècle). Puis viennent les salariés (prix-faiteurs) s'occupant des multiples travaux de la vigne, possédant souvent une petite vigne eux-mêmes (mais pas dans les grands crus). Naguère, de nombreux saisonniers (Espagnols, Portugais) venaient pour les vendanges, mais la machine à vendanger les a remplacés pour les crus de qualité moyenne (crus « bourgeois »). Le maître de chai est responsable de l'élaboration et de l'élevage des grands vins. Toute une société solidement structurée vit de la vigne.

L'aspect commercial (exportation) est très important : pour le Bordelais, environ 3 millions d'hectolitres d'AOC* sont exportés vers l'Angleterre, l'Allemagne, le Benelux, les États-Unis.

Il faut donc retenir le système des Châteaux, l'importance actuelle des grands vins rouges du Médoc et le rôle de l'exportation.

2. Les vignobles de qualité ou spécialisés (alcools)

Ces vignobles jouent un rôle plus modeste que les vignobles de grand cru.

2.1. Les eaux-de-vie et alcools

Deux grands exemples en France : le Cognac (de haute qualité) et l'Armagnac (de qualité plus irrégulière).

– L'étude du Cognac, le plus bel exemple français, nous amène à distinguer le vignoble lui-même et l'élaboration du produit.

En fait, le vignoble ne produit qu'un vin blanc modeste, dont les qualités gustatives sont faibles. Vignoble longtemps associé à la polyculture, et actuellement, de plus en plus, au maïs-grain autour de la ville de Cognac. Les méthodes de culture sont très modernes, avec emploi de l'hélicoptère pour de nombreux traitements. La machine à vendanger est ici d'un emploi systématique, ceci dans le cadre d'exploitations de 40 à 50 hectares.

Puis vient l'essentiel : la préparation du produit. Les exploitants distillent eux-mêmes (première distillation), puis le produit est envoyé, pour vieillissement, dans les chais des grandes maisons (Martell, Hennessy). Certains exploitants distillent jusqu'à 50° de concentration d'alcool, voire 70°. Les eaux-de-vie sont conservées en fûts de chêne pour acquérir leur goût particulier au cours du vieillissement. Puis les grandes maisons assurent les mélanges et l'élaboration.

Les 3/4 de la production environ sont exportés (vers l'Europe et les États-Unis, et, de plus en plus, l'Asie extrême-orientale : Hong Kong, Corée du Sud, Japon).

C'est donc l'alcool, et non le vin, qui possède une haute réputation. Curieusement, il n'existe que très peu de coopératives (Prince de Polignac) ; les exploitants font confiance aux maisons traditionnelles.

– L'Armagnac présente, comme alcool, des caractères voisins. Malheureusement, sa qualité est un peu irrégulière, et la promotion du produit n'a pas été faite dans les mêmes conditions que pour le Cognac. C'est fort dommage pour cet alcool de très haute qualité, qui n'a guère franchi les limites de l'hexagone. Le problème est identique pour le Calvados ou pour le Pineau des Charentes, dont la réputation est surtout nationale, voire régionale.

2.2. Les vignobles de qualité

Ils sont répandus sur une vaste partie du territoire français. On peut énumérer les vins d'Alsace, du Sud-Ouest (Madiran), du Val de Loire (Touraine-Anjou), des Côtes du Rhône, voire du Languedoc.

A titre d'exemple, on peut citer les « petits vignobles » du sud-est du Bassin parisien (Sancerre, Pouilly, Chablis, Preuilly) actuellement en plein renouveau, grâce au goût actuel de la clientèle pour les vins blancs secs et à des campagnes de promotion. Ces vins sont de haute qualité. Tous ces vignobles manifestent actuellement une grande vitalité, le vignoble du Languedoc lui-même se tourne vers la qualité (Saint-Chinian, entre autres).

Conclusion

Le vignoble français présente une infinie variété de vins de qualité. Il a manifesté une remarquable capacité d'adaptation au marché, tant intérieur qu'extérieur. Il assure un haut niveau de vie aux fortes densités des populations de ces vignobles. Les succès à l'exportation (Europe, Amérique du Nord, Asie orientale) constituent l'un des fers de lance de l'agriculture française.

L'économie française est de plus en plus intégrée dans l'économie mondiale, les vignobles de qualité aussi.

Ainsi, les châteaux bordelais intéressent davantage chaque jour le grand capital international. Ils bénéficient d'une excellente image de marque et d'une bonne rentabilité financière (de 2% à 10% de rentabilité pour le capital investi, suivant les lieux et les années).

Le phénomène est peut être plus important encore dans la région champenoise. C'est autour des grandes maisons de Champagne que s'est constitué en 1986, le groupe LVMH (Louis Vuitton-Moët-Hennessy), le n° 1 mondial du luxe : Moët et Chandon, Veuve Clicquot, Mercier, Pommery, Ruinart et Henriot, pour le champagne ; Hennessy pour le cognac ; Louis Vuitton domine la maroquinerie et les bagages ; et maintenant la haute couture (Dior, Christian Lacroix, Givenchy, Kenzo), les parfums, ainsi que les produits de beauté (Roc). Le groupe s'intéresse actuellement à la presse et possède des filiales à l'étranger. On peut le considérer comme l'une des multinationales françaises les plus importantes, avec, au total, 15 500 salariés et près de 22 MDF de chiffre d'affaires (1992).

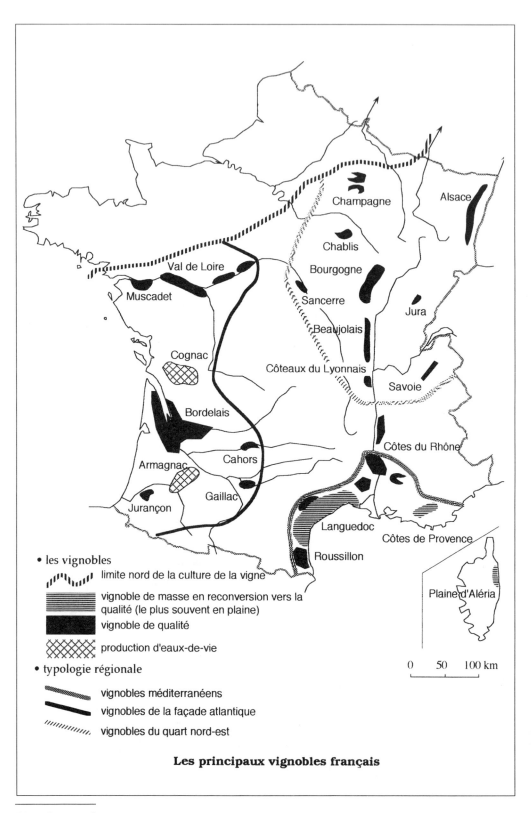

Les principaux vignobles français

5. Les céréales

Avec 9 millions d'ha, la céréaliculture couvre 50% des terres labourables. Grâce à l'augmentation des rendements (+ 3% par an), la production française est en constante progression : 30% des céréales de l'Europe des Quinze.

Le blé occupe la première place devant le maïs et l'orge, les autres céréales étant marginales.

Un des greniers à blé de la planète

– Les rendements élevés résultent d'une forte intensification de la culture qui s'explique par :

■ la localisation sur les meilleures terres du Bassin parisien (limons/lœss), bénéficiant de conditions climatiques favorables ;

■ les acquis de la seconde révolution agricole (engrais, mécanisation, sélection des semences).

Pour financer la surproduction et réduire les stocks, la nouvelle PAC a mis en place les mesures suivantes : taxe de co-responsabilité de 3% du prix du blé pour les gros producteurs, gel d'une partie des terres et enfin une baisse de 21% des prix en trois ans pour les rapprocher des marchés mondiaux. Il en résulte une diminution de la production de blé (de 34,4 millions de tonnes en 1991 à 30 en 1994).

– Les céréales sont de plus en plus destinées au bétail (50%) devant les exportations (38%) et la consommation humaine (12%). Quant aux exportations (60%) se dirigent vers l'Union européenne.

Le blé, principale culture

– Le blé tendre (farine), constitue l'essentiel de la production (29 millions de tonnes). Il couvre 4,5 millions d'ha et ses rendements sont très élevés (65 qx à l'ha contre 25 qx aux États-Unis).

Quatre régions du Bassin parisien assurent la moitié de la production nationale : Picardie, Champagne-Ardenne, Centre et Ile-de-France. Il s'agit d'une culture spéculative, très mécanisée, à hauts rendements (club des 100 qx à l'ha), pratiquée sur de vastes exploitations.

– Le blé dur (pâtes alimentaires), longtemps déficitaire, a son aire de culture traditionnelle dans le sud. L'Eure-et-Loire est aujourd'hui le premier département producteur.

Les autres céréales

– La progression du maïs est liée à la mise au point d'hybrides relativement résistants à la sécheresse, ce qui a facilité l'extension de la culture dans le sud du Bassin parisien (Beauce, Valois, Brie). De 1950 à 1994, la production est passée de 0,2 à 13 millions de tonnes.

cf. *synthèse* p. 21

Le Bassin parisien (48%) et le Bassin aquitain (30%) en assurent l'essentiel grâce à l'irrigation et à l'aspersion. Le sillon séquano-rhodanien, l'Alsace et les marges armoricaines sont des régions productrices secondaires.

– Les céréales marginales.

Apparue en 1942 dans le delta du Rhône, la culture du riz occupe aujourd'hui 13 000 ha (124 000 tonnes).

Le déclin de l'avoine (Massif armoricain, Lorraine) continue, de même que celui du seigle qui n'est plus présent qu'en Bretagne ou dans le Massif central.

Avec 25 MDF en 1994 (15 pour le blé et 10 pour le maïs), les exportations de céréales représentent près de la moitié des excédents agricoles de la France, derrière les vins et spiritueux (28 MDF).

6. Les régions agricoles en France

1. L'utilisation des terres

 prédominance des terres labourables, place importante des céréales
prédominance des cultures fourragères, des surfaces en herbe
place importante des cultures intensives (vignes, fruits et légumes)

> • On remarque l'opposition des bassins sédimentaires, des massifs anciens et des midis français.
>
> **F**
>
> • On oppose la moitié nord de la France, où domine le fermage à la moitié sud où s'épanouit le domaine du faire-valoir direct.
>
> **............**
>
> **FVD**

2. Un espace en mutation

• les paysages

enclos / bocage

petits champs irréguliers ouverts ou enclos

petits champs ouverts irréguliers du midi

• les hommes

champs ouverts ou openfield (Bassin parisien)

→ Vers les campagnes
(achats de terres des ressortissants CEE ou rapatriés d'Algérie)

➤ Exode rural traditionnel   Exode rural en voie de ralentissement

> L'ouest océanique avec ses dégradés aquitains se détache nettement de la zone de champs ouverts du nord-est alors que s'individualise l'amphithéâtre méditerranéen.

3. Les types d'agriculture

• agriculture capitaliste à faible intensité de population rurale, type grandes exploitations du Bassin parisien

• polyculture familiale à forte intensité de population rurale, typique de l'ouest et de l'est de la France

• régions en déclin : Massif central et Alpes du Sud

• zones rurales réanimées par le tourisme (Alpes du Nord)

4. La dynamique agricole (essai de typologie)

• <u>Les marchés, facteurs du dynamisme agricole</u> : grandes villes consommatrices, grandes voies de circulation, agricultures périurbaines (ceintures maraîchères) ou grands vignobles liés au négoce (Champagne, Cognac et Bordelais)

• <u>Une vaste ceinture agricole intégrée</u> :
agriculture capitaliste, industrie agro-alimentaire,
exportations (Rouen est le premier port européen d'exportations de céréales)

• <u>Des régions en difficultés malgré leur dynamisme</u>
(concurrence et éloignement des marchés d'approvisionnement et d'exportations) :
régions à viandes, petites viandes (aviculture) et laitages comme la Bretagne
régions à fruits et légumes comme le sud-est
concurrences du Sud européen, de la Hollande et du Commonwealth

• <u>Des régions incertaines et fragiles</u> : diagonale du vide
(sud aquitain, ouest du Massif central, est du Bassin parisien)

• Les régions-musées où l'agriculture est un appoint, une justification
(les montagnes)

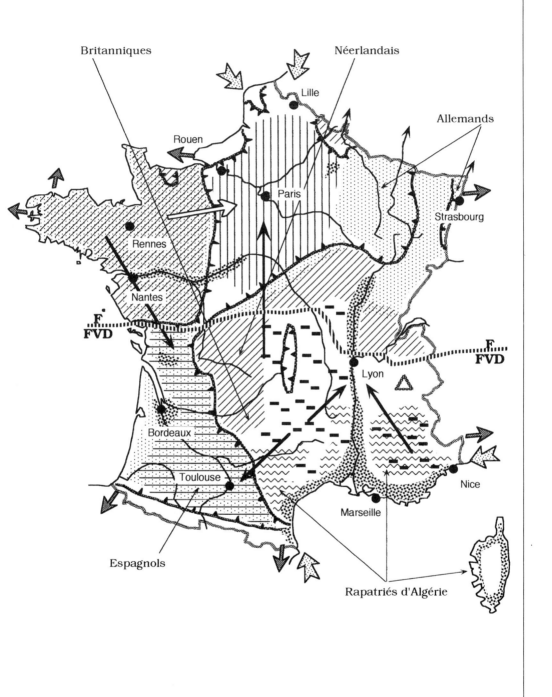

Britanniques

Néerlandais

Allemands

Lille

Rouen

Paris

Strasbourg

Rennes

Nantes

F
FVD

F
FVD

Lyon

Bordeaux

Toulouse

Nice

Marseille

Espagnols

Rapatriés d'Algérie

7. La pêche française

Grâce à ses façades maritimes, la France possède un large potentiel. Cependant, ce secteur connaît des difficultés importantes (de 34 000 pêcheurs en 1970, on est passé à 12 000 en 1994) :

- hétérogénéité des types de pêche et des structures ;
- forte concurrence communautaire et mondiale ;
- surpêche* et épuisement des ressources.

Des types de pêche très variés

– La pêche artisanale (10 500 pêcheurs, rémunération à la part) fournit l'essentiel du poisson frais, représente 70% de la production française et se répartit entre :

- la pêche côtière (sorties de 1 à 3 jours : bar, sardine, anchois en Méditerranée ; thon ou crustacés en Atlantique) ;
- la pêche au large (sorties de 3 à 10 jours) dans le golfe de Gascogne ou la mer du Nord.

Son efficacité butte sur la mauvaise organisation de la commercialisation de sa production.
– La pêche industrielle n'emploie plus que 1 500 personnes sur une centaine d'unités (30% de l'ensemble des prises). Elle comprend :

- la grande pêche (morue de Terre Neuve ou langouste au large de l'Afrique en déclin, thon tropical dans l'Atlantique et l'océan Indien) ;
- une pêche dans l'Atlantique du nord-est (mer du Nord, Atlantique nord).

Son tonnage recule sous l'effet combiné de plusieurs facteurs : hausse des prix du carburant depuis 1973, épuisement progressif des zones de proximité obligeant à aller de plus en plus loin, surpêche* et réglementations qui restreignent de plus en plus les champs ou les périodes de pêche (ZEE* depuis 1982).

La géographie de la pêche hexagonale

– Le littoral atlantique arrive en tête (48% des apports) avec une concentration marquée en Bretagne sud, entre Douarnenez et Lorient qui comprend aussi les 4 ports bigoudens et Concarneau.
Le second secteur est celui de la Manche à la mer du Nord (40% du total).
Enfin, le sud de la côte atlantique (5%) et le littoral méditerranéen (7%) sont nettement en retrait.
– 155 ports de pêche sont regroupés en 40 quartiers maritimes.
Ils sont dominés par deux ports (Boulogne-sur-Mer et Lorient), bien équipés (bassins à flots, halles de criée), bien desservis par la route ou le chemin de fer (trains de marée) pour couvrir l'ensemble du territoire français en 24 heures, à l'exception du Sud-Ouest et du Sud-Est.
Boulogne-sur-Mer (61 500 tonnes, 500 MF en 1994) a particulièrement développé l'industrie du froid (congélation, plats cuisinés).
Lorient (36 000 tonnes, 400 MF) est resté le centre de la conserverie traditionnelle du littoral sud de la Bretagne (Saupiquet) qui investit aujourd'hui dans les plats préparés.

Avec une production à peu près constante depuis 20 ans (830 000 tonnes par an), la pêche française se situe au 25e rang mondial et au 10e pour la valeur.
Cependant, l'augmentation des importations (750 000 tonnes, des espèces chères) montre que cette activité ne répond qu'imparfaitement aux besoins du marché, souligne ses difficultés (un des postes déficitaires de la balance commerciale) et son relatif déclin.

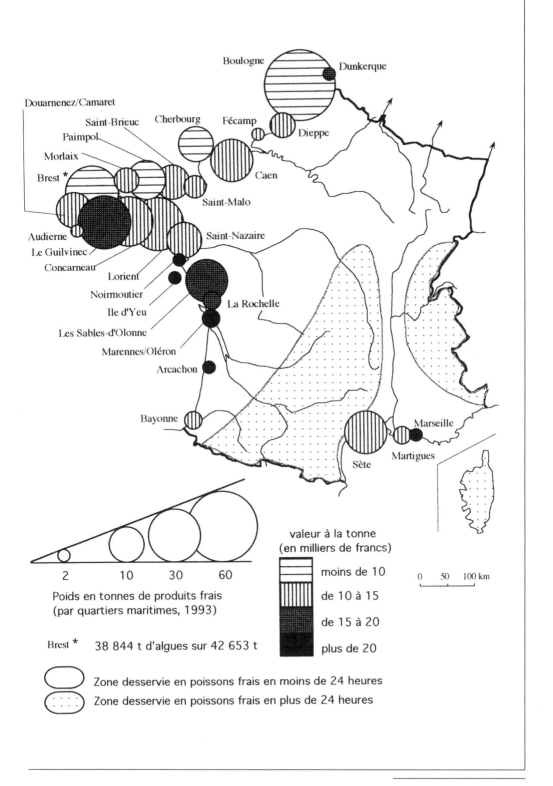

Boulogne
Dunkerque

Douarnenez/Camaret
Cherbourg   Fécamp
Saint-Brieuc   Dieppe
Paimpol
Morlaix   Caen
Brest *
Saint-Malo
Audierne   Saint-Nazaire
Le Guilvinec
Concarneau
Lorient   La Rochelle
Noirmoutier
Ile d'Yeu
Les Sables-d'Olonne
Marennes/Oléron
Arcachon

Bayonne   Marseille
                          Martigues
                    Sète

valeur à la tonne
(en milliers de francs)

2   10   30   60   moins de 10   0   50   100 km

Poids en tonnes de produits frais   de 10 à 15
(par quartiers maritimes, 1993)
                                         de 15 à 20
Brest *   38 844 t d'algues sur 42 653 t
                                         plus de 20

Zone desservie en poissons frais en moins de 24 heures
Zone desservie en poissons frais en plus de 24 heures

Plans

1. Les élevages en France

Introduction

L'élevage occupe en France une place importante qui s'explique par les diversités climatiques, les aptitudes des sols, les spécialisations régionales.

Les formes et les types d'élevage ont fortement évolué avec la spécialisation de l'agriculture.

Enfin, cet élevage se situe dans le cadre de l'Union européenne et doit s'adapter aux contraintes et aux exigences communautaires.

1. Les formes variées des élevages

1.1. Les élevages à viande

1.1.1. La production de viandes augmente régulièrement (1,7 million de tonnes en 1939 ; 6,1 millions de tonnes en 1994) dont deux millions de tonnes de viandes bovines. Les viandes représentent près de 23% des revenus totaux de l'agriculture.

1.1.2. Deux formes d'élevage :
- les élevages en prairie. C'est le cas des bovins avec distinction des pays naisseurs et des pays d'embouche, des ovins aussi dans la France du Sud. L'animal est nourri par les herbages et produits céréaliers, des oléagineux * ;
- les élevages hors-sol* ou industriels (avec des PSC*) : cas des porcins et volailles dans l'Ouest.

1.2. Les élevages à lait

1.2.1. La production de lait est victime de la surproduction (18% des revenus totaux de l'agriculture) avec près de 26 millions d'hectolitres.

1.2.2. Cette surproduction a provoqué la diminution du cheptel* à lait et la baisse des producteurs, deux fois moins nombreux entre 1983 et 1995. La production moyenne par exploitation a largement augmenté (de 67 000 litres à 142 000). La tendance est à la reconversion vers l'élevage à viande.

2. Des localisations liées aux conditions naturelles

2.1. Le rôle des conditions naturelles

2.1.1. Les climats.

La pluviométrie joue un rôle déterminant. Les climats de type océanique pour la repousse rapide et continue de l'herbe (cas des élevages bovins de l'Ouest) ; des climats plus méditerranéens pour les élevages ovins sur des sols plus rocailleux.

2.1.2. Les conditions du relief permettent de distinguer plusieurs types de régions d'élevage :
- les régions de plaines et de plateaux (le grand Ouest ; la Lorraine) avec un paysage plutôt bocager ;
- mais aussi les régions de moyenne montagne (Alpes, Jura, Massif central, Pyrénées) en raison des herbages de fonds de vallée ou des alpages ;
- enfin des littoraux (zones marécageuses comme la baie du Mont Saint Michel : élevage de prés-salés).

2.2. Les grandes régions d'élevage

2.2.1. Les pays de l'Ouest français : Bretagne, les deux Normandie, les Pays-de-la-Loire, Poitou-Charentes, Aquitaine.

2.2.2. Des pays de l'intérieur : Limousin, Franche-Comté, Auvergne, Lorraine, Bourgogne.

Conclusion

La France est le premier pays d'élevage de l'Union européenne et reste tributaire des orientations communautaires (quotas* laitiers).

Les productions animales représentent un peu plus de 50% des revenus agricoles totaux de son agriculture.

cf. *synthèse* p. 126

L'élevage est un des piliers de l'industrie agro-alimentaire (Danone), à l'origine de produits réputés (fromages) et d'exportations agro-alimentaires françaises.

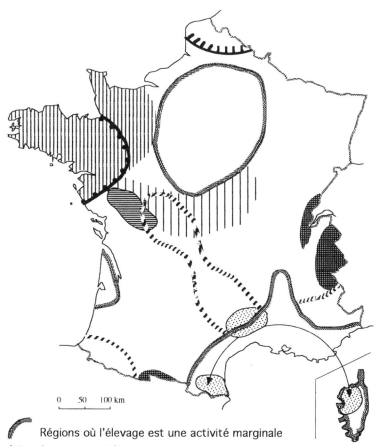

 Régions où l'élevage est une activité marginale

1. La prédominance de l'élevage bovin

élevage bovin pratiqué dans le cadre d'une stabulation

élevage bovin très dense, tourné vers la production laitière (le "fleuve de lait" de l'Ouest)

élevage bovin tourné vers la production de viande (Limousin/Charolais: nord du Massif central)

alpages encore fonctionnels

2. Les autres élevages

élevage ovin (sud-ouest du Massif central, Pyrénées occidentales, Alpes du Sud et Midi)

élevage porcin intensif (souvent hors sol) et de volailles à l'ouest de cette ligne

élevage porcin intensif au nord de cette ligne

3. Quelques spéculations

la ceinture laitière de Roquefort (brebis)

la "caprin-connection" des Deux-Sèvres et du Poitou

l'aviculture (Bretagne : 52 % de l'effectif français) à l'ouest de cette ligne

2. La forêt française, enjeux et perspectives

Introduction

La forêt française couvre, hors DOM/TOM, environ 14 millions d'ha, soit 27% du territoire ou 1 ha de bois pour 2 ha de terres agricoles. C'est la plus grande forêt d'Europe.

Mais le secteur forestier est très hétérogène et constitué de types de forêts très différents : maquis provençal, sapinière vosgienne, jeunes reboisements de résineux du Massif central, pineraies d'Aquitaine, prestigieuses chênaies du Centre ou hêtraies de Normandie.

La forêt française ne possède pas davantage d'unité dans l'ensemble de la filière* bois. Elle est peu productrice (2 m³/ha/an contre 4 en Allemagne ou en Scandinavie) et l'ensemble de la filière est largement déficitaire.

Jadis oppressante et inhospitalière (marches forestières) puis se faisant nourricière et accueillante, devenue gisement de matières premières et d'énergie, abondamment détruite et dégradée jusqu'au XIXe siècle, la forêt constitue aujourd'hui un patrimoine aux fonctions multiples (produire du bois, protéger des sols, permettre des activités de loisirs, agrémenter les paysages).

Des objectifs multiples : contradictoires ou complémentaires ?

Une forêt de paradoxes : des potentialités avec une exploitation aux résultats décevants.

1. Une forêt diverse, inégalement productive, menacée

1.1. Inégale répartition

Les feuillus (2/3) dominent (1/3 pour les résineux) de part et d'autre d'une ligne Bordeaux-Metz avec une inégale densité.

Quatre grandes régions se détachent :

- forêts du Bassin parisien sur les marges des auréoles sédimentaires et sur les plateaux ;
- forêts des montagnes françaises ;
- l'Aquitaine avec le département des Landes boisé à 60,6% ;
- et les forêts méditerranéennes.

1.2. Fonction économique

La filière* bois se compose :

- de la production de la forêt (bois d'œuvre, trituration) ;
- d'une 1re transformation (sciage, pâte à papier) ;
- et d'une 2e transformation (papiers et cartons, meubles, menuiserie).

Elle représente 1,4% du PNB, emploie 4,5% de la population active (800 000 entreprises et 650 000 emplois). C'est le second déficit extérieur de la France, environ 22 MDF.

1.3. Fonction écologique importante mais menacée

La forêt joue un rôle important dans l'écosystème : une protection contre l'érosion (montagnes et littoral), un moyen de lutter contre la pollution (fixe le CO^2).

Mais elle est victime de la pollution chimique, des incendies, des tempêtes, des sécheresses…

1.4. Fonction sociale grandissante tout aussi menaçante

Elle répond à un besoin croissant (100 millions de visiteurs en Ile-de-France par an, 20 000 visiteurs quotidiens pour la seule forêt de Fontainebleau).

C'est un véritable patrimoine culturel, mais il est menacé par la pression des visiteurs, de l'urbanisation…

2. Les causes et les limites des perspectives actuelles

2.1. Les critères biogéographiques et historiques

L'héritage écologique fait apparaître les nuances océanique, continentale, méditerranéenne, montagnarde (avec étagement : collinéen, montagnard, subalpin).

L'héritage historique est important :
1291 : création des Eaux et Forêts, devenu Office national des forêts (ONF) en 1964,
1665 : ordonnance de Colbert sur les forêts royales et leur exploitation,
1827 : création du code forestier (la forêt ne couvrait plus que 13 % du territoire),
1946 : création du Fonds forestier national (FFN).

2.2. La mauvaise gestion du patrimoine
Trois types d'exploitations dominent : futaie, taillis sous futaie, taillis.
La propriété est très morcelée : 3,7 millions de propriétaires pour 10 millions d'ha. Donc la forêt est sous-productive : 9 millions d'ha seulement sont exploités en futaie de résineux (24 %) et de feuillus (10 %) et la production nationale ne couvre que 70 % de nos besoins.

2.3. Trois Français sur quatre en ville
La nécessité des espaces verts est de plus en plus ressentie (imaginaire collectif / notion patrimoniale).
Les menaces d'effet de serre ou d'abandon (enfrichement, incendies en région méditerranéenne) se font encore plus pressantes.

3. La mise en perspective de la forêt

3.1. Pour une gestion plus rationnelle
Les CRPF (Centres régionaux de la propriété forestière) ont été créés en 1963 pour mettre en place des plans de gestion, des groupements forestiers…
Leur mise en œuvre est difficile (inciter plutôt que contraindre).

3.2. Pour une meilleure protection
Il s'agit :
- d'abord de la recherche biologique contre les maladies ;
- mais aussi de la législation contre les incendies (plans d'aménagement des forêts) et contre le défrichement (notion de forêt de protection, 1976).

3.3. Pour une meilleure adéquation à une fonction sociale grandissante
La législation sur les parcs naturels date de 1960 (parcs nationaux) et de 1964 (parcs régionaux).
Les régions et les districts urbains disposent de pouvoirs pour protéger, aménager ou reboiser (*cf.* rôle des ceintures vertes autour des grandes agglomérations).
Le reboisement peut limiter l'exode rural, être une alternative heureuse à la friche tout en évitant la ruine de paysans en difficulté.

Conclusion

La forêt française est plurielle. Elle connaît de nombreux problèmes :
- de gestion : coordonner forêt privée / forêt publique ;
- d'exploitation : il faut rationaliser et grandir (l'échelle est aujourd'hui européenne, voire mondiale ; *cf.* les investissements de groupes scandinaves ou américains) ;
- de protection du patrimoine forestier.

L'avenir semble plus prometteur avec la réduction à terme du déficit de la filière grâce aux investissements étrangers ; à une exploitation et une productivité meilleures pour une forêt de 20 millions d'ha en 2020 ; à une protection accrue (recherche) et à un rôle social grandissant (villes, alternative à la déprise rurale) lui donnant une valeur patrimoniale plus forte.
Ce qui conduira à la mise en place de trois types de forêts :
- une futaie spécialisée qui fournirait du bois d'œuvre de valeur ;
- un taillis à rotation rapide (10 ans) qui donnerait le bois de trituration ;
- une forêt d'agrément pour les fonctions de loisirs.

2. La forêt française : enjeux et perspectives (suite)

1. Une ressource diverse et inégalement répartie ou l'enjeu écologique

• diversité régionale dans le taux de boisement (1990)

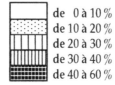

de 0 à 10 %
de 10 à 20 %
de 20 à 30 %
de 30 à 40 %
de 40 à 60 %

➡ *4 groupes forestiers et 4 grandes régions forestières*

• diversité des espèces

ligne de partage Bordeaux / Metz :
au nord, majorité de feuillus,
au sud, majorité de résineux

➡ *une forêt plurielle*

2. Une forêt déficitaire ou l'enjeu économique

• principales usines de pâte à papier

• principaux ports de commerce du bois

 prépondérance du bois du Nord

 prépondérance des grumes et sciages tropicaux

• échanges commerciaux

 importations

 exportations

➡ *émiettement des structures et second déficit de la balance commerciale*

3. Un patrimoine menacé : interaction nature / culture ou l'enjeu social

• parcs naturels forestiers lutte contre l'érosion en montagne

 risques d'incendie au sud-est et au sud-ouest

pluies acides au nord-est

 progression de l'urbanisation de la région parisienne

➡ *friches, landes, garrigues en progression*
nécessité de trouver un équilibre entre Nature et Culture,
entre productivité et conservation,
dans l'Aménagement du territoire.

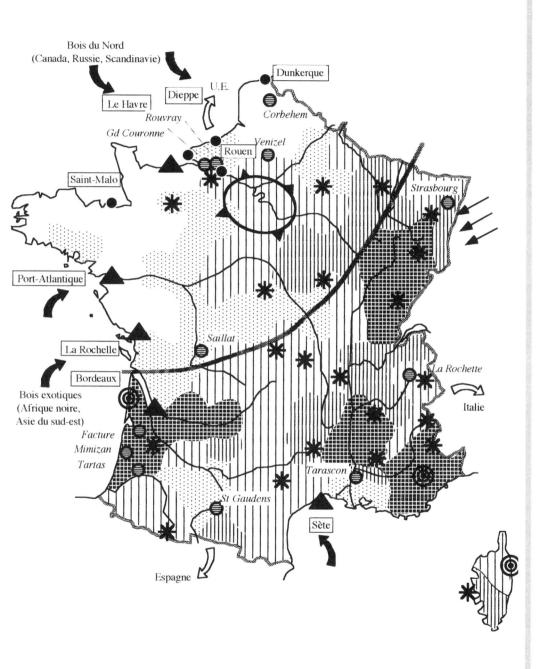

Bois du Nord
(Canada, Russie, Scandinavie)

Dunkerque

Dieppe

U.E.

Le Havre

Corbehem

Rouvray

Gd Couronne

Venizel

Rouen

Saint-Malo

Strasbourg

Port-Atlantique

Saillat

La Rochelle

La Rochette

Bordeaux

Italie

Bois exotiques
(Afrique noire,
Asie du sud-est)

Facture
Mimizan
Tartas

Tarascon

St Gaudens

Sète

Espagne

Clés et repères

AOC ou appellation d'origine contrôlée : elle certifie, par une dénomination légale (vins et fromages en particulier), que le produit présente certaines qualités qui résultent des rapports entre la nature du terroir et les soins culturaux dispensés. *Corrélat* : terroir.

Cheptel : ensemble des animaux présents sur une exploitation agricole.

cf. *plan* p. 32

Conchyliculture : élevage de mollusques comprenant l'*ostréiculture* (élevage des huîtres), la *mytiliculture* (élevage des moules) et la *vénériculture* (élevage des palourdes).

cf. *plan* p. 98

Élevage hors-sol : forme d'élevage intensif (en étable ou en poulailler) qui utilise essentiellement des aliments achetés aux firmes agro-industrielles.

Faire-valoir direct : les superficies en faire-valoir direct sont la propriété de la personne pour le compte de laquelle elles sont exploitées à l'inverse du *fermage* (location d'une exploitation entière ou de parcelles à un propriétaire).

FEOGA : Fonds européen d'orientation et de garantie agricole, créé en 1962 dans le but de soutenir les cours des produits et d'améliorer les structures agricoles.

Finage : territoire sur lequel une communauté exerce des droits agraires. Un finage peut comprendre une partie cultivée (un ou plusieurs terroirs) et des parties non cultivées (bois, pacages). *Corrélat* : terroir.

Intrants : ensemble des facteurs qui entrent dans la production agricole (semences, plants, engrais).

Jachère : terre labourable laissée inculte pendant une ou plusieurs années pour permettre au sol de récupérer ses principes fertilisants. La terre peut être laissée telle quelle (jachère morte) ou labourée afin d'aérer le sol, ou pâturée.

Oléagineux : qualifie toutes les plantes susceptibles de donner de l'huile avec leurs graines ou leurs fruits pour un usage alimentaire ou industriel. Certains oléagineux sont aussi riches en protéines : on parle alors de *protéagineux* (arachide, soja, tournesol, colza) utilisés sous forme de tourteaux pour l'alimentation du bétail. *Corrélats* : élevage hors-sol, PSC.

ONIC : Office national interprofessionnel des céréales créé en 1936 et élargi à toutes les céréales en 1940 pour maîtriser le marché afin de garantir au producteur un prix rémunérateur.

PSC ou produits de substitution de céréales (manioc, soja, déchets de canne à sucre ou de brasseries destinés à l'alimentation du bétail). *Corrélats* : élevage hors-sol, oléagineux.

Quota : contingent ou mesure de limitation impérative d'une production jugée trop abondante ou d'importations qui menacent les activités.

Surpêche : déséquilibre entre le rythme de reproduction des ressources halieutiques et le niveau de prélèvement opéré par la pêche qui aboutit à terme à une diminution des rendements, voire à une disparition des ressources.

Terroir : l'unité agronomique d'un terroir vient de ses conditions naturelles (relief, climat, sols…) et de ses aménagements humains (terrasses, irrigation…) et le distingue des territoires voisins. *Corrélat* : AOC.

Chapitre 4

L'industrie française

▶ **Sujets possibles** 106

▶ **Cours : L'industrie française au 5ᵉ rang mondial** 107

    Introduction
    1. L'originalité de l'appareil industriel français
        1.1. Le poids des entreprises publiques
            1.1.1. Les grandes entreprises
            1.1.2. La mise en place d'un secteur public
            1.1.3. Le retour au libéralisme
        1.2. Les firmes industrielles étrangères
            1.2.1. Un emploi sur quatre
            1.2.2. Une longue hostilité
    2. La mondialisation de l'industrie française
        2.1. La concentration s'accélère
            2.1.1. Internationalisation faible mais en forte croissance
            2.1.2. Taille critique et pénétration des marchés
        2.2. Conséquences : l'internationalisation
            2.2.1. La France, deuxième investisseur international
            2.2.2. Des transnationales françaises
    Conclusion

▶ **Synthèses** 119

        1. Atouts et handicaps de la France
        2. Bilan des nationalisations (1981-1990)
        3. Les PMI/PME
        4. La coopération aéronautique européenne
        5. Les industries agro-alimentaires
        6. Longwy, un pôle de conversion européen
        7. Carte : L'espace industriel français depuis 1945

▶ **Plans** 132

        1. La politique industrielle depuis 1945
        2. L'industrie et l'espace français : permanences et mutations

▶ **Clés et repères** 139

Sujets possibles

1. Annales

– IEP

Les industries de pointe en France (Paris 1987).

L'espace industriel français face à la crise (Paris 1988).

La sidérurgie française : crises et adaptations (Bordeaux 1988).

La France, puissance industrielle mondiale (Bordeaux 1993).

L'espace industriel français (Paris 1994).

La France dans la bataille économique mondiale (Paris 1994).

De la nationalisation à la privatisation : la sidérurgie française depuis la fin des années soixante. Mutations économiques et remaniements spatiaux (Bordeaux 1995).

– Grandes Écoles de Commerce

Les rapports entre l'État et l'industrie en France de la libération à nos jours (ESCAE 1983).

La place des industries textiles dans la vie économique française depuis 1929 (HEC 1979).

Le rôle de l'industrie automobile dans l'activité économique (ESSEC 1979).

La France, puissance agro-alimentaire : limites et perspectives (EDHEC 1983).

L'évolution des localisations de l'industrie en France depuis 1945 (HEC 1983).

L'emploi industriel en France (1960-1984) (ESSEC 1984).

La situation industrielle de la France en ces années 80 (EDHEC 1985).

L'industrie française face à l'enjeu communautaire (ISC 1991).

Les crises des industries de base en France depuis 1945 : caractères et remèdes (ELSCA 1993).

– CAPES

Industrie et fonction d'accueil dans les montagnes françaises (CAPES 1975).

2. Autres sujets possibles

Atouts et handicaps de l'industrie française.

L'industrie française est-elle compétitive ?

L'espace industriel français.

Le tissu industriel français depuis 1974 : déclin et mutation.

Mutations de l'espace industriel français.

Originalité et évolution des industries de biens d'équipement en France des années soixante-dix à nos jours.

L'industrie chimique en France depuis 1945.

L'automobile en France : rôle économique et impacts géographiques.

3. Sujets traités

La politique industrielle depuis 1945.

L'industrie et l'espace français : permanences et mutations.

Cours

L'industrie française au 5ᵉ rang mondial

Introduction

L'industrie emploie 30% de notre population active, représente 40% des investissements et 80% de nos exportations en valeur. C'est la cinquième industrie mondiale après celle des États-Unis, de l'ex-URSS, du Japon et de l'Allemagne. Mais cette place de choix est récente. Longtemps, en effet, l'industrie est restée handicapée par le manque d'intérêt des Français ; elle a souffert d'une mentalité paysanne hostile aux placements à risque, davantage tournée vers le foncier et les revenus mobiliers ou obligataires. Longtemps, le rempart protectionniste et les colonies lui ont garanti de larges débouchés, conforté son repli sur elle-même.

Ainsi, depuis 1945, la France s'est distinguée des autres pays de l'UE par une politique d'industrialisation continuellement inscrite dans les plans successifs et dans l'action des pouvoirs publics :

■ *de 1945 à 1958 :* débuts d'une politique industrielle (plans Monnet-Hirsch) ;

cf. *plan* p. 132

■ *de 1958 à 1974 :* impératif industriel avec l'adaptation à l'ouverture sur le monde dans une période de forte croissance (Georges Pompidou de 1969 à 1974) ;

■ *depuis 1974 :* redéploiement industriel, libéral de 1974 à 1981 puis volontariste après 1981. Depuis 1984, et surtout 1986, souffle à nouveau un vent de libéralisme, tempéré en France par le poids du secteur public, qui reste important à cause des nationalisations* (1945-1982).

cf. *synthèse* p. 120

La crise économique a révélé des faiblesses inquiétantes à travers le miroir du commerce extérieur : difficultés de certaines branches industrielles, ralentissement de la croissance et montée du chômage (de 1974 à 1981 un million d'emplois industriels ont été perdus ; de 1981 à 1986, perte de 500 000 emplois supplémentaires). En dix ans, le solde industriel civil de la balance commerciale française est passé d'un excédent de 45 MDF en 1983 à un déficit record de 85 MDF en 1990 avant de redevenir positif (restructurations, investissements, désinflation compétitive).

cf. *cours* p. 203

Un impératif industriel difficile à gérer. Il faut rappeler que la puissance industrielle de la France (30% du PNB) pèse moins lourd face à celle de l'Allemagne ou à celle du Japon (environ 40%). Facteur aggravant, elle ne dispose pas de spécialités affirmées. Autre handicap : ses débouchés sont insuffisamment localisés dans les zones à haut pouvoir d'achat (*cf.* l'Asie du sud-est). Enfin, ses points forts (armement, électrotechnique, télécommunications, aéronautique) sont plus le résultat du « forcing » de l'État que le résultat des lois du marché. Parallèlement, les crédits de R/D* (recherche et développement) ont surtout profité à la haute technologie et aux activités militaires aux dépens du reste de l'industrie.

Les industries françaises sont engagées dans une phase de transformation intense suscitée par l'action combinée de deux grands facteurs : l'internationalisation des échanges (CEE-GATT*-révolution des transports) et par les mutations technologiques de la troisième révolution industrielle.
Quel bilan peut-on dresser de notre appareil industriel ?

1. L'originalité de l'appareil industriel français

1.1. Le poids des entreprises publiques

La France dispose d'une économie mixte dans laquelle le secteur privé et l'État se partagent les responsabilités. Depuis 1929, puis dans l'immédiat après-guerre, la puissance publique a considérablement augmenté ses compétences économiques et le domaine de ses interventions.

1.1.1. Les grandes entreprises

Les grandes entreprises. Elles sont peu nombreuses : 868 selon les chiffres de l'INSEE*, bien que cette notion d'entreprise s'efface aujourd'hui devant celle de groupe avec à la tête un holding* contrôlant des filiales. Ces groupes sont les plus nombreux pour les biens intermédiaires et les biens professionnels alors qu'ils sont peu représentés pour les biens de consommation. Les uns sont des entreprises publiques, les autres des sociétés par actions cotées en bourse. Leur puissance apparaît dans les effectifs qu'ils emploient : Alcatel-Alsthom (ex-CGE) dépasse 200 000 employés, la Générale des Eaux frôle les 200 000, Renault et Peugeot 150 000.

Une France industrielle transformée. Une comparaison internationale des 100 premiers groupes industriels entre 1966 et 1991 montre les changements profonds des principaux groupes français[1].
En 1966, l'entreprise française moyenne était six fois plus petite que son homologue américaine ; elle n'est plus à l'heure actuelle que trois fois plus petite.
La France est le pays qui a connu le plus important mouvement de fusions et de restructurations. Son tissu industriel s'est peu à peu rapproché de celui des trois autres grands (États-Unis, Japon, Allemagne) en deux étapes : de 1967 à 1975 une période de fusions (obsession de la taille, glissement vers le conglomérat*) ; à partir de 1985 une période de recentrage, la préoccupation majeure devenant l'élargissement des parts de marché.

cf. *synthèse* p. 126

La France a progressé dans l'automobile (11,6%), l'électronique (14,4%), l'agro-alimentaire (16,9%) mais aussi dans la construction et l'énergie. Elle a surtout su s'imposer dans des espaces relativement ouverts comme l'agro-alimentaire ou le BTP (bâtiment et travaux publics).
Des quatre grands pays industriels, la France est celui qui a connu les plus profondes transformations de ses entreprises majeures : 64 des 100 premiers groupes industriels ont changé de raison sociale ou ont disparu du classement.

Ainsi, la France participe au mouvement d'internationalisation de l'économie mondiale et ses grands groupes à l'influence grandissante des firmes transnationales* : 6 groupes industriels dans les 100 premiers mondiaux.

1. *L'Expansion*, 15 avril-5 mai 1993.

1.1.2. La mise en place d'un secteur public

cours • 4

Le secteur public s'est étendu grâce aux nationalisations*. Jusqu'en 1939, elles furent discrètes (ONIA, Office national industriel de l'Azote ou, dès 1936, plusieurs sociétés aéronautiques ancêtres de la SNIAS, aujourd'hui Aérospatiale).

Au lendemain de la guerre, une première vague de nationalisations a pour but de « mettre à la disposition de la nation la direction et l'exploitation des grandes richesses communes, et de suspendre le jeu de ces vastes conjonctions et combinaisons d'intérêts qui n'ont que trop pesé sur l'État et les citoyens » (Général de Gaulle).

L'État s'est ainsi octroyé, en 1945, le contrôle de quelques secteurs-clés de l'économie :

- *énergie* : Charbonnages de France, Gaz de France, Électricité de France, création du CEA ;
- *transports* : Compagnie Générale Transatlantique et Messageries Maritimes pour les transports maritimes, SNCF (héritage de 1937), RATP, puis Air France ;
- *industrie* : Renault et Gnome-Rhône transformée en SNECMA (Société nationale d'études et de constructions de moteurs d'avions) qui sont des nationalisations-sanctions ;
- *crédit*, nationalisations des quatre principales banques de dépôt.

Ces nationalisations n'ont pas été remises en cause par les gouvernements successifs. Le rôle de l'État continue même à progresser par la création de sociétés publiques comme Elf ou au moyen de sociétés mixtes.

Un nouvel élan est donné en 1982 (loi du 11 février 1982) : un choix politique. En arrivant à la présidence de la République, François Mitterrand déclarait : « Les nationalisations sont appelées à forger les outils du siècle prochain. » Dans l'industrie, *les sociétés-mères de huit groupes passent sous le contrôle public* : CGE, Pechiney-Ugine-Kuhlman, Rhône-Poulenc, Thomson-Brandt, Bull, ITT-France, Roussel-Uclaf. Le choix gouvernemental est stratégique : constituer des pôles industriels dont le haut niveau technologique sera indispensable à l'avenir du pays. En outre, Matra et Dassault abandonnent à l'État la moitié de leur capital. Enfin, Usinor et Sacilor, nationalisées de fait, le deviennent de droit. Dans le domaine du crédit, les holdings* financiers Paribas et Suez et 110 banques de dépôts (95% des dépôts) sont nationalisés.

Un choix coûteux, et des résultats inégaux. La nationalisation a coûté cher car effectuée à 100% (44 MDF). Entre 1981 et 1986, l'État a fourni à son secteur industriel des dotations en capital de 50 MDF.

cf. *synthèse* p. 120

1.1.3. Le retour au libéralisme

Les privatisations. En juillet 1986, une loi est votée par la nouvelle majorité pour privatiser afin de revenir aux lois du marché en dehors de la tutelle de l'État. La première privatisation fut celle de Saint-Gobain en novembre 1986, suivie de 10 autres (dont la CGE, la Société Générale, le Crédit Commercial de France, Paribas, Suez, Matra). Ces dénationalisations ont servi au remboursement de la dette publique pour les 2/3.

Le statu quo, *mais une évolution vers les règles du marché.* Depuis 1988, la règle du « ni nationalisation ni privatisation » a prévalu. Cependant :

■ d'une part l'État se trouve incapable de fournir au secteur public tous les investissements dont il a besoin ;

■ d'autre part, la mondialisation de l'économie et la nécessité d'alliances conduisent à une certaine liberté d'action.

Ainsi, l'État a abandonné le quart du capital de Renault au Suédois Volvo, modifiant par la même occasion le statut de la société qui symbolisait les nationalisations d'après-guerre (Régie nationale des usines Renault ou RNUR). Enfin, en 1990, Air France a accru le domaine public en prenant le contrôle de la compagnie privée UTA. Depuis le 5 avril 1991, les groupes privés sont autorisés à détenir une prise de participation minoritaire dans le capital des entreprises publiques.

La relance des privatisations par les socialistes. Les résultats financiers des entreprises publiques en 1990 l'ont confirmé : elles auront besoin, plus que par le passé, de moyens financiers pour rester compétitives. L'État n'ayant plus les moyens de les doter suffisamment en capital ou de financer ses plans PME, l'ouverture aux capitaux privés est, à l'aube de 1993, devenue une nécessité pour qu'elles soient compétitives et pour offrir de réelles synergies à ces entreprises entravées par le dogme du « ni-ni ». Des privatisations partielles sont même effectuées (Elf Aquitaine, suivie de Total puis Rhône-Poulenc au début de 1993).

Un nouvel élan a été donné en mai 1993. Les 21 entreprises figurant sur le programme de privatisations emploient près de 1 million de salariés et valent entre 400 et 500 MDF. Cette privatisation est prévue sur une législature étant donné l'ampleur du programme et la nécessité d'un délai pour rendre présentables certaines entreprises en mauvaise posture financière. L'État conservera France Telecom, EDF, la Française des jeux et les deux grandes sociétés d'armement (SNPE et GIAT).

Les entreprises privatisables appartiennent à quatre grands secteurs : industrie, banques, assurances et transports (données de 1992) :

Nom	Chiffre d'affaires en MDF	Résultat en MDF	Effectifs en France
Renault	178	+ 5,7	60 500
Elf	200	+ 6,2	86 930
Aérospatiale	48,5	− 2,4	43 287
Snecma	24	− 0,8	26 684
Pechiney	65,4	+ 0,2	70 749
Rhône-Poulenc	82	+ 1,2	89 051
Seita	13,4	+ 0,4	6 526
Thomson	71	− 0,5	105 200
Bull	30,2	− 4,7	40 000
Usinor	86,7	− 2,4	61 100
BNP	39,9	+2,1	58 767
Crédit Lyonnais	48,9	− 1,8	70 567
Marseillaise de crédit	NC	+ 0,02	NC
Banque Hervet	1,1	− 0,18	1 526
Caisse centrale de réassurance	2,8	+ 0,3	130
UAP	126	+ 1,1	40 453
AGF	59,4	+ 1,5	22 019
GAN	43,7	+ 0,4	49 100
CGM	7,4	− 0,7	13 890
Air France	57,4	− 3,2	64 000

Après les privatisations réussies de la BNP (28 MDF) et de Rhône-Poulenc (13 MDF), le gouvernement a lancé la campagne de 1994 en annonçant la mise en vente d'Elf (vente de 37% du capital, l'État en conservant 13%) qui rapportera 35 MDF et celle de l'UAP (19 MDF escomptés) ou la privatisation partielle de Renault à l'automne 1994.

Les privatisations de la première cohabitation (1986-1988) avaient rapporté 74,1 MDF, celles de la deuxième cohabitation (1993-1995) 114 MDF.

Le bilan des privatisations est donc double, d'un côté des restructurations réussies comme celle de Renault qui après avoir accusé une perte de 12,9 MDF en 1984 est devenue rentable et semble bien résister à la crise, de l'autre des ratés à l'image de Bull.

cf. *synthèse* p. 120

1.2. Les firmes industrielles étrangères

Une entreprise est considérée sous influence étrangère dès lors que plus de 30% de son capital appartient à des investisseurs étrangers (33% permettent souvent d'avoir la majorité ou une voix prépondérante au conseil d'administration).

1.2.1. Un emploi sur quatre

Une importance non négligeable. Les entreprises étrangères assurent plus d'un emploi sur quatre (sur les 3,2 millions d'emplois du secteur industriel début 1990, 800 000 sont contrôlés par les firmes étrangères, soit 23,8%, le niveau le plus élevé des grands pays occidentaux), un tiers des exportations, presque autant de l'investissement.

Un poids très variable selon les branches :

■ il est élevé (plus de 40% du chiffre d'affaires) dans l'informatique (69,8%), les machines de bureau (58,8%), l'industrie pétrolière, la pharmacie (49%), la parachimie (42,5%) ou les machines-outils (33,4%) ;

■ il est très faible (moins de 15%) dans la sidérurgie (7,8%) et le travail des métaux, le textile-habillement, la construction aéronautique, le gaz et l'électricité, même chose pour les services (9,8%) ou le commerce (17%).

Cela s'explique par la nécessité d'internationalisation de certaines branches capitalistiques ou par des coûts de R/D* très importants : les firmes étrangères et leurs filiales françaises y sont alors beaucoup plus nombreuses. Les capitaux étrangers sont assez peu représentés dans les PME ou les très grandes entreprises. Leur domaine de prédilection est la société de 200 à 2 000 personnes : 44,2% des entreprises de 500 à 999 salariés et 41,8% de 1 000 à 2 000 salariés.

1.2.2. Une longue hostilité

Un combat désuet et préjudiciable. Longtemps, les pouvoirs publics ont été hostiles à la présence de firmes étrangères ou à certaines prises de contrôle. Après avoir accueilli les Américains dans les années 1950 (dans la foulée du plan Marshall), puis les Européens dans les années 1960, l'hexagone s'était frileusement refermé au cours des années 1970 (contrôle des changes). Mais cette politique hexagonale est dépassée depuis la libre circulation des produits d'un pays à l'autre dans le cadre communautaire (*cf.* le refus opposé à GM de s'installer à Longwy, ville durement sinistrée par la crise de la sidérurgie, qui avait alors choisi l'Espagne pour y créer

cf. *synthèse* p. 129

3 000 emplois, ses produits passant par ailleurs librement les frontières communautaires !).

Aujourd'hui, de désinflation compétitive en déréglementations européennes, l'hexagone s'est, bon gré mal gré, ouvert complètement au vent du large en quelques années. La France s'est intégrée dans l'économie-monde, un espace global, où les notions d'entreprise, d'emploi, de marché ou d'investissement strictement nationaux perdent leur sens, où la logique d'indépendance s'efface derrière celle d'interdépendance. Sur 100 salariés, 20 travaillent à l'étranger pour une filiale de groupe français et 20 en France pour une filiale de société étrangère. Si on ajoute 17,5 salariés travaillant uniquement pour l'exportation, il ne reste que 42,5 emplois produisant pour le marché français.

Années	Investissements étrangers en France	Investisse-ments français à l'étranger	Soldes
1990	61 MDF	147,7 MDF	– 86,7 MDF
1991	62,6 MDF	115,4 MDF	– 52,8 MDF
1992	84,5 MDF	99,6 MDF	– 15,3 MDF
1993	68,8 MDF	68,9 MDF	– 0,1 MDF
1994	58,3 MDF	59,5 MDF	– 1,2 MDF

cf. *synthèse* p. 119

Des investissements souhaités mais encore insuffisants. Pour les investissements européens, la liberté d'investissement et d'installation est totale en France ; pour les autres pays, une autorisation reste nécessaire, mais elle est presque toujours accordée. Pourtant, la France souffre de ne pas avoir de mesures suffisamment incitatives pour attirer ces investissements (PAT ou prime d'aménagement du territoire) alors que des pays voisins multiplient les avantages fiscaux. La conséquence est que la sortie massive des investissements français a creusé le déficit de notre balance des paiements depuis 1985 et conduit les pouvoirs publics à lancer une campagne pour encourager l'investissement étranger en allégeant la réglementation au printemps 1990. En 1992, pour la première fois, l'hexagone est devenu le premier pays d'accueil des investissements étrangers devant le Royaume-Uni et les États-Unis (12% des capitaux investis dans le monde).

L'origine géographique des investissements étrangers. On constate une nette supériorité des pays européens (2/3 dont presque 50% pour les membres de l'UE où domine l'Allemagne, devant le Royaume-Uni, les Pays-Bas et l'Italie). Pour le reste de l'Europe, de nouveaux intervenants se manifestent comme les Scandinaves qui mènent une véritable offensive dans le papier-carton. Hors d'Europe, les États-Unis (entre le quart et le tiers des investissements, 20 milliards de dollars d'investissements cumulés sur 50 ans et 400 000 emplois) sont les principaux investisseurs, le Japon (18%) occupe la 4e place. La progression de ce dernier a été rapide dans certains créneaux comme le caoutchouc (Sumitomo a racheté Dunlop), l'électronique (Sony, JVC) ou l'informatique. C'est à son égard que les pouvoirs publics restent les plus circonspects.

Des avantages pour l'aménagement du territoire et l'emploi. Le Nord, l'Alsace et la Lorraine (voir le choix fait par Mercedes en 1994 pour l'implantation de sa nouvelle usine destinée à produire la Swatchmobile) sont les régions les plus attractives, devant la Basse-Normandie et l'Ile-de-France (bonne localisation dans le cadre communautaire et bénéfice de la PAT).

Enfin, au-delà de ses effets directs sur l'emploi, la venue des firmes étrangères peut créer un effet d'entraînement local comme dans l'informatique ou le machinisme agricole et contribuer à développer des filières laissées plus ou moins en friche par les industriels locaux. Dans le papier-carton, l'arrivée des Scandinaves s'est accompagnée d'un accroissement notable des capacités de production et d'une réduction sensible du déficit extérieur.

> Dans un contexte de mondialisation et de construction européenne, attirer les investisseurs étrangers et les emplois associés en valorisant le territoire et en octroyant des subventions est devenu une priorité.

2. La mondialisation de l'industrie française

2.1. La concentration s'accélère

2.1.1. Internationalisation faible mais en forte croissance

Un tournant. Après un repli pendant la crise, les opérations de concentration se sont accélérées à la fin des années 1980. Dans la perspective du grand marché européen de 1993, les entreprises françaises se sont modernisées et internationalisées en utilisant les stratégies complémentaires de la croissance externe par fusions-acquisitions et de la croissance interne par l'investissement. La France a même été, en 1992, l'économie la plus attractive du monde pour les investissements étrangers sur son sol.

Ce dynamisme actuel n'est peut-être que le rattrapage du retard pris sur les firmes concurrentes dans la restructuration et l'implantation à l'étranger.

Les formes de contrôle

– Les concentrations visent avant tout le contrôle direct sur la gestion et le développement des *entreprises visées*. 70% de ces opérations sont des prises de contrôle : OPA (offre publique d'achat) ou OPE (offre publique d'échange), fusions, reprises, etc., surtout après le krach d'octobre 1987.
– Les autres formes de rapprochement concernent des accords techniques ou commerciaux, des créations de GIE (groupement d'intérêt économique, *cf.* les accords entre Siemens, Philips et SGS-Thomson associés au sein de Jessi – *Joint European Semi-Conductor Silicon* – pour produire des circuits intégrés dans le cadre du programme *Eurêka* ou le projet européen de TVHD ou télévision haute définition).
– Les échanges d'activités (une opération de concentration sur cinq) modifient les frontières entre entreprises : on cède des activités non prioritaires ou déficitaires pour se renforcer sur les métiers fondamentaux ou axes stratégiques en recherchant des complémentarités, des synergies.

Ces opérations sont surtout le fait des grands groupes.

Depuis 1985, le montant des fusions-acquisitions françaises à l'étranger est supérieur au montant des acquisitions étrangères en France et le solde ne cesse de s'accroître. En 1992, la France a été le second investisseur, derrière les États-Unis, mais devant l'Allemagne et le Japon.

2.1.2. Taille critique et pénétration des marchés

Ce sont les deux principales raisons qui motivent ces concentrations.

La taille critique. C'est la recherche d'économies d'échelle que les stratégies économiques ont visée en favorisant la constitution des groupes. La suppression, à partir de l'Acte unique, des fonctions non tarifaires de la frontière qui gênent leur croissance permet d'augmenter leurs potentialités économiques grâce à la croissance de leur taille. Cette recherche de la taille critique explique que le développement externe se fasse souvent dans des activités proches et non par diversification importante avec constitution de conglomérats* dans certains secteurs.

La pénétration des marchés. La concentration doit s'intensifier pour faire contrepoids à la puissance des clients :

■ sur les marchés mûrs, faute de croissance suffisante de la demande globale, la concentration est le seul moyen d'accroître les parts de marché. SEB est devenu en 1988 le premier groupe européen d'électroménager grâce au rachat de Rowenta en Allemagne (hausse de 50% des effectifs et du CA) ;

■ sur les marchés où l'innovation est essentielle, les regroupements permettent d'accéder au peloton de tête : Thomson n'occupait que 7% du marché mondial de la TV couleur avant les acquisitions de 1986-87 (Thorn Emi, Ferguson, RCA). Depuis, il possède une part de marché de 16% équivalente à celle des deux premiers Matsushita et Philips (17%) ce qui lui a permis d'être leader aux États-Unis (21,5% du marché), de faire progresser son chiffre d'affaires de 10% en 1993 (33,4 MDF) et de redevenir positif. Aujourd'hui, Thomson Consumer Electronics, en association avec Hughes, est le pionnier de la télévision numérique aux États-Unis.

cf. *synthèse* p. 126

En second lieu, l'acquisition de sociétés est une stratégie pour prendre rapidement pied sur les marchés étrangers et s'assurer des débouchés dans un délai raisonnable, surtout lorsque le marché intérieur est difficile à pénétrer (*cf.* industries agro-alimentaires, pharmacie).

cf. *synthèse* p. 220

Deux conséquences :
• les investissements à l'étranger coïncident pour les 60 premiers groupes français avec une diminution de leurs exportations dont la part dans le chiffre d'affaires est tombée de 33% en 1985 à 26% en 1990 ;
• la concentration restructure l'appareil productif français, la taille des établissements cesse de croître (baisse de la concentration technique), même si le poids économique des grosses entreprises se renforce.

2.2. Conséquences : l'internationalisation

2.2.1. La France, deuxième investisseur international

Environ 10 000 filiales d'entreprises françaises installées à l'étranger employaient près de 1 939 000 salariés au début de 1991.

Les implantations françaises sont très concentrées dans les pays développés.

– L'essentiel des filiales est situé dans les pays développés : 7 300 (69%), dans les pays de l'OCDE, employant 1,2 million de salariés, soit plus des deux tiers. En tête arrivent les États-Unis qui accueillent la moitié des filiales françaises (5 000) et des effectifs employés (939 000 personnes). Les pays de l'UE (Allemagne, Royaume-Uni, Espagne, Belgique) accueillent près de la moitié des effectifs français à l'étranger.

– Le Brésil est le 6e pays et concentre les deux tiers des implantations françaises en Amérique latine (500 filiales emploient 157 000 personnes). La présence française est également importante en Afrique (24 000 salariés employés dans 1 200 filiales).

L'importance des filiales françaises dans ces deux zones (22,7% des effectifs mondiaux) semble contradictoire avec la faiblesse des investissements directs dirigés vers ces pays au cours des dernières années. Cette contradiction apparente s'explique par l'ancienneté des implantations liées au passé colonial dans le cas de l'Afrique ou à des relations économiques privilégiées entretenues avec certains pays (Rhône-Poulenc et Saint-Gobain sont implantés au Brésil depuis le début du siècle).

Enfin, en Asie et dans les pays de l'Est, les filiales françaises, beaucoup plus récentes, sont encore peu nombreuses, quoique en croissance rapide (Thomson).

cf. *plan* p. 227

L'internationalisation croissante des entreprises françaises

– L'industrie manufacturière joue un rôle prépondérant en représentant 61% des effectifs français à l'étranger. Les cinq premiers secteurs investisseurs représentent 71% des effectifs industriels à l'étranger (contre seulement 39% de l'industrie française) :

■ 27% pour le matériel électrique et électronique (Alcatel-Alsthom, Thomson, Schneider) ;
■ 15% pour l'automobile (Renault, PSA) ;
■ 11% pour les matériaux de construction (Lafarge, Ciments Français) ;
■ 7% pour la chimie de base (Rhône-Poulenc).

– Les implantations françaises à l'étranger sont très concentrées : 172 filiales (sur 10 200) emploient à elles seules la moitié des effectifs. Les filiales les plus grosses se situent principalement dans les pays développés.

C'est ainsi que les dix premiers groupes industriels français représentent 1/5 de l'industrie française (19% du chiffre d'affaires et 21% des effectifs) mais emploient 68% des effectifs des filiales industrielles de plus de 1 000 salariés et un tiers du total des filiales françaises dans le monde. Ces groupes sont très internationalisés puisque leurs filiales à l'étranger représentent :

■ 44% de leurs effectifs dans le monde ;
■ près des 2/3 (62,8%) de leur chiffre d'affaires.

Les dix principaux groupes français à l'étranger	
Classement au 31 décembre 1992 (en 1991)	Effectifs à l'étranger (en milliers)
1. Alcatel-Alsthom (1)	120
2. Accor (6)	108
3. Michelin (2)	92
4. Lyonnaise des Eaux-Dumez (8)	85
5. Saint-Gobain (3)	67
6. Générale des Eaux (4)	64
7. Thomson (7)	64
8. Suez (5)	55
9. Schneider (10)	46
10. Rhône-Poulenc (9)	46
Total des 10 groupes	747

cf. *synthèse* p. 220

Cette importance des filiales françaises dans le monde est à mettre en rapport avec l'effort massif d'investissements à l'étranger des entreprises françaises dans la période récente, effort auquel participent de plus en plus de PME.

Fin 1993, ce sont 14 000 filiales qui emploient 2 300 000 personnes.

Du fait de la part croissante de la production réalisée à l'étranger dans le chiffre d'affaires des grandes transnationales*, la notion de balance commerciale* douanière perd également de sa signification. Renault est ainsi à la fois le premier importateur et exportateur français.

L'analyse du commerce extérieur doit élargir son champ et prendre en compte ces stratégies.

2.2.2. Des transnationales françaises

Cinq groupes dans les cinquante premiers mondiaux, ce n'est pas beaucoup pour la cinquième puissance industrielle. Le classement mondial des grands groupes industriels à partir de leur chiffre d'affaires ne place Elf Aquitaine qu'au 24e rang, Renault au 30e, Peugeot au 39e, Total au 46e en 1991. C'est le reflet du type de développement industriel français qui a été longtemps un développement tous azimuts. Cette généralisation de notre appareil industriel est une faiblesse face à l'hyperspécialisation de certains secteurs industriels de pays comme l'Allemagne ou le Japon. Désormais, la France aligne 30 firmes parmi les 500 premières mondiales, ce qui la situe en 3e position derrière les États-Unis et le Japon et la place à égalité avec l'Allemagne. Mais on est loin des gros bataillons américains et nippons. Si les dix premières françaises pèsent ensemble 215 milliards de dollars, leur taille est sans commune mesure avec les dix leaders américains (680 milliards), japonais (344 milliards) et allemands (294 milliards). Au bout du compte, la France est le seul grand pays d'Europe à ne compter aucun groupe dans les 20 premiers mondiaux par chiffre d'affaires.

*On dénombre aujourd'hui une quinzaine d'entreprises transnationales** à capitaux français au début des années 1990. Certaines d'entre elles se situent parmi les leaders mondiaux dans leur domaine :

■ Usinor-Sacilor, en 3e position mondiale derrière Nippon Steel réalise 65% de son CA à l'étranger.

■ Pour l'aluminium, Pechiney est en 3e position derrière Alcoa (États-Unis) et Alcan (Canada) mais est n°1 pour l'emballage après le rachat d'American Can. L'entreprise réalise 60% de son CA à l'étranger dont 40% aux États-Unis.

■ Dans le verre, Saint-Gobain est en 2e position, 70% de son CA à l'étranger. Le rachat de Norton en 1990 a fortifié ses positions outre-Atlantique.

■ Michelin est devenu le n° 1 mondial après le rachat d'Uniroyal-Goodrich, plus de 80% du CA à l'étranger.

■ Lafarge-Coppée vient au 2e rang mondial des cimentiers après le rachat de General Portland aux États-Unis (60% du CA à l'étranger).

■ Dans les gros équipements et le matériel électrique, Alsthom est au 4e rang mondial.

■ L'Aérospatiale (Airbus + ATR + hélicoptères + défense) se situe au 2e rang mondial derrière Boeing. Mais le groupe français souffre aujourd'hui d'un problème de taille face au géant américain et à l'ensemble MBB-Daimler Benz qui vient de se constituer outre-Rhin (59% du CA à l'étranger).

■ Dans l'automobile, Renault n'est que 11e et Peugeot au 12e rang.

■ Dans d'autres secteurs, c'est le 1er rang mondial de l'Air Liquide pour les gaz industriels, une bonne place d'Alcatel pour les télécommunications après le rachat des activités d'ITT, la 1re place de l'OREAL ou de LVMH pour les produits de beauté et de luxe...

cf. *synthèse* p. 88

Mais, à l'inverse, si BSN-Danone se développe, il ne fait qu'1/4 du CA d'Unilever. Dans le textile, les Chargeurs et DMC sont loin du n°1 mondial (Toray). Dans la machine-outil, aucune entreprise française ne figure parmi les 40 premières.

Il reste donc encore des efforts à faire, une dimension européenne (l'exemple CGE-Fiat d'une structuration à partir de l'Europe du Sud par opposition aux grands groupes anglo-saxons) à conforter, même si les grandes entreprises françaises acquièrent aujourd'hui une véritable dimension internationale.

Conclusion

Les problèmes industriels d'ici à la fin du siècle sont multiples car ils visent à l'adaptation constante de l'outil industriel aux exigences de « l'usine mondiale », tout en tenant compte de la spécificité de l'appareil industriel français.

– *L'appareil productif français est original avec le poids de l'économie mixte* qui engendre parfois un mélange politique-affaires au climat délétère. Les entreprises nationalisées sont limitées dans leur liberté d'action (augmentation du capital, endettement, statut). Chaque année se pose la question de leur dotation en capital.

L'aide de l'État pour 1993-94 a été limitée à 21 MDF. Il cherche à apurer les comptes des groupes publics pour les redresser définitivement et privatiser. Sans une aide significative de l'État, les privatisations de Bull et Air France seraient alors difficiles à imaginer.

– *Les regroupements* (*cf.* OPA en bourse) à l'échelle française, mais aussi à l'échelle européenne, sont nécessaires pour atteindre une taille critique suffisante, conserver des parts de marché nécessaires pour survivre en l'an

2000. Cela se traduira par une européanisation et une internationalisation forcées, par le développement de la R/D*. Les choix sont impératifs (*cf.* l'évolution actuelle des grands groupes français : Usinor-Sacilor, Pechiney, Saint-Gobain, Rhône-Poulenc, Thomson…).

– Des profits et pourtant des suppressions d'emplois, comme dans l'industrie automobile, sont obligatoires pour s'adapter à *la concurrence internationale.*
Pour rester dans la course, il faut toujours produire plus avec de moins en moins de salariés. Peugeot veut ainsi augmenter sa productivité de 12% par an. Une logique qui exaspère les syndicats.

– *Faire face à la pénétration étrangère de l'industrie française* au moment où 24% du CA de l'industrie sont contrôlés par le capital étranger.

– *La politique industrielle est de plus en plus sous le joug européen.* Chaque dotation en capital aux entreprises publiques est désormais soumise à un examen minutieux de la Commission de Bruxelles de même que les opérations de fusion. Les accords stratégiques s'effectuent à Bruxelles comme l'accord CEE-Japon dans l'industrie automobile, peu explicite sur la place faite aux voitures nippones produites en Europe, et qui va à l'encontre des intérêts nationaux.

cf. *synthèses* p. 123 127 N'ayant plus la possibilité d'effectuer des aides sectorielles, la politique industrielle axe sa stratégie sur les PME-PMI et sur les coopérations européennes indispensables.

Synthèses

1. Atouts et handicaps de la France

Une situation somme toute bonne

– La France ne souffre d'aucun handicap majeur sur les aspects fondamentaux de l'attractivité : coûts salariaux (le niveau élevé des charges sociales étant compensé par la modération du salaire net), fiscalité (les charges sociales élevées sont compensées par un moindre prélèvement des impôts directs et indirects), infrastructures, taille du marché. Mais les industriels étrangers ont une image de notre pays souvent marquée par des *a priori* négatifs (administration, climat social) qui les conduisent à sous-estimer nos avantages réels.

– La taille du marché français et la position géographique de la France en Europe sont deux atouts majeurs :

■ un marché de grande taille avec presque 60 millions d'habitants (1/5 de la population et du PNB de l'UE) ; par ailleurs, son dynamisme démographique relatif laisse entrevoir à moyen et long termes des perspectives de progression de la consommation ;

■ une position centrale en Europe qui est un élément favorable ; la France est l'un des seuls pays en Europe à disposer de frontières communes avec cinq pays de l'UE. Cette bonne position géographique est confortée par la bonne qualité de nos infrastructures de transports : équipement autoroutier ; réseau TGV européen à l'horizon 2000.

cf. *cours* p. 167

Des handicaps demeurent toutefois :

– Ils touchent aux structures de formation de la main-d'œuvre :

■ faible connaissance des langues étrangères face aux pays anglophones ou multilinguistiques ;

■ faible mobilité géographique des employés et des cadres ;

■ pénuries sectorielles de la main-d'œuvre qualifiée, plus tentée par le tertiaire ou la fonction publique ;

■ défaillances partielles du système de formation (pénuries de personnels techniques de niveau Bac + 2 ou Bac + 3 par rapport aux pays de l'Europe du Nord).

– Dans le marché des centres de recherche et des quartiers généraux des firmes qui constituent un aspect important de la concurrence entre espaces en Europe, la France paraît occuper une place très moyenne, après le Royaume-Uni, l'Allemagne et la Belgique. L'attractivité des métropoles* françaises ne semble pas suffisante : seules trois villes (Paris, Lyon et Strasbourg) jouissent d'une notoriété suffisante.

Au total, un environnement d'affaires plus favorable que ne le pensent les industriels étrangers. L'un des points les plus négatifs de l'image de la France à l'étranger semble être la difficulté des relations avec l'administration (dirigisme, multiplicité des interlocuteurs publics, lourdeur et complexité de la réglementation). Enfin, les industriels étrangers continuent à craindre les conséquences d'un consensus social tendu : conflits sociaux nombreux et incontournables, grèves des services publics.

L'économie française dispose de deux autres cartes maîtresses : un commerce extérieur largement excédentaire, l'une des plus faibles inflations. Mais elle est handicapée par le retard mis à accomplir les réformes de structure qui s'imposent au niveau de l'État.

cf. *cours* p. 203

2. Bilan des nationalisations (1981-1990)

Les résultats généraux

Le bilan de la décennie 1980, pour les 12 grands groupes qui restent sous tutelle publique (Cogema, Snpe, Elf Aquitaine, Bull, EMC, Pechiney, Renault, Rhône-Poulenc, Thomson, Usinor-Sacilor, Aérospatiale, Snecma, Cogecom) s'est soldé par un retour à une relative santé financière. Bull et Thomson ont limité le résultat de l'exercice 1990 par des pertes records. En revanche, Renault, même si son bénéfice s'est amoindri, et Elf ont largement contribué au solde positif total.

Résultats des entreprises industrielles publiques (résultats nets consolidés en MDF)								
1982	1983	1984	1985	1986	1987	1988	1989	1990
− 15,4	− 14,2	− 20,1	− 11,1	− 13	+ 7,2	+ 29,9	+ 33,9	+ 11,8

En 1982, le secteur nationalisé élargi contrôlait 29,4% de l'activité industrielle (contre 17,2% par rapport à 1980), 22,2% des effectifs (contre 11%) et 51,9% des investissements (contre 43,5%).

En dix ans, le chiffre d'affaires de ces dix entreprises a progressé de 28,9% soit nettement moins que les mille premières entreprises françaises (+ 36%) sans parler des effectifs (− 8,3% contre − 8%).

L'effet « nationalisations »				
Entreprises	Chiffres d'affaires en MDF		Nombre de salariés	
	1981	1990	1981	1990
Renault	140,3	163,6	215 800	157 370
Alcatel-Alsthom	90,3	144	180 000	205 500
Thomson	69,3	75,2	129 000	105 500
Saint-Gobain	69,4	69	135 000	96 080
Usinor-Sacilor	67,5	96	94 330	97 000
Pechiney	65,4	76,8	90 000	69 700
Rhône-Poulenc	57,4	78,8	89 000	91 570
Aérospatiale	26,4	35,2	35 390	37 690
EMC	13,6	15,6	12 300	13 200
Bull	11,7	34,5	21 200	44 470
Total	611,9	788,7 (+ 28,9%)	1 000 00	918 080 (− 8,3%)

Usinor-Sacilor, ombres et lumières

– Dès 1987, le rapprochement d'Usinor et de Sacilor a permis de constituer une société de taille significative à l'échelle européenne ou mondiale. Sa filiale Sollac est aujourd'hui la première européenne et l'une des toutes premières mondiales dans les aciers plats au carbone. Ugine a regroupé les moyens industriels et commerciaux sur le marché de l'inox[1]. Des acquisitions externes (Saarstahl) ont nettement accru son poids en Europe et dans le monde :

---

1. *Aciers*, n° 20, juin-juillet 1992 et Cheize (Robert), « La sidérurgie française à la veille du grand marché de 1993 », *Les Dossiers Bréal*, n°3, mars 1991, p. 15-21.

2e groupe sidérurgique mondial, 2e producteur d'acier allemand derrière Thyssen. En 1991, le chiffre d'affaires s'élevait à 97,2 MDF, soit une augmentation de 23% en 4 ans grâce à ces acquisitions et malgré le fléchissement des prix. Les ventes se répartissaient pour 74% dans la CEE (46% seulement pour la France) et 26% dans le reste du monde.

– Puis c'est de nouveau la crise (1991-1993) : la récession économique (automobile, bâtiment) ; les prix ont baissé (– 40% sur certains produits) en raison de la nouvelle concurrence des pays de l'Est. Les États-Unis ont fermé leurs frontières.

Usinor-Sacilor a perdu 3 MDF en 1991 et prévu 8 000 suppressions d'emplois sur 1992-1994 dont le départ des 1 300 derniers sidérurgistes de l'Ouest (SMN de Caen).

Le résultat d'Usinor-Sacilor pour 1992 est encore déficitaire de 2,4 MDF avec un endettement de 30 MDF à la fin de 1992. Saarstahl AG, filiale allemande d'Usinor-Sacilor, victime de lourdes pertes (20% de son CA en 1993) et sans perspectives de redressement à court terme, a déposé son bilan le 18 mai 1993.

De nouveau, le groupe a perdu 5,8 MDF en 1993 (chiffre d'affaires de 75,4 MDF, soit – 15,4% sur 1992), a programmé la suppression de 3 000 emplois en 1994. Usinor-Sacilor a abandonné sa 2e place mondiale au profit du sud-coréen Posco.

Depuis, une meilleure conjoncture s'est traduite par un retour aux bénéfices, un portefeuille d'activités recentré sur les produits à haute valeur ajoutée. Le groupe était prêt pour une privatisation effectuée au printemps 1995. Usinor-Sacilor a affiché cette même année le 2e meilleur résultat de son histoire, avec un bénéfice net de 4,4 MDF contre 1 MDF en 1994.

Le plongeon de Bull

Affaissement du chiffre d'affaires, chute des résultats, fonte des effectifs ; seules les subventions progressent !

Années	Chiffre d'affaires	Résultats nets	Dotations de l'État	Effectifs en France
1988	31,5	+ 0,3	0	19 500
1989	32,7	– 0,2	1	19 000
1990	34,5	– 6,7	1,5	18 000
1991	33,4	– 3,3	2	16 000
1992	30,5	– 4,7	2	14 700

Décidé à privatiser Bull, l'État injectera en 1994, 7 MDF en sus du 1,2 MDF déjà versés par les actionnaires minoritaires. Ces 8,2 MDF s'ajoutent aux 15 MDF versés par l'État en capital depuis la nationalisation en 1982. À l'opposé, le total des pertes cumulées depuis 1990 atteint 15 MDF alors que la suppression de 14 000 emplois depuis 1989 a ramené l'effectif mondial à 35 000 personnes en 1992 !

Bull a accusé une perte de 5,1 MDF en 1993, soit 18% de son chiffre d'affaires. Pour compenser la diminution de poids d'IBM (2,1% du capital, seul NEC a maintenu sa participation à 4,4%), l'État a donc accru sa part : 75,8% du capital auxquels s'ajoutent les 17% de France Télécom. La remise à flot du groupe informatique est un préalable à sa privatisation.

L'État a recapitalisé l'entreprise publique et le groupe devrait suivre une nouvelle cure d'amaigrissement : il reste à peine plus de 10 000 salariés en France au 1er janvier 1995 sur un total de 27 900. Après six années de pertes consécutives, Bull a affiché en 1995 un profit net de 306 MF contre une perte de 1,9 MDF en 1994.

La firme se prépare à sa privatisation, de gré à gré.

Ce que coûtent ou rapportent les entreprises publiques (en MDF)			
Années	Dividendes	Dotations	Soldes
1991	+ 6,5	− 5	+ 1,5
1992	+ 7,3	− 5,9	+ 1,4
1993	+ 6,5	− 20	− 13,5
1994	+ 6,1	− 11,4	− 5,3

3. Les PMI/PME

L'INSEE différencie les PMI (petites et moyennes industries) ou PME (petites et moyennes entreprises) de 10 à 500 salariés des grandes entreprises.

Le poids décisif des PME en 1992		
Part en %	PME	Grandes entreprises
Valeur ajoutée	56	44
Effectifs salariés	66	34
Salaires	59	41
Investissements	45	55
Chiffre d'affaires	64	36
Exportations	47	53

Les *PMI-PME* sont pour les 2/3 des entreprises individuelles, 33% seulement sont des sociétés. Leur poids dans l'économie est significatif : plus de la moitié de la valeur ajoutée nationale, les 2/3 des salariés (8,6 millions d'emplois sur 13 millions). Elles ont été les principales créatrices d'emplois au cours des années 1980, 460 000 emplois, alors que les grandes entreprises réduisaient leurs effectifs de 870 000 personnes durant la même période. Elles contribuent pour 46% à l'effort productif et pour 30% à l'effort de recherche national.

Une PME répond donc à trois critères :
- faible nombre de salariés ;
- entreprise indépendante (capital) ;
- modeste part du marché à l'intérieur duquel ses activités se situent.

C'est un ensemble très hétérogène. Mais les PME sont traditionnellement implantées dans le secteur des biens de consommation ou les secteurs à haute technologie. Certaines, en exploitant un créneau industriel, sont devenues des leaders mondiaux dans leur spécialité : Bénéteau et Jeanneau pour la navigation de plaisance, Zodiac (canots pneumatiques et matériel de survie), Rossignol ou Salomon pour l'équipement de sports d'hiver, Moulinex ou SEB pour l'électroménager. Aujourd'hui, elles sont des groupes industriels à part entière.

Essentielles à la vie économique du pays, les PMI et les PME ont des forces et des faiblesses.

– *Les atouts des PME* sont leur flexibilité* (leur capacité d'adaptation) et leur capacité d'innovation. Ce sont elles qui créent les emplois aujourd'hui. La présence d'un fort tissu de PME est souvent la clé du succès d'un secteur industriel. La généralisation de certaines méthodes de gestion (le stock zéro ou le juste-à-temps) privilégie leur développement.

– *Leurs handicaps* sont leur vulnérabilité financière et souvent leurs problèmes de succession. Beaucoup de PME ne sont pas libres de leurs décisions car elles exécutent des travaux de sous-traitance. Les défaillances concernent 70% des entreprises nées après 1980. Les raisons de ces forts taux de disparition sont bien connues : méconnaissance du marché et de la profession, insuffisante formation à la gestion des créateurs et étroitesse de fonds propres qui conduisent à l'endettement et à la disparition.

Il faut donc renforcer l'auto-financement (baisse des impôts, développer le capital-risque ou sociétés par actions qui prennent des risques sur de jeunes entreprises) et mieux orienter l'épargne vers l'industrie.

Cette fragilité traduit la faiblesse du tissu industriel français en entreprises moyennes (5 000 firmes de 100 à 500 salariés contre 6 000 au Royaume-Uni et 8 200 en Allemagne).

4. La coopération aéronautique européenne

La France aux commandes du programme spatial européen

Une participation active aux projets communs. Avec la responsabilité technique et financière des programmes Ariane, la gestion du développement de la navette Hermès en association avec l'Agence spatiale européenne (ESA), le CNES (Centre national des études spatiales) est le bras armé de la politique européenne de l'espace. Tant de responsabilités assurées par une organisation nationale dopent favorablement l'industrie française et de nombreuses coopérations techniques, au plan européen ou international, ont pour chef de file un ou plusieurs industriels français.

Les alliances et la montée en puissance des entreprises nationales devraient se confirmer, même si quelques ombres brouillent un peu les perspectives du secteur.

D'abord, l'Europe a dû renoncer aux vols habités, des surcoûts ayant pesé lourd sur les projets Hermès (40 MDF en 1991 soit + 30% par rapport aux premières estimations) et Columbus (30 MDF, + 10%). Ces surcoûts ont fait hésiter l'Allemagne qui préfère financer son unité plutôt que les vols habités ou l'Italie qui se débat dans des difficultés budgétaires inextricables. L'ESA a donc réduit ses ambitions à l'espace utile : lancement de satellites commerciaux (télévision, télécommunications), scientifiques et d'observation de la terre. Mais le plus sûr reste la probable participation au projet américano-russe de station spatiale Alpha : en 2002 le laboratoire européen Columbus (construit par les Allemands) la rejoindra tandis que les Français se chargeront de l'ATV (véhicule automatique de desserte) que transportera Ariane 5 (coût total, 9 MDF).

Ensuite, signe des temps, le budget du CNES pour 1994 donne la priorité aux programmes nationaux, plus précisément ceux liés aux programmes militaires (satellites d'observation qui avaient manqué lors de la guerre du Golfe). La France envisage désormais de plafonner sa contribution aux programmes européens à la hauteur de ses engagements : 55,3%.

Enfin, l'industrie spatiale nationale est très liée aux succès de la fusée Ariane (50% du lancement de satellites civils, au plan mondial). Mais Arianespace pourra-t-elle conserver ce rôle de leader ? La concurrence risque d'être rude avec les Américains et surtout avec les Japonais (Mitsubishi) ou les ex-Soviétiques deux fois moins chers. Les prix des lanceurs devront diminuer de 25% pour que Arianespace conserve 50% du marché des lancements sur orbites géostationnaires. L'avenir repose sur Ariane 5 qui remplacera Ariane 4 en 1998 (14 exemplaires sont déjà commandés). Deux fois plus puissante, elle pourrait être utilisée pour des vols habités de petite envergure.

L'Europe de l'aéronautique

Airbus. 4 octobre 1991 : pour ses 20 ans, le consortium européen Airbus-Industrie a présenté à Toulouse le dernier-né de la famille, l'A 340, un quadriréacteur très long courrier. La mise en service s'est faite en 1993. Ce quadriréacteur a été construit pour être rentable sur des lignes à trafic modéré. Il transportera 250 à 300 personnes sur des liaisons sans escale de 12 500 km à 14 000 km. Il existera en deux versions, une qui donnera la priorité au rayon d'action, l'autre qui jouera sur la capacité. Son cousin, l'A 330, biréacteur, pourra accueillir 440 passagers. Il a fait son apparition sur le marché début 1994.

Le 11 mars 1993 a eu lieu la première sortie de l'A 321, version allongée de l'A 320 (180 à 220 places), premier avion du consortium européen assemblé en Allemagne chez Deutsche Aerospace. C'est le premier avion de la famille à avoir été financé sans aides des États européens, échappant ainsi aux critiques des États-Unis. L'A 300 avait été financé à 100%, l'A 320 à 75%, les longs courriers à 60%.

Le 10 juin 1993, la famille Airbus continue de se décliner avec l'annonce du lancement du projet d'A 319, version courte de l'A 320 (130 places) pour 1996.

Aujourd'hui, Airbus Industrie (37,9% pour l'Aérospatiale) détient 30% du marché mondial de l'aéronautique civile.

Airbus : les prises de commandes annuelles				
Marques	1992	1993	1994	1995
Boeing	241	247	120	261
Airbus	136	38	123	106

L'Europe de l'aéronautique se dessine par petites touches. L'Aérospatiale et l'Allemand Messerschmitt-Bölkow-Blohm (MBB), filiale de Daimler-Deutsche Aerospace, ont annoncé la création de leur filiale commune *Eurocopter International.* Cette structure est chargée de commercialiser les gammes d'hélicoptères des deux sociétés dans le monde entier, exception faite des États-Unis. Au classement des parts de marché, l'Aérospatiale se classe en 3ᵉ position, MBB en 6ᵉ. Les deux sociétés regroupées prennent la première place (12,65 MDF en 1992) devant le géant américain Sikorsky et tiennent 50% du marché civil mondial des hélicoptères. Mais, compte tenu des tremplins que constituent des programmes comme le *Tigre* ou le *NH-90*, les deux partenaires s'attendent à ce que les résultats de la nouvelle entité soient supérieurs à l'addition de leurs performances respectives. Par ailleurs, les discussions continuent avec l'Italien Agusta.

Enfin, l'Aérospatiale souhaite aussi regrouper les trop nombreux constructeurs d'avions dits régionaux (moins de 100 places) : Fokker, Dornier, Dasa, Saab, Bae, en n'écartant pas des partenariats asiatiques (Chine) pour pénétrer sur un continent en forte expansion.

1995 restera une année difficile pour l'Aérospatiale malgré la hausse des commandes d'avions civils et une année record pour les satellites : les hélicoptères se vendent mal depuis deux ans, le dollar est faible et les prises de commandes restent inférieures au chiffre d'affaires (39 MDF en 1995 pour un CA de 49 MDF) : 3 000 suppressions d'emplois et 800 chez Eurocopter d'ici à 1998.

Pour investir (remplacer Concorde) et consolider son capital, le groupe français a besoin de 10 MDF : le gouvernement encourage un rapprochement avec Dassault.

5. Les industries agro-alimentaires

Jusqu'à la fin des années 1960, la France valorisait mal sa riche production agricole. Aujourd'hui, les industries agro-alimentaires ou IAA sont devenues le 1er secteur industriel français avec 735 MDF de chiffre d'affaires en 1995, soit 17% de la production industrielle.

Elles fournissent 575 000 emplois et ont largement bénéficié de la création de l'Europe. Elles occupent le 2e rang en Europe, devancées par celles de l'Allemagne mais devant celles du Royaume-Uni.

La filière* agro-alimentaire

– Elle comprend deux secteurs :

cf. *synthèse* p. 93

■ les produits agricoles constitués par toutes les productions vendues en l'état (viandes, céréales) ainsi que les vins : ce sont les industries agricoles (meunerie, malterie, brasserie) ;

■ les produits IAA résultant de la transformation des produits agricoles : ce sont les industries alimentaires dont la production est destinée à la consommation.

– L'agro-alimentaire a longtemps dégagé des excédents commerciaux supérieurs à ceux de l'industrie. En 1994, cet excédent se répartit de la manière suivante : 17,8 MDF pour les produits agricoles et 27,4 MDF pour les produits agro-alimentaires.

Un essor rapide

– Les raisons :

■ l'alimentation représente toujours 20% du budget des ménages ;

■ l'augmentation du niveau de vie favorise la consommation de produits plus élaborés et plus coûteux ;

■ la consommation a changé (plats cuisinés, produits surgelés) ;

■ les ventes à l'étranger ont tiré le secteur : la France est le 2e producteur agro-alimentaire mondial derrière les États-Unis.

– Six grandes branches de production se partagent ce secteur industriel :

■ les viandes (100 000 emplois) avec l'émergence de grands groupes comme Socopa, Doux ou Bourgoin pour la volaille ;

■ les céréales (245 000 emplois) avec la biscuiterie et les pâtes alimentaires dont le groupe Danone est devenu le leader européen ;

■ les produits laitiers (72 000 emplois) où certaines firmes ont atteint le niveau mondial (Danone ou les groupes fromagers comme Besnier, Bongrain et Bel) ;

■ l'huile, le sucre (90 000 salariés) comptent quelques firmes françaises puissantes (Saint-Louis) mais les entreprises étrangères dominent : Eridiana qui a racheté Béghin-Say, Unilever Miko ou la forte présence de Nestlé dans l'hexagone ;

cf. *synthèse* p. 88

■ les boissons et les alcools (45 000 salariés) avec de grands groupes français : Pernod-Ricard, Danone (n°1 européen de l'eau minérale), LVMH avec le champagne ou le cognac ;

cf. *synthèse* p. 123

■ les conserves (37 000 salariés) sont le secteur le plus traditionnel, comprenant un grand nombre de PME/PMI malgré quelques regroupements autour de D'Aucy, Bonduelle ou Saupiquet.

Elles structurent l'espace rural

– Plus de la moitié des emplois concerne l'espace rural.

Ce sont les industries laitières, sucrières, de la viande et de la conserve qui possèdent les implantations les plus rurales (circuits de ramassage, gros tonnages de matières premières, importants investissements et main-d'œuvre relativement peu nombreuse).

Les entreprises qui travaillent les grains (minoteries) sont plus urbaines (ravitaillement par voie d'eau : *cf.* Les Grands Moulins de Paris).

Enfin, beaucoup ont des localisations très spécifiques :

■ les usines d'embouteillages sont très près des sources ;
■ les caves de champagne près de Reims et d'Épernay ;
■ Coca-Cola à Dunkerque près de la plus grande usine d'aluminium et de boîtes d'Europe ;
■ beaucoup sont des créations régionales (Bénédictine à Fécamp, Ricard à Marseille) ;
■ enfin, il y a les héritages des ports coloniaux liés aux importations de matières premières agricoles tropicales (Lesieur à Dunkerque, Negrita à Bordeaux).

– Les principales régions d'IAA se situent au nord d'une ligne Bordeaux/ Grenoble. Des liens étroits existent entre les grandes régions agricoles et les IAA : les productions agricoles du Sud de la France sont commercialisées en l'état (primeurs, agrumes, vins) ; alors que les régions du Centre-Ouest et du Nord sont les grands producteurs de matières premières agricoles destinées aux IAA (viande, lait, betteraves, oléagineux* …).

Le Grand Ouest et le centre du Bassin parisien sont les deux premiers ensembles régionaux :

■ le Grand Ouest (Bretagne, Pays-de-la-Loire, Basse Normandie, Poitou-Charentes) fournit 25% de la production totale (viande, lait, conserves) ;
■ le centre du Bassin parisien (Ile-de-France, Champagne-Ardenne, Centre) en fournit également 25% (céréales, sucre, oléagineux…) ;
■ le Nord-Picardie (9% avec les conserveries de légumes, le sucre) et la région Rhône-Alpes (6,5%) sont des ensembles régionaux qui comptent encore ;
■ enfin, dans le sud du pays, seules les productions des régions Provence-Alpes-Côte d'Azur et Midi-Pyrénées (3% chacune) sont significatives.

– La moyenne montagne n'échappe pas à la concurrence et au mouvement de concentration structurelle et spatiale sur des bassins de production étoffés. Si la production n'est pas négligeable dans les massifs les plus paysans (Massif central, Jura), elle reste relativement marginale par rapport aux grands foyers français de production. Le cas de l'entreprise Entremont, originaire d'Annecy, est révélateur puisque l'essentiel de sa collecte provient de Bretagne, la montagne ne gardant qu'une partie de l'activité d'affinage. Les réactions sont variées (intensification pour le lait, extensification pour la viande, produits de qualité et AOC*) mais souvent insuffisantes.

Après avoir connu un essor vigoureux et créé beaucoup d'emplois, les IAA affrontent depuis les années 1990 de multiples difficultés : la concurrence des autres firmes européennes sur un secteur insuffisamment structuré, mais aussi la pression, à l'intérieur, des centrales d'achat des grands distributeurs. Contraintes de croître ou de disparaître, elles doivent comprimer leurs marges, réaliser des gains de productivité importants, souvent au prix de suppressions d'emplois.

Les industries agro-alimentaires

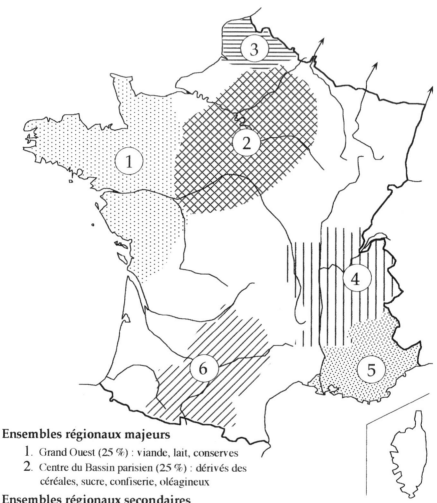

Ensembles régionaux majeurs

1. Grand Ouest (25 %) : viande, lait, conserves
2. Centre du Bassin parisien (25 %) : dérivés des céréales, sucre, confiserie, oléagineux

Ensembles régionaux secondaires

3. Nord-Picardie (9 %) : conserves, sucre, confiserie, dérivés des grains
4. Rhône-Alpes (6 %) : produits laitiers

Les régions qui comptent au sud

5. Provence-Alpes-Côte d'Azur (3,5 %)
6. Midi-Pyrénées (3 %)

0   50   100 km

d'après Braun-Collignon, *La France en fiches*, Bréal, 1995, 335 p.

6. Longwy, un pôle de conversion* européen

Sinistrée par la crise de la sidérurgie voilà dix ans (entre 1975 et 1990, la zone d'emploi de Longwy a perdu 20% de sa population), la région de Longwy se remet à peine à vivre.

Les résultats obtenus par la mobilisation de l'État, de l'Europe mais aussi des acteurs locaux dans le cadre du Pôle européen de développement (PED) sont patents : 500 ha pour l'aménagement du Parc international d'activités (PIA), 60 implantations ou extensions d'entreprises, 3 MDF d'investissements publics, 7 MDF d'investissements privés, 6 000 emplois créés. Aujourd'hui, si la zone de Longwy a retrouvé le nombre d'actifs d'il y a dix ans, la moitié d'entre eux travaille au Luxembourg. En 1984, trois salariés sur quatre dépendaient de la sidérurgie, en 1994 le ratio n'est plus que de un sur quatre.

Créé le 19 juillet 1985, le PED s'était d'abord vu confier un objectif économique : compenser les chutes d'effectifs dans la sidérurgie par la création, d'ici à 1995, de 8 000 emplois sur un bassin transfrontalier franco-belgo-luxembourgeois. Les résultats sont en deçà des prévisions même si la création de 6 000 emplois dans un contexte de crise peut représenter un certain succès. La mission du PED a été prolongée jusqu'en 1998 pour atteindre l'objectif initial.

Outre l'aide aux investisseurs, l'investissement public a permis de substituer aux friches sidérurgiques un PIA de 500 ha autour de la frontière qui complète les 10 zones industrielles préexistantes. Cet ensemble bénéficie d'une position au cœur de l'Europe (75 millions d'habitants dans un rayon de 300 km). Les implantations de Daewoo, Allied Signal ou TDK constituent une carte de visite séduisante pour d'autres investisseurs.

Au-delà de ces aspects, le PED devrait voir son rôle pionnier prolongé par deux nouveaux projets :

■ celui de l'agglomération transfrontalière autour de Longwy-Aubange-Pétange impliquant la France, la Belgique et le Luxembourg qui regroupera 21 communes à travers une Conférence des maires et bourgmestres, 115 000 habitants avec en son centre le Parc international d'activités. Le projet devrait permettre aux entreprises et aux habitants des trois nationalités de bénéficier d'une coopération unique en son genre sur le continent ;

■ et celui d'une plus vaste plate-forme* transfrontalière initiée par les CCI du Luxembourg belge, de Meurthe-et-Moselle et du grand Duché du Luxembourg en vue de compléter l'action du PED et de l'étendre aux entreprises locales.

Cette expérience de reconversion industrielle est unique en Europe : d'abord par l'ampleur des emplois à créer, ensuite par son caractère transfrontalier. Aujourd'hui, le PED constitue une référence au sein de l'Union européenne, il a aidé la Commission de Bruxelles à fonder en 1991 les programmes *Interreg* de coopération transfrontalière. Elle a débouché aussi sur une formidable conversion psychologique : cette région se dit qu'il existe un avenir après la sidérurgie.

cf. *synthèse* p. 24

7. L'espace industriel français depuis 1945

1. Évolution des régions industrielles depuis 1945

Région d'industrie rurale diffuse ancienne (1945 - 1960)

Région d'industrie rurale nouvelle, à partir de 1960

Région industrielle en déclin

Région ayant bénéficié des aménagements fluvio-maritimes

2. Évolution des villes industrielles

Grande ville demeurée attractive sur le plan industriel

Ville ayant bénéficié de la délocalisation, de la décentralisation et d'investissements depuis 1960

★ Pôle de conversion

3. Les mutations principales

Région industrielle majeure

Courant de délocalisation industrielle

Glissement des industries traditionnelles
(exemple de la sidérurgie sur l'eau)

Arrivée ou accentuation des industries de pointe
(principaux technopôles)

Région attractive

Grand axe européen de développement

➥ *Puissance de l'industrie parisienne,*
dynamisme lié à la proximité de la frontière ou des grands axes de transport

Typologie des espaces industriels :

— **des espaces industriels répulsifs** comme :
  • **les espaces oubliés de l'industrie**
   (Landes, Massif central, Alpes du Sud, Bretagne intérieure, Corse).
  • **les espaces devenus répulsifs**
   (les vieilles régions industrielles, les montagnes aux industries
   traditionnelles, les mono-industries isolées dans un espace rural).
— **des foyers au faible dynamisme** comme :
  • les ports et estuaires de la façade atlantique,
  • l'Ouest, le piedmont pyrénéen, l'Alsace, la région marseillaise.
— **des conversions réussies ou en passe de l'être** :
  • le sud français (phénomène de *Sun Belt*), les territoires de loisirs d'hiver
   ou d'été.

Ligne nord-ouest / sud-est : à l'est les grands foyers industriels
                       à l'ouest une meilleure résistance à la crise

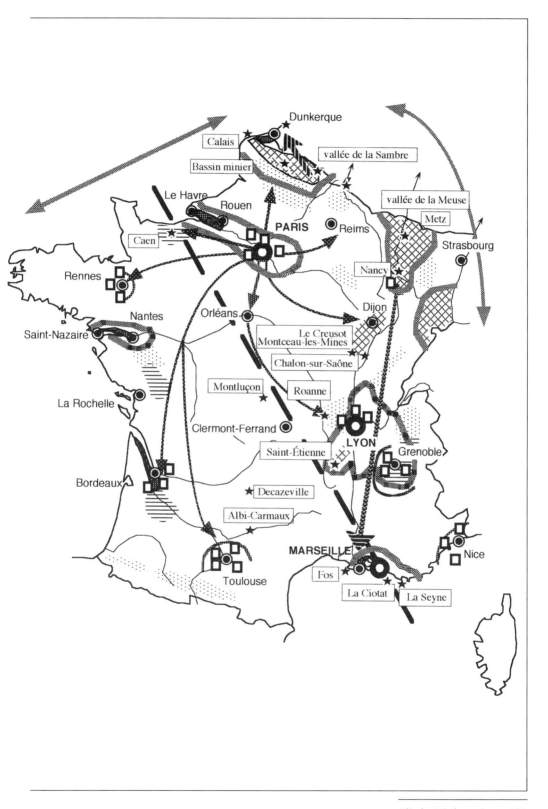

Dunkerque

Calais

Bassin minier

vallée de la Sambre

Le Havre

Rouen

PARIS

Reims

vallée de la Meuse

Metz

Strasbourg

Caen

Nancy

Rennes

Nantes

Orléans

Dijon

Saint-Nazaire

Le Creusot
Montceau-les-Mines

Chalon-sur-Saône

La Rochelle

Montluçon

Roanne

Clermont-Ferrand

LYON

Grenoble

Saint-Étienne

Bordeaux

Decazeville

Albi-Carmaux

MARSEILLE

Nice

Toulouse

Fos

La Ciotat

La Seyne

Plans

1. La politique industrielle depuis 1945

Introduction

– La politique industrielle est l'ensemble des mesures prises par l'État, destinées à développer l'industrie et, au-delà, l'appareil productif en général.

– Depuis la fin du XIXe siècle, la France répugne à intervenir dans ce domaine. Cependant, la nécessité de la reconstruction après 1945, puis l'ouverture des frontières depuis 1958 et enfin les diverses crises (pétrolières, récessions) ont conduit les différents gouvernements à intervenir.

1. La politique industrielle

1.1. Des restructurations industrielles nécessaires
    1.1.1. Adapter l'industrie et l'appareil productif
      – Une adaptation face à la crise.
      – Une adaptation aux mutations technologiques.
      – Une adaptation à la concurrence.
    1.1.2. De l'intervention au désengagement de l'État
      – Une politique industrielle directe (législation, investissements).
      – Une politique industrielle indirecte (privatisations, déréglementation, aides fiscales).

1.2. Les différentes orientations de la politique industrielle
    1.2.1. Le choix des créneaux
      – Les principes.
      – Les effets pervers.
    1.2.2. Le choix de la politique de filière*
      – Les principes.
      – La politique des créneaux et celle de filière ne sont pas incompatibles.

1.3. Quand Pompidou industrialisait la France
    1.3.1. Regroupement d'entreprises et constitution de filières
      – Les grands projets économiques (programme spatial, indépendance énergétique, programme nucléaire civil…) renforcent le complexe étato-industriel spécifique à la France.
      – Constitution de filières* industrielles, souvent autour de pôles géographiques (électronique en Bretagne, aérospatial dans le sud-ouest, portuaire à Fos…) et des grands programmes.
    1.3.2. Une économie transfigurée
      – De 1969 à 1973, la France connaît la croissance la plus rapide et le développement le plus régulier des pays industriels.
      – Le plein emploi est assuré, tandis que le pouvoir d'achat augmente de près de 25% en cinq ans.

> Vingt ans après, la France en perçoit les résultats à travers Airbus industrie (30% du marché mondial de l'aviation civile) ou Arianespace ou France Télécom…

2. Les entreprises publiques

2.1. La formation du secteur public
    2.1.1. Les étapes de la nationalisation
    – L'État du XIXe siècle était peu présent dans l'économie.
    – Le XXe siècle est le siècle de l'intervention économique de l'État et des nationalisations*.

2.1.2. Les motifs de l'extension du secteur public
– Les deux vagues de nationalisations en France (1945, 1981).
– L'État est seul garant de l'intérêt général et de la justice sociale.

plans • 4

cf. *cours*
p. 105

2.2. *Le poids du secteur public en France*
2.2.1. L'importance des entreprises publiques
– En 1984, le secteur public employait 16% des effectifs et réalisait 23% des exportations, 28% de la valeur ajoutée et 36% de l'ensemble des investissements de l'économie française.
– Le secteur public bancaire recevait 87% des dépôts et accordait 81% des crédits.
2.2.2. Un instrument de la politique de l'État
– L'État utilise le secteur public pour intervenir sur la conjoncture ou dans le cadre de politiques structurelles.
– Grâce au secteur bancaire public, l'État est en mesure de contrôler le crédit et donc l'accroissement de la masse monétaire et l'inflation.

2.3. *Bilan de santé des entreprises publiques*
2.3.1. Le bilan d'une décennie
– Le bilan de la décennie 1980 s'est soldé par un retour à une relative santé financière (*cf.* Renault).
– En 1982, le secteur nationalisé élargi contrôlait 29,4% de l'activité industrielle et 51,9% des investissements.
2.3.2. L'exemple de la sidérurgie
– Le rapprochement d'Usinor et de Sacilor (1987) a permis de constituer une société de taille significative.
– Elle a été privatisée au printemps 1995.

cf. *synthèse*
p. 120

2.3.3. Le contre-exemple de l'informatique
– L'informatique malade de l'État ou l'''ultime agonie du Plan calcul (1966).
– Bull sera privatisé de gré à gré.

cf. *synthèse*
p. 120

Le secteur public était un instrument privilégié de la politique de l'État mais, depuis les années 1980, s'opère un retour aux principes libéraux selon lesquels un État doit rester à sa place et laisser la production aux entreprises.

---

3. Les privatisations

3.1. *La volonté de désengager l'État de l'économie*
3.1.1. Elles permettent de libéraliser l'économie
– Depuis le début des années 1980, on assiste à la libéralisation des économies.
– Les revenus des privatisations permettent de combler une partie des déficits budgétaires et de réduire les impôts.
3.1.2. Elles devraient rendre les entreprises plus efficaces
– Pour les libéraux, les entreprises doivent être soumises aux lois du marché.
– Les entreprises privées sont plus flexibles, plus efficaces et plus dynamiques.

3.2. *Difficultés et effets pervers*
3.2.1. La privatisation se heurte à des difficultés
– Le programme de privatisations de 1993 porte sur 21 sociétés (sur cinq ans et pour une somme de 500 MDF).
– Le risque réside dans l'éparpillement de la propriété des entreprises dénationalisées (bourse).
3.2.2. Elle peut conduire à une atteinte au service public

– Le service public a été créé pour former un îlot échappant aux lois du profit.

– L'État ne privatise que les entreprises vendables.

3.3. Des privatisations difficiles

    3.3.1. Renault redevient rentable

        – Renault a été à deux doigts de la faillite (-12 MDF en 1984, + 6 en 1992).

        – La firme automobile est de nouveau compétitive, mais l'État détient encore 53% du capital.

    3.3.2. Aérospatiale : l'État vendra par étapes

cf. *synthèse* p. 124

        – La crise mondiale de l'aviation civile a réduit le carnet de commandes d'Airbus.

        – L'activité défense est à la fois une force (un tiers du CA et 40% des commandes) et un handicap (dépendance des commandes de l'État).

Conclusion

– Si l'État « brancardier » n'a pas été un si mauvais actionnaire, incontestablement, il est moins généreux que le marché pour les entreprises en bonne santé.

– Quel modèle pour la France ?

Concernant les aides aux groupes publics, elles sont de plus en plus contrôlées par Bruxelles.

cf. *synthèse* p. 123

L'État devra donc redéfinir ses missions : aides et coordination de la recherche, mise en place d'infrastructures pour améliorer le fonctionnement de l'économie ou soutiens aux PMI/PME.

2. L'industrie et l'espace français : permanences et mutations

Introduction

Depuis 1945, l'espace industriel français a connu de profondes mutations.

Si la carte générale de l'industrie française en 1950 portait les traces d'une industrialisation ancienne de type victorien ou traditionnel, en 1973, la littoralisation des activités industrielles était le fait dominant de l'organisation de l'espace.

Aujourd'hui, la répartition des actifs industriels montre toujours un déséquilibre à l'est d'une ligne Le Havre-Fos : une France industrialisée avec toujours plus d'1/3 des actifs dans le secteur secondaire (47% dans le Nord).

Plusieurs plans sont possibles pour traiter un tel sujet :

■ un plan chronologique qui a été choisi ici ;

■ un plan plus géographique qui devrait décrire d'abord les permanences et les mutations actuelles à travers le paysage industriel français, puis les expliquer par l'héritage de l'après-guerre et les politiques industrielles menées depuis 1945 et, enfin, dégager une typologie des régions industrielles avec les perspectives prévisibles à court et moyen termes.

1. L'héritage de l'après-guerre

1.1. Prédominance des vieux pays noirs

1.1.1.Une industrie liée au passé et au terroir

– Vers 1950, l'industrie est liée à son passé et enracinée dans son terroir*. Elle est concentrée dans les régions du Nord et du Nord-Est ainsi que dans la région parisienne, la basse Seine et la région lyonnaise.

– Un capitalisme familial conservait jalousement le pouvoir dans les entreprises héritées du XIXᵉ siècle.

1.1.2. Une opposition nord-est/sud-ouest

– La concentration industrielle se fait sur les mines ou sur les grands axes, aux carrefours ou dans les grandes agglomérations (industries plus ou moins diversifiées).

– Au sud-ouest de la ligne Le Havre-Marseille, les points de fixation de l'industrie sont dispersés.

1.1.3. Le poids des héritages, l'exemple du textile

– Le textile avec ses filatures, tissages, mais aussi bonneterie, dentellerie, soierie, tapisserie, velours, rubanerie, ganterie… est omniprésent.

– Les industries du textile et de· l'habillement sont regroupées en six régions (le Nord, l'Est, l'Aube, Paris, la région lyonnaise et des régions diverses comme le Choletais sans oublier des villes très spécialisées comme Lavelanet ou Mazamet).

1.2. Un déséquilibre croissant

1.2.1. Certes, une prise de conscience

– L'ouvrage de J.F. Gravier sur *Paris et le désert français* est paru en 1947.

– La déclaration de Claudius-Petit en 1950, ministre de la Reconstruction et de l'Urbanisme, au Conseil des ministres pour un plan d'aménagement du territoire.

1.2.2. Mais la reconstruction renforce les bases pré-industrielles

– Cependant, les années 1950 contribuent à renforcer les pays noirs. La reconstruction puis la reprise de la croissance s'appuient sur le charbon.

– C'est l'une des causes essentielles de la crise, après 1974, de ces vieux pays industriels mal préparés aux mutations économiques.

1.2.3. Le démarrage de la planification les conforte.

– Les industries parisiennes se renforcent avec l'automobile et l'aéronautique.

– L'Ouest et le Sud-Ouest (sauf les grandes villes portuaires) sont toujours sans tissu industriel véritable.

1.3. Un contexte figé

1.3.1. Une politique énergétique nationale

cf. *plan*
p. 164

– La priorité de la politique énergétique est l'indépendance, indépendance qui s'appuie sur le charbon (en 1950, les Charbonnages de France emploient 250 000 mineurs) et l'hydroélectricité : Génissiat est achevé en 1949 et sera suivi par Donzère-Mondragon en 1952.

1.3.2. Une tradition protectionniste

– La France est un pays peu industrialisé qui connaît une faible pression démographique et qui possède un vaste empire colonial, appelé Union Française dans la Constitution de 1946. Il représentait, en 1949, 25% des importations de la France et 33% de ses exportations dont 13% pour la seule Algérie.

– Tout ceci explique une large attitude protectionniste (héritage du colbertisme ou des tarifs Méline de 1892).

Dans l'immédiat après-guerre, cette politique s'est poursuivie : la nécessité de la reconstruction a limité les exportations et imposé de fortes importations allégées par le plan Marshall.

2. Le redéploiement industriel depuis les années 1950

2.1. Les raisons d'un nécessaire redéploiement

2.1.1. Les objectifs de l'aménagement du territoire

– La mise en place d'une véritable politique industrielle à l'échelle du pays ne s'effectue qu'en 1963 avec la création de la DATAR (Délégation à l'aménagement du territoire et à l'action régionale).

– Ce vaste redéploiement industriel porte des appellations variées depuis les années 1950 : décentralisation*, déconcentration et enfin desserrement.

2.1.2. L'insertion dans l'économie-monde

– L'ouverture croissante de l'économie française sur l'extérieur s'est faite progressivement : perte de l'Empire colonial (1956-1962), adhésion à la CEE (1958), de nouvelles conditions techniques ont surgi avec la seconde révolution industrielle.

cf. *synthèse*
p. 129

– Des mutations importantes sur le plan spatial en sont les conséquences : crises économiques dans certaines régions enclavées (Lorraine sidérurgique), tentatives de puissantes implantations industrielles sur les littoraux (grandes zones industrialo-portuaires ou ZIP de Dunkerque/Le Havre/Fos-sur-Mer).

2.2. Les années 1960 et la croissance jusqu'en 1974

2.2.1. De nouvelles perspectives

– La croissance économique générale (« Trente Glorieuses ») est la conséquence du dynamisme de certains secteurs moteurs de l'expansion : automobile, appareillage électrique, pétrole, chimie, BTP.

– Le développement de grands axes de transport intérieurs se fait en liaison avec ces nouvelles perspectives.

– Des changements structurels de l'emploi en découlent : exode rural, mobilité régionale, immigration* à partir de 1962.

2.2.2. Des mutations spatiales

Ces nouvelles tendances se traduisent dans les localisations industrielles :

■ dans les villes de la périphérie parisienne (automobile, aéronautique, électricité) ;

■ une nouvelle diffusion dans les villes moyennes, voire un essaimage en milieu rural (Ouest) ;

■ le glissement vers les fronts d'eau (ZIP) ;

■ la concentration industrielle et l'ouverture des frontières (Alsace).

2.2.3. Bilan d'un volontarisme teinté de libéralisme
– C'est le résultat d'un mélange de délocalisation* libre et de délocalisation volontaire par l'intermédiaire de l'État (politique d'aménagement du territoire).
– C'est aussi la traduction de la stratégie des grandes entreprises françaises ou étrangères.

plans • 4

2.3. *Depuis les années 1980*
2.3.1. De nouvelles conditions économiques
– Sous l'effet de la crise, une nouvelle DIT (Division internationale du travail) se met en place.
– Les élargissements de la CEE (en 1981 avec la Grèce, 1986 pour la péninsule Ibérique) favorisent les régions transfrontalières.

cf. *synthèse* p. 24

2.3.2. La crise des vieux pays noirs
– Les mutations provoquent une perte de dynamisme des régions industrielles anciennes (Nord, Lorraine, bassins du Massif central).
– L'État essaie d'encadrer ces restructurations (pôles de conversion* ou grandes infrastructures de transport).

cf. *synthèse* p. 129

2.3.3. Une géographie industrielle en mutation
Les principales conséquences spatiales sont les suivantes :
■ une meilleure résistance à la crise des régions nouvellement industrialisées ;
■ de nouveaux critères de localisation vers une *Sun Belt* à la française ;
■ des espoirs de développement ou de renaissance sur des nouveaux axes : le Nord avec le tunnel sous la Manche et les infrastructures d'accompagnement (autoroutes, TGV).

3. Les conséquences spatiales de ces mutations

3.1. *Les régions industrielles frappées par la crise*
3.1.1. Les espaces industriels en difficulté
– Les zones montagneuses industrialisées sont-elles condamnées ? Le tissu est devenu très fragile, les industries ont partout glissé vers les bordures.
– Des régions industrielles connaissent un dynamisme moyen : résistance des villes et régions industrielles localisées en milieu rural, mais aussi de certains ports ou littoraux (façade atlantique).
3.1.2. Les régions du Nord et de l'Est
– Le Nord est l'exemple d'une région durement atteinte par la crise (le bassin houiller et le textile) qui a bénéficié de l'implantation de l'industrie automobile et de technopôles*, comme celui de Villeneuve d'Ascq.
– En Lorraine, la crise a frappé plus durement encore avec le quasi-effondrement de l'activité sidérurgique (mono-industrie non encore vraiment remplacée). C'est ce qui explique ces paysages de friches industrielles, d'usines en ruines, et les efforts accomplis à partir des pôles de conversion*, efforts dont les résultats sont encore bien modestes.

cf. *synthèse* p. 129

3.1.3. Des résistances et des ouvertures
– Toutefois, certaines anciennes régions industrielles manifestent encore une remarquable puissance (la Porte d'Alsace avec Peugeot).
– D'autres se développent grâce au rôle bénéfique des frontières (Regio Basiliensis, Sar-Lor-Lux).

cf. *synthèse* p. 24

3.2. *Les régions industrielles motrices*
3.2.1. Les deux grandes régions industrielles françaises
– L'Ile-de-France rassemble les secteurs industriels les plus performants : les industries de pointe, les industries à haute valeur ajoutée : 1/5 du total national des emplois liés au rôle directionnel de Paris. Les grandes entreprises réalisent les 2/3 de la production nationale, s'appuyant sur un réseau dense de PMI/PME.

– La région lyonnaise conserve une certaine importance : industries textiles, chimiques (« couloir de la chimie » au sud de Lyon avec Rhône-Poulenc et Elf) mais aussi métallurgiques, électroniques. Une prépondérance de PMI/PME dynamiques forme le tissu industriel de la région après la disparition de quelques grands noms (Berliet...).

3.2.2. Paris et le désert français, une thèse à réactualiser

– La région industrielle majeure de l'espace français est comparable aux plus puissantes régions industrielles européennes, et son affaiblissement pourrait porter préjudice à l'appareil économique français entier (désindustrialisation, spéculation foncière effrénée sur les sites industriels abandonnés et reconvertis).

3.3. Malgré tout, un certain redéploiement

3.3.1. La revanche du Sud

– Le redéploiement, qui a surtout concerné l'Ouest et les Midis (la *Sun Belt* à la française), a pris un essor considérable depuis les années 1950.

– La troisième révolution industrielle (informatique), l'entrée de l'Espagne et du Portugal en 1986 dans la CEE dynamisent les Sud : technopôles* (Sophia-Antipolis en 1969), industries de pointe, héliotropisme, investissements étrangers.

3.3.2. L'impact de la troisième révolution industrielle

– Firmes transnationales* (IBM à Montpellier ou Ford à Bordeaux), entreprises de haute technicité (Aérospatiale, Arianespace) se sont installées dans les grandes métropoles technopolitaines (Bordeaux, Montpellier et surtout Toulouse).

cf. *carte* p. 130-131

– Ces nouvelles industries sont susceptibles de provoquer d'autres déséquilibres dans l'espace national (voir pour cela l'implantation des technopôles*), tandis que de vastes domaines du territoire comme la diagonale du vide, connaissent de très graves difficultés.

Conclusion

Malgré ce redéploiement, les grandes régions industrielles et les emplois dans l'industrie se maintiennent au nord-est de la ligne Le Havre-Marseille (1/3 des effectifs) et les fonctions de direction et de recherche dans la région parisienne. Le rééquilibrage de l'espace français n'a été que relatif.

Les régions anciennes gardent de gros atouts pour l'avenir, à l'image du Nord-Pas de Calais.

Malgré tout, un nouveau maillage du territoire se constitue à partir des villes (conséquences de la troisième révolution industrielle autour de technopôles* ou de télécommunications) ou des grandes plates-formes intermodales* de transport. Il en résultera à terme une nouvelle hiérarchie des régions industrielles (régions industrialo-tertiaires) autour de leurs métropoles* à la tête de réseaux urbains structurés.

Une nouvelle France à deux ou trois vitesses se met en place alors que le réseau TGV national ou même européen recrée une centralité parisienne ... Les permanences semblent plus fortes, mieux ancrées dans les territoires que les mutations !

Clés et repères

Accord multifibre ou AMF : accord conclu en 1974 entre les pays en développement et les pays développés fixant les quotas* d'importations (par pays et par produit) dans le domaine du textile et de l'habillement. Il visait à la fois à protéger les industries des pays développés de la concurrence des pays à bas salaires et à ouvrir des débouchés pour ceux-ci. Son démantèlement est prévu dans un avenir proche.

Biotechnologie : techniques et industries de pointe utilisant les propriétés d'organismes vivants modifiés par l'homme.

Cartel : association d'entreprises indépendantes, constituée en vue de réduire la concurrence.

Conglomérat : entreprise qui associe des activités de nature différente.

Décentralisation industrielle : transfert d'entreprises d'un centre urbain surchargé vers des zones géographiques périphériques par le biais d'incitations financières ou fiscales.

Délocalisation industrielle : installation d'établissements dans des sites différents du siège social d'une entreprise afin de bénéficier de meilleures conditions de production ou de nouveaux marchés.

Filière : ensemble des stades successifs d'élaboration et de fabrication d'un produit. La filière, centrée sur un produit, met en jeu plusieurs branches industrielles. *Corrélat* : trust.

cf. *plan* p. 100

Firme transnationale ou multinationale : entreprise qui a des implantations dans plusieurs pays. Il s'agit de firmes qui relèvent d'abord et essentiellement d'un pays, mais qui en débordent. Les multinationales, relevant de plusieurs pays, sont rares. *Corrélats* : conglomérat, holding, trust.

Flexibilité : capacité des entreprises à s'adapter rapidement aux variations du marché par la réduction des délais entre la conception et la vente, la capacité d'innovation…

Friche industrielle : espace abandonné par les industries en milieu urbain ou dans les vieilles régions industrielles.

Holding : groupe financier qui réunit des entreprises diversifiées afin de répartir les risques encourus.

Nationalisation : remplacement de la propriété privée d'entreprises par la propriété collective de la nation ou de l'État.

cf. *synthèse* p. 120

Planification : système de décisions définissant les objectifs (économiques et sociaux) à atteindre, le choix des moyens et le calendrier de réalisation.

Pôles de conversion : ville ou région définie par l'État pour recevoir des aides particulières permettant une reconversion d'activités.

cf. *synthèse* p. 129
cf. *carte* p. 130-131

Recherche et développement (R/D) : par opposition à la recherche fondamentale, ensemble de travaux cherchant à découvrir de nouvelles techniques ou de nouveaux produits. *Corrélat* : biotechnologie.

Technopôle : parc de haute technologie où se concentrent des activités de recherche et leur application (universités, laboratoires). La *technopole* est une agglomération, où les activités de haute technologie jouent un rôle important, qui possède un ou plusieurs technopôles. *Corrélat* : biotechnologie.

Trust : grande firme organisée pour l'intégration verticale d'une filière. *Corrélat* : filière.

Chapitre 5

L'énergie en France

▶ **Sujets possibles** 142

▶ **Cours : L'énergie : une moindre contrainte ?** 143

    Introduction
    1. Géographie de l'approvisionnement énergétique
    de la France
        1.1. Déclin et importations des énergies fossiles
            1.1.1. La faiblesse de la production nationale de pétrole
            1.1.2. La progression continue des approvisionnements en gaz naturel
            1.1.3. Le déclin du charbon
        1.2. La forte progression de l'électricité
            1.2.1. La croissance de la production
            1.2.2. L'hydroélectricité, épuisement des sites à équiper
            1.2.3. La primauté récente et exclusive du nucléaire
    2. Économie de l'énergie de la France
        2.1. Les monopoles de l'électricité et du gaz
            2.1.1. EDF, le monopole de l'électricité
            2.1.2. GDF engrange des bénéfices records
        2.2. Les deux firmes pétrolières : Total et Elf
            2.2.1. Les belles perspectives de Total
            2.2.2. Elf, un outsider des majors
    Conclusion

▶ **Synthèses** 154

        1. Le Bassin parisien, nouvelle province pétrolière
        2. La maîtrise de la facture pétrolière
        3. La France ferme ses mines
        4. L'avenir du nucléaire
        5. Carte : L'énergie en France

▶ **Plans** 162

        1. Dépendance et indépendance énergétiques de la France
        2. L'électricité en France

▶ **Clés et repères** 166

Sujets possibles

1. Annales

– IEP

Le nucléaire en France : enjeux et problèmes (Paris 1993).

– Grandes Écoles de Commerce

La crise de l'énergie en France 1973-1985 (ESCAE 1985).

Le charbon dans l'économie française depuis la fin de la Deuxième Guerre mondiale (ESCP 1982).

Comment la France a-t-elle couvert ses besoins en énergie au cours des trente dernières années et les conséquences des choix faits dans ce domaine pour l'économie et la société françaises ? (ELSCA 1991).

2. Autres sujets possibles

La France face aux défis énergétiques.

L'énergie en France depuis 1945 et ses relations avec le développement économique régional.

Les problèmes énergétiques français, leurs conséquences.

La nouvelle donne énergétique en France depuis 1973.

3. Sujets traités

Dépendance et indépendance énergétiques de la France.

L'électricité en France.

Cours

L'énergie :
une moindre contrainte ?

Introduction

Trois éléments majeurs marquent l'évolution de la consommation d'énergie, liée à la croissance économique, en France depuis 1945.

– Le rythme d'accroissement de la consommation d'énergie était très élevé dans la période 1950-1973 (entre 3% et 4% par an) mais a fléchi depuis et suit très étroitement les cycles récession/croissance :

Années	Consommation en millions de tep*	Accroissement moyen par an
1990	213,8	+ 2,29%
1991	218,4	+ 2,15%
1992	222,3	+ 1,78%
1993	220,2	– 0,94%
1994	227,1	+ 3,13%

– La dépendance énergétique a considérablement progressé de 1960 (40%) à 1973 (77,5%) pour se réduire depuis et tendre vers les 50% en 1994.

cf. *plan* p. 162

– Les sources d'énergie utilisées ont connu d'importantes variations relatives :

■ le charbon (55% de l'énergie consommée en 1960) a vu son rôle décliner (6% en 1994) ; forte croissance du pétrole (66% de l'énergie consommée en 1973) puis sa réduction (41,2% en 1994) ;

■ la progression régulière du rôle du gaz naturel (8,8% en 1973, 13% en 1994) ;

■ la croissance de l'hydroélectricité dont l'importance relative dans la production globale tend cependant à diminuer ;

■ et enfin la brusque montée du nucléaire depuis 1973 (33,8% de l'énergie consommée en 1994).

cf. *synthèse* p. 158

La répartition actuelle de la consommation (en millions de tep*)			
	1989	1994	prévisions an 2000
Charbon	9,4%	6%	7,9%
Pétrole	42,8%	41,2%	33%
Gaz	12%	13%	15,7%
Électricité primaire	33,8% (70% de nucléaire)	37,8% (80% de nucléaire)	41,2%
Énergies nouvelles	2%	1,8%	2,2%

La problématique de la France est double :
• avoir l'énergie la moins chère possible (compétitivité économique oblige)
• avoir l'indépendance énergétique la plus élevée possible.

1. Géographie de l'approvisionnement énergétique de la France

1.1. Déclin et importations des énergies fossiles

1.1.1. La faiblesse de la production nationale de pétrole

De 50 000 tonnes en 1945, la production était passée à 3 millions de tonnes en 1960 avant de se tasser de nouveau : 1,6 million de tonnes en 1981 (85% de la production en Aquitaine et 15% dans le Bassin parisien).

cf. synthèse
p. 154

Les découvertes récentes dans le Bassin parisien (Chaunoy et Villeperdue) ont fait de nouveau croître la production (2,769 millions de tonnes en 1994).

Les importations restent considérables, même si elles ont diminué de moitié depuis 1973 (135 millions de tonnes) avant de progresser légèrement :

- 66,8 millions de tonnes en 1989 ;
- 76,2 millions de tonnes en 1994.

Les sources d'approvisionnement se sont diversifiées et rapprochées : le Moyen-Orient ne fournit plus que 45,7% de nos importations de brut, l'Afrique en représente moins du 1/4 (21,1%). Par zones géographiques ou pays, après l'Arabie Saoudite (29,6%), arrivent la mer du Nord (24,5%) : Royaume-Uni et Norvège, puis l'Iran, l'ex-URSS, le Gabon et le Congo, et enfin le Nigeria. Le solde est assuré par l'Amérique latine.

L'appareil de raffinage français s'est adapté à cette réduction des importations.
– En 1980, il y avait une capacité de raffinage de 180 millions de tonnes (24 raffineries).
– En 1994, elle était de 84,5 millions de tonnes (13 raffineries, soit la 9e capacité mondiale de raffinage et 2,3% du total mondial).

cf. *carte*
p. 160-161

On peut distinguer deux groupes essentiels : la basse Seine (33%) et Marseille-Fos (31,5%). Il faut aussi souligner que les raffineries littorales sont les plus anciennes, les raffineries intérieures les plus récentes. Enfin, dans la phase actuelle de réduction du potentiel, un estuaire a été complètement sinistré pour son trafic et son activité : la Gironde, qui a vu disparaître ses deux raffineries.

On doit souligner la réduction sensible de notre dépendance pétrolière qui va se poursuivre jusqu'à l'an 2000 (33% malgré tout) : *la contrainte pétrolière se desserre.*

1.1.2. La progression continue des approvisionnements en gaz naturel

Le gaz naturel a connu une progression continue depuis la découverte du gisement de Lacq en 1951 et sa mise en exploitation en 1957. Il a fourni jusqu'à 50% du gaz consommé dans le pays avec une production stabilisée autour de 7 à 8 milliards de m^3. Depuis la fin des années 1980, sa production décroît (3/4 milliards de m^3). L'épuisement est prévu à la fin du siècle.

On a donc recours à des importations en progression régulière :

1981	21,5 milliards de m^3
1991	30,8 milliards de m^3
1994	31,5 milliards de m^3

Dans ces importations, la part traditionnelle des Pays-Bas diminue : 7,8 milliards de m^3 en 1985 contre 4,8 milliards en 1994. Celle de l'Algérie atteint 7,2 milliards de m^3 (méthaniers* qui accostent à Fos et à Montoir), la mer du Nord croît régulièrement (2,6 milliards de m^3 en 1985 ; 7,1 milliards en 1994).

Enfin, depuis 1983 et la mise en service du gazoduc sibérien, la Russie est devenue notre premier fournisseur avec 12,3 milliards de m^3 en 1994 (39% de nos importations).

GDF a développé une politique active de stockage (17,9 milliards de m^3).

Une politique à long terme pour le gaz : GDF mène une politique de contrat (20-25 ans), préparée longtemps à l'avance car la chaîne de GNL* (gaz naturel liquéfié) est particulièrement lourde à mettre en place et onéreuse (*cf.* l'accord conclu dès 1985 avec la Norvège concernant l'exploitation du plus grand gisement de gaz naturel de la mer du Nord, Troll, qui fournira à la France 6 milliards de m^3 de 1993 à 2020, soit 25% des approvisionnements français en l'an 2000).

Deux mots d'ordre dominent cette politique : assurer l'avenir ; diversifier les fournisseurs.

Tableau de l'approvisionnement en gaz naturel de la France (en %)			
Provenances	1985	1994	2000
Aquitaine (Lacq)	17,5	8,7	3
Algérie	27,2	20,8	25
Russie	23	35,5	25
Norvège	8,5	20,5	25
Pays-Bas	23,7	14	16
autres	0,1	0,5	6

Nos approvisionnements connaissent depuis 1973 une diversification notable. On peut souligner le poids de la Russie devenue l'un de nos premiers fournisseurs énergétiques alors que son industrie extractive connaît quelques problèmes.

1.1.3. Le déclin du charbon

Depuis le 21 décembre 1990 (fermeture de la fosse 9 d'Oignies), *c'est la fin des houillères* du Nord-Pas de Calais après une épopée de 270 ans. Cette baisse de l'extraction va de pair avec celle des emplois.

■ 1959 : 60 millions de tonnes dont 51% venant du Nord-Pas de Calais ;
■ 1989 : 13,1 millions de tonnes dont 67% venant de Lorraine ;
■ 1994 : 8,9 millions de tonnes dont 73% venant de Lorraine et 27% du Centre-Midi.

Chronique d'une mort annoncée pour 2005 : la Lorraine se maintient encore grâce à une bonne productivité ainsi que quelques sièges dans le Centre-Midi (Blanzy, Auvergne, Alès, Carmaux, Decazeville) sans oublier trois

cf. *synthèse* p. 156

gisements de lignite* dont l'exploitation se fait dans de bonnes conditions : la Mure dans les Alpes du Nord, Gardanne en Provence et Arjuzanx dans les Landes.

L'avenir est donc difficile.

Les importations ont, par conséquent, progressé jusqu'en 1980 (32,2 millions de tonnes) avant de diminuer elles aussi (*cf.* les sources d'emploi du charbon qui déclinent) : 13,3 millions de tonnes en 1994. Les États-Unis, l'Allemagne et l'Australie ont représenté presque les 2/3 de ces importations charbonnières, maintenant la France au 3e rang des importateurs mondiaux. Mais, surtout, on note le retour en force de l'Afrique du Sud (1,7 million de tonnes) à la suite de la levée de l'embargo de mars 1992.

cf. *carte*
p. 160-161

EDF est devenu le premier importateur avec 9,3 millions de tonnes, devant la sidérurgie (8,7 millions de tonnes) et l'industrie, dont les cimentiers. La baisse des importations en provenance de l'UE favorise les réceptions de charbon dans les ports français : en tête Dunkerque (6 millions de tonnes), devant Le Havre, Fos et Montoir (un peu plus de 3 millions de tonnes chacun).

La consommation de charbon risque de stagner ou de décliner légèrement dans les années à venir : recul et disparition des boulets pour le chauffage domestique, évolution des techniques dans la sidérurgie et les cimenteries (produits de substitution ou économies d'énergie).

1.2. La forte progression de l'électricité

1.2.1. La croissance de la production

En 1994, EDF a produit 94% de la production française d'électricité (454 milliards de kwh) malgré son monopole car il existe quelques auto-producteurs tels que CDF, SNCF, CNR*, la sidérurgie.

Production d'électricité d'EDF (en milliards de kwh)					
1946	1955	1965	1977	1984	1994
24,4	49,6	100	200	300	427

La consommation croît régulièrement : elle a doublé tous les 10 ans de 1954 à 1974 ; ensuite, jusqu'en 1981, le rythme de croissance n'a que légèrement fléchi mais, de 1981 à 1985, il y a eu une quasi-stagnation autour de 280 milliards de kwh. Si, depuis, on a noté une reprise de la consommation, elle s'est tassée de nouveau en 1992/1993 du fait de la récession (359,8 milliards de kwh en 1994).

cf. *plan*
p. 164

La répartition de la production d'électricité donnait 15% de la production totale pour l'hydroélectricité, 7% pour le thermique classique et 78% pour le nucléaire Au total, l'électricité représente 40,1 % de la consommation énergétique finale de la France (22% en 1973, 28% en 1979 et 35% en 1986).

Les exportations s'accroissent. Elles représentent aujourd'hui 14% de la production d'EDF (63,1 milliards de kwh en 1994) et sont amenées à se développer (Espagne, Royaume-Uni). Ces exportations ont rapporté 15 MDF en 1994.

Progression des exportations de courant électrique (en milliards de kwh)					
1988	1989	1991	1992	1993	1994
36,7	42	54	58,3	61,7	63,1

Principales exportations de courant électrique en 1994 (en milliards de kwh)				
Royaume-Uni	Suisse	Italie	Benelux	Allemagne
17,2	17,1	14,5	6,2	5,2

1.2.2. L'hydroélectricité, épuisement des sites à équiper

EDF se contente de conforter les équipements existants par des barrages secondaires ou d'équiper des régions enclavées (Corse) ; malgré tout, la progression de la production a été régulière des années 30 aux années 80.

1929	6,6	milliards de kwh
1946	11,4	milliards de kwh
1981	72,3	milliards de kwh

Ensuite, on constate une relative stabilité avec des creux (1989 : 50 milliards de kwh) et des maxima (1994 : 80 milliards de kwh) liés aux coefficients de remplissage des réservoirs. Deux types de barrages* se partagent la production qui est surtout assurée par la France du Sud et du Sud-Est : 73% de la production par les Alpes, le Rhône, le Rhin et le Jura. Le Massif central représente 17% de la production et les Pyrénées 10%. cf. carte p. 160-161

1.2.3. La primauté récente et exclusive du nucléaire

La part du thermique classique se réduit. Sa localisation est simple : près des ports d'importation, des foyers de consommation ou des gisements (charbon ou lignite*).
La production du nucléaire a commencé en 1960. La progression, d'abord lente, s'est accélérée brusquement depuis les crises pétrolières et les plans Messmer et Giraud. cf. plan p. 164

Production d'énergie nucléaire (en milliards de kwh)							
1967	1977	1981	1985	1989	1991	1993	1994
2	17	103	213	304	331	350	360

La production d'uranium français décline (2 841 tonnes en 1990 et seulement 1 240 tonnes en 1994). Les gisements se situaient en Vendée à l'Ecarpière et dans le Massif central (Limousin, Forez, Montagne Noire). Cette situation est due à une surproduction mondiale et à la diminution des programmes nucléaires civils. La Cogema, filiale du CEA, possède une capacité de production à l'étranger largement suffisante pour notre consommation (8 700 tonnes d'uranium). L'uranium enrichi est produit dans l'usine Georges Besse (Eurodif à Tricastin). cf. synthèse p. 156

Les centrales nucléaires sont de plus en plus nombreuses et de plus en plus puissantes : depuis Chinon en 1960 (70 MW), nous en sommes arrivés aujourd'hui à 1 300 MW et nous en serons demain à 1 455 MW en attendant le surgénérateur. Elles se localisent sur les littoraux (Manche-mer du cf. carte p. 160-161

Nord) et le long des cours d'eau (essentiellement la Loire et le Rhône) pour des questions de refroidissement.

Au 1er janvier 1995, les centrales en construction sont :

Chooz B　　　(2 réacteurs pour 1995/1996)
Civeaux　　　(2 réacteurs pour 1997/1998)

Au 31 décembre 1994, le parc nucléaire EDF représentait une puissance installée* de 57 150 MW, devant l'hydraulique (23 300 MW) et le thermique classique (17 050 MW), soit un total de 97 150 MW.

La France est le second producteur mondial d'électricité nucléaire en 1994 : avec 17% du total mondial, elle se classe derrière les États-Unis (29,3%), devant le Japon (11,6%), la Russie (10,1%) et l'Allemagne (6,6%).
En assurant 78% de la production d'électricité en 1994, les centrales nucléaires ont permis de limiter au strict minimun l'achat de charbon et de fuel.

---

2. Économie de l'énergie de la France

2.1. Les monopoles de l'électricité et du gaz

2.1.1. EDF, le monopole de l'électricité

En 1995, EDF a réalisé un chiffre d'affaires de 188,6 MDF et a employé 117 000 agents.

Une santé financière longtemps incertaine. L'équilibre est resté précaire pour une entreprise qui a été par ailleurs très endettée : 232 MDF (1989), soit plus d'une fois et demie son CA malgré une légère réduction depuis 1990 : 145,5 MDF en 1995 et des bénéfices plus confortables (2,7 MDF).

Le désendettement reste inscrit au premier rang de ses priorités. L'objectif est de ramener la dette en dessous de 100 MDF courants à l'horizon de 2005. À cette date, EDF devra à nouveau faire face à de grosses dépenses pour renouveler son parc de centrales nucléaires.

EDF développe par ailleurs de nombreux partenariats industriels depuis l'accord avec Pechiney (aluminium/Dunkerque) en 1989 dont la consommation représentera à elle seule 1% de la consommation des industries françaises, en 1990 avec Usinor-Sacilor pour une nouvelle unité de production d'alliage de manganèse toujours à Dunkerque ou avec Elf/Atochem.

Aujourd'hui, du fait de la croissance de la consommation, EDF va remodeler son parc en adaptant les techniques appropriées aux circonstances :

■ le nucléaire et les grands barrages* au fil de l'eau du Rhin et du Rhône pour la demande moyenne ;

■ les centrales au charbon pour les pointes de consommation ;

■ puis les petits barrages de montagne et de nouvelles turbines au fuel lors des vagues de froid.

EDF apporte une double contribution à la balance commerciale française : directement, par un solde commercial qui s'élevait en 1989 à 8,6 MDF puis à 15,2 MDF en 1994 ; indirectement, par les économies de devises que représente le remplacement par l'électricité des combustibles importés.

L'entreprise nationale travaille à développer ses capacités exportatrices : un nouveau contrat vient d'être signé avec l'Espagne pour la fourniture, à partir de 1993, de 7 à 8 milliards de kwh, ce qui placera ce pays au 4e rang des clients après le Royaume-Uni, la Suisse et l'Italie. Les exportations devraient atteindre 70 milliards de kwh à la fin de la décennie.

Enfin, EDF vend son savoir-faire et multiplie les contrats d'ingénierie à l'étranger. L'essor prévisible de ses relations commerciales avec l'ex-Europe de l'Est ou avec la Chine (Daya Bay 2 et Hong Kong), le Laos et l'Inde offre des perspectives de développement prometteuses. Le groupe opère également en Côte-d'Ivoire et en Afrique du Sud.

Se pose aujourd'hui le problème de la relance du nucléaire en prenant en considération :

■ la pollution due aux énergies fossiles (réchauffement de la planète par l'effet de serre) ;
■ la reprise de la croissance économique après la récession actuelle... ;
■ la maintenance d'un appareil industriel de haut niveau : les commandes sont passées progressivement de deux réacteurs par an à un tous les deux ans, le minimun qu'acceptaient EDF et les constructeurs de chaudières nucléaires pour ne pas sacrifier leur savoir-faire :
■ la fiabilité et le faible coût du kw nucléaire. En 1988, le coût du kwh thermique en France était de 27 à 32 centimes en centrale au charbon et de 21 à 22 centimes en centrale nucléaire. La France détenait le coût de production du kwh nucléaire le moins cher du monde (États-Unis : 23,3 centimes, Japon : 26 centimes).

Pour construire le prochain réacteur nucléaire réclamé par EDF, le gouvernement a choisi le site de Penly près de Dieppe. A 10 MDF l'unité et avec 2 000 emplois pendant six ans, la concurrence était rude.

cf. *synthèse* p. 158

2.1.2. GDF engrange des bénéfices records

En 1994, GDF a dégagé un bénéfice net de 1,4 MDF contre 1,1 MDF en 1993. Le chiffre d'affaires est de 47,1 MDF avec une dette financière de 17,3 MDF contre 19,9 en 1993 ; malgré les faiblesses relatives des prix du pétrole, les contrats de GDF sont en effet indexés sur les prix du fuel et du dollar.

Depuis le début des années 1990, la stratégie internationale de GDF a pris une nouvelle dimension. Alors que jusqu'à la fin des années 1980, elle consistait essentiellement à garantir l'approvisionnement en gaz naturel de la France, aujourd'hui la compagnie s'implique plus fortement comme investisseur et exploitant dans des projets hors hexagone. GDF (27 000 employés) veut devenir un véritable opérateur mondial y compris dans la production directe de gaz.

GDF gère ainsi 150 000 clients de la région de Potsdam et s'intéresse à la région de Berlin. Sa participation américaine dans Texas Power prend tournure. Après l'éclatement de l'ex-URSS, l'entreprise se place en Russie, en Ukraine, au Kazakhstan. En Hongrie, la compagnie est sur les rangs pour devenir l'opérateur de l'une des cinq sociétés de distribution de gaz. Enfin, elle envisage aussi de s'associer à un projet d'exploitation et de production de gaz à l'étranger car, en France, la place est prise par Elf. Déjà, la prise de contrôle de l'Allemand Erdöl-Erdgas Gommern va permettre au groupe de se familiariser avec la production gazière, complétant ses points forts : le transport et le stockage de gaz, y compris sous la forme très sophistiquée de gaz liquéfié (GNL*).

GDF vient de signer deux nouveaux contrats avec les compagnies norvégiennes : l'un pour la fourniture de 4 milliards de m³ supplémentaires à partir de 2001, l'autre pour le nouveau gazoduc qui doit relier les champs gaziers norvégiens à Dunkerque en 1998. Ainsi, la Norvège devrait devenir le principal fournisseur de gaz de la France dans les prochaines années (15 milliards de m³).

Les perspectives de développement sont encourageantes mais assombries par des résultats financiers fragiles et par un retard dans le désendettement.
Néanmoins, le savoir-faire des deux entreprises (EDF-GDF) milite en leur faveur, vers des opérations d'internationalisation et de diversification de leurs activités, ne serait-ce que pour faire face à l'inéluctable fin de leur situation monopolistique à courte échéance (1998?) dans le cadre d'une harmonisation européenne.

2.2. Les deux firmes pétrolières : Total et Elf

2.2.1. Les belles perspectives de Total

Total est né, en 1924 en Irak pour gérer le transfert à la France de la participation allemande dans le consortium irakien. Nationalisé en Irak (1972), puis en Iran (1979), le groupe français dispose encore dans la région de l'essentiel de ses propres réserves de pétrole. C'est aujourd'hui dans les Émirats que la firme est bien implantée, notamment à Abu Dhabi (40 ans de réserves, 300 millions de tonnes et la moitié de la production annuelle de Total). L'émirat d'Abu Dhabi possède d'ailleurs 9,28% du capital de Total. Cette position historique de Total au Moyen-Orient est un atout lorsque le marché du pétrole est déprimé car le groupe bénéficie alors de marges garanties.

Les autres pôles essentiels sont la mer du Nord, l'Indonésie (3e pôle historique du groupe : Total y possède 70% de ses réserves en gaz) ou aujourd'hui l'Argentine (mise en production du gisement Hydra en Terre de Feu) et bientôt la Colombie.

Depuis 1991, la compagnie a doublé ses réserves d'hydrocarbures hors Moyen-Orient : elles atteignent 207 millions de tep* dont 140 millions sont constitués de gaz naturel.

L'avenir repose sur deux découvertes importantes :

■ la première vient de la participation de 38% que Total détient dans les champs de Cusiana et Cupiaga en Colombie, aux côtés de BP. Le seul champ de Cusiana devrait produire près de 600 000 barils* par jour dès 1997, c'est-à-dire l'équivalent de la production actuelle du groupe. C'est l'un des gisements majeurs découverts dans la décennie ;

■ l'autre découverte importante se situe en Indonésie : le champ gazier de Peciko, dont les réserves reconnues dépassent 100 milliards de m³, doit produire 20 milliards de m³ par an, soit la consommation annuelle de GDF ou 10% de l'approvisionnement de l'Asie en gaz naturel, sur lesquels la moitié revient à Total.

La production a augmenté de 10% en deux ans (1994-1995), alors que les coûts diminuent : 33,4 millions de tonnes ou 668 000 barils*/jour.

Total est appelé à jouer un rôle majeur sur le marché du gaz naturel. Les gisements géants se trouvent dans les sables du Qatar ou au fin fond de la Terre de Feu où le groupe détient d'énormes réserves. Contrairement au pétrole, le marché du gaz est régional. Au Moyen-Orient, l'extension des installations de traitement de gaz d'Abu Dhabi est en cours. D'autre part, l'exploitation du champ géant du Northdome au Qatar a été lancée et un contrat de vente portant sur 4 milliards de m³ par an a été signé avec la firme japonaise Chubu.

Le raffinage et la distribution sont des activités importantes. Total détient 1/4 des parts de marché en France, 15% au Maroc et en Tunisie. Il a pris pied aux États-Unis (4 raffineries et 15ᵉ distributeur). Sa capacité de raffinage s'élève à 44,2 millions de tonnes dont plus de 75% en Europe.

La société attend un fort développement en Extrême-Orient. En Chine, la raffinerie construite par Total est entrée en activité en 1995.

Total présente un bilan contrasté. Le CA avait atteint 143 MDF en 1991 et le groupe a dégagé 5,81 MDF de bénéfices. Depuis, le CA s'est tassé (136 MDF en 1995), résultat d'une modification du capital et des activités (abandon de l'activité minière), ainsi que les bénéfices (conjoncture pétrolière dégradée).

En deux ans, Total a construit un important pôle chimique (1989-1991). Une chimie centrée sur les encres et les vernis (Lorilleux, l'italien Polichem), les peintures (La Seigneurie, Avi, Ripolin) et les produits à base de caoutchouc (Hutchinson, Le Joint Français, Aigle, Mapa) auxquels s'ajoute Spontex. La caractéristique de cet ensemble est de n'offrir aucune synergie avec l'activité pétrolière et donc d'amortir les à-coups dont ce secteur est coutumier.

Évolution des bénéfices de Total (MDF)							
1986	1989	1990	1991	1992	1993	1994	1995
– 0,47	2,21	4,06	5,81	2,85	2,97	3,4	2,2

Les axes d'investissements pour l'avenir sont :

■ le maintien des efforts de recherche et développement* des ressources déjà identifiées à travers le monde avec la croissance de la production de brut et de gaz hors Moyen-Orient de 50% en cinq ans, doublement en dix ans, c'est-à-dire une production en l'an 2000 de 50 millions de tonnes par an ou 1 million de barils*/jour ;

■ l'accroissement des activités chimiques par acquisition dans les encres en Italie et dans les résines de synthèse en Allemagne ;

■ la poursuite des investissements dans l'outil de raffinage ;

■ l'élargissement de l'assise internationale en Europe du Sud lors des privatisations envisagées.

2.2.2. Elf, un outsider des majors ?

Elf est née en 1939, au départ en tant que Société nationale des pétroles d'Aquitaine, dans le cadre d'une politique de recherche pétrolière (1939 : découverte du gaz à Saint Marcet). Elf est toujours le premier producteur sur le sol français (Lacq) et 50,8% de son capital étaient détenus par l'État jusqu'en janvier 1994. Mais, après la privatisation, l'État garde un droit de regard en conservant 13% du capital à travers l'Erap. Elle emploie plus de 90 000 salariés et figure au 8ᵉ rang des pétroliers mondiaux (hors les compagnies d'État), classée derrière les majors mais dans le même peloton que les firmes britannique BP et américaines Mobil, Texaco et Chevron.

L'activité de Elf repose sur trois piliers : le pétrole, la chimie avec Atochem (pétrochimie, 36 000 personnes, soit 41% des effectifs du groupe) et Sanofi (hygiène-santé dans les bio-activités mais aussi les produits de beauté : Roger et Gallet, Nina Ricci, Van Cleef et Arpels, Stendhal, Stern...). La chimie occupe la 15ᵉ place mondiale. Enfin, Elf-Sanofi est devenue le n° 3 mondial des parfums, après l'absorption d'Yves Saint-Laurent en janvier 1993, et le 2ᵉ groupe pharmaceutique français.

Pour renforcer ses points faibles (les ressources de pétrole brut étaient, en 1989, deux fois moins importantes que celles de Total : en France, au Gabon dans le golfe de Guinée), *Elf a fait l'acquisition de réserves* en rachetant les actifs pétroliers de RTZ (Rio Tinto Zinc), les intérêts de la compagnie américaine Occidental Petroleum en mer du Nord britannique, ceux de la société Noco dans la zone norvégienne. De plus, ces réserves ont été accrues grâce à des découvertes majeures au Gabon, au Nigeria, au Congo, en Angola et en Syrie. Elles ont atteint 458 millions de tep* en 1994 pour une production de 34,6 millions de tonnes.

Elf recherche un troisième pôle pétrolier. La société est leader dans deux zones géographiques : 4ᵉ opérateur en mer du Nord, 1ᵉʳ dans le golfe de Guinée. Mais, à l'horizon de l'an 2000, la mer du Nord risque d'être à maturité, voire de commencer son déclin, ce qui ne sera pas encore le cas du golfe de Guinée. Elf doit donc préparer pour le XXIᵉ siècle un troisième pôle où elle ait un rôle d'opérateur important : Caspienne, Moyen-Orient, Amérique latine ou Chine ?

Internationalisation de son secteur raffinage-distribution. La société était également limitée dans le raffinage et la distribution à l'opposé de Total (capacité de raffinage de 22,5 millions de tonnes en 1994). En 1990, Elf a pris 20,5% du capital de Cepsa, société espagnole de raffinage-distribution, et fait l'acquisition des actifs britanniques de raffinage-distribution d'Amoco. Enfin, Elf a accepté en 1992 d'investir 20 MDF dans la construction d'une nouvelle raffinerie dans l'ex-RDA (aucune raffinerie n'a été mise en service en Europe depuis une génération) mais suite logique : début 1993, Elf est devenue propriétaire de Minol AG, la société qui détenait, dans l'ex-RDA, le monopole de la distribution des carburants et de ses 1 100 stations-services. Au tournant du siècle, Elf devrait détenir 7% environ du marché allemand, le plus important d'Europe.

Cette expansion de l'activité s'appuie sur une vision stratégique claire : en équilibrant les activités amont (exploration-production) et aval (raffinage-distribution et chimie-santé), le groupe entend se mettre à l'abri des aléas de la conjoncture, se soustraire aux fluctuations du cours du baril de pétrole.

Le groupe cherche aujourd'hui à se désendetter (vente de Texasgulf notamment). Les résultats de 1994 ont été mauvais : des pertes de 5,4 MDF, après plus de 20 MDF de bénéfice net cumulé en 1990-1991. 5 MDF de bénéfice en 1995 : Elf a retrouvé un niveau de profit plus conforme à son rang (CA de 206 MDF).

Total est l'une des rares compagnies pétrolières au monde dont la production d'hydrocarbures aura pratiquement doublé entre le début et la fin de cette décennie. Il est vrai que c'était là l'un de ses points faibles.

Quant à Elf, elle est en train de développer son raffinage-distribution à l'échelle européenne et de redoubler d'efforts pour accroître ses réserves prouvées (objectif 600 millions de tep le plus rapidement possible).

Conclusion

– A l'échelle mondiale, la France n'est pas une grande puissance énergétique puisqu'elle produit moins de 1% de l'énergie mondiale. Pourtant, elle consomme près de 3% du total mondial :

■ par tête, le Français consomme autant d'énergie que la moyenne de l'UE (environ 2 800 tep* par an), loin derrière les États-Unis et le Canada (6 800 tep/an soit 2,5 fois plus) ;
■ mais la France ne couvre qu'une faible partie de ses besoins ce qui explique des importations massives.

– La contrainte pétrolière a été desserrée par le rôle croissant de l'électricité nationale qui s'appuie sur le nucléaire. En 1994, 78% de l'électricité ont été d'origine nucléaire. C'est un record mondial.

cf. *plan* p. 164

Mais les problèmes demeurent : les ressources nationales en uranium sont insuffisantes et la Cogema doit prospecter en Afrique. Le nucléaire est-il rentable ? Face à la baisse des prix du pétrole et du charbon, on peut en douter et EDF a dû gravement s'endetter. La signature d'un contrat de plan avec l'État limitant ses hausses de tarif à 1,5%/an oblige EDF à des efforts de gestion considérables.

cf. *synthèse* p. 158

– L'effort pour les dix années à venir peut s'exprimer à deux niveaux :

■ en matière d'offre : assurer pour le nucléaire et les développements électriques la sûreté des réacteurs et du stockage des résidus ; pour le pétrole, assurer un ravitaillement à un prix raisonnable, le reste des efforts étant consacré à faire face aux contraintes d'environnement ;
■ en matière de demande : la maîtrise de l'énergie dans l'industrie, dans l'habitat, dans l'infrastructure du transport (régulation du trafic, transports en commun, aide à la conduite).

C'est là sans doute l'option stratégique la plus importante à terme pour se dégager de la dépendance politico-économique pétrolière par des véhicules économes, par des véhicules à gaz, à biomasse et, mieux encore, électriques. La France présente du reste une consommation énergétique exemplaire pour un pays avancé si ce n'est dans l'évolution de ses transports.

L'ensemble de cette politique s'accompagne du maintien de la compétitivité, voire d'un accroissement des exportations dans les secteurs industriels de l'automobile, de l'aéronautique, des services et des équipements du secteur para-pétrolier et para-gazier, de l'exportation des centrales thermiques ou nucléaires.

Ces difficultés semblent assez aisément surmontables.
De toute façon, après un pétrole très bon marché depuis 1986, le monde va vers un renchérissement énergétique généralisé. Il faut donc s'y préparer.

Synthèses

1. Le Bassin parisien, nouvelle province pétrolière

La découverte du gisement pétrolier de Chaunoy, à l'est de Melun, en 1983, a attiré l'attention sur les possibilités pétrolières du Bassin parisien, nouvelle province pétrolière moyenne[1].

Même si cette production ne représente aujourd'hui que quinze jours de la consommation de l'économie française, il s'est agi là d'un fait nouveau car le bassin sédimentaire* parisien n'avait guère retenu jusque-là l'attention des prospecteurs pétroliers.

Une première vague de recherches, entre 1949 et 1965, avait déjà permis de mettre en évidence de petites structures, proches de la région parisienne, à l'est et au sud, qui avaient donné naissance à une exploitation (565 000 tonnes en 1962, production retombée à 211 000 tonnes en 1978). Douze sites alimentent, en partie, la raffinerie de Grandpuits.

Les raisons de l'intérêt récent pour le Bassin parisien apparaissent à l'évidence :

■ pouvoir produire des tonnages, même réduits, en France ;

■ nécessité de compenser la production de gisements exploités depuis 15 ou 20 ans et qui s'épuisent ;

■ enfin, les possibilités offertes par une meilleure connaissance du sous-sol et l'utilisation de techniques de recherches géologiques nouvelles, notamment la vibrosismique à partir de camions-vibrateurs.

Au total, les recherches ont montré l'existence de trois couches-réservoirs intéressantes dans les structures sédimentaires du Bassin parisien : les calcaires du Jurassique inférieur (Dogger), le grès du Rhétien à la base du Lias et surtout les marnes irisées du Keuper du Lias inférieur.

Les découvertes principales sont situées en Brie occidentale avec le gisement de Chaunoy, en Brie champenoise avec Villeperdue-Donnemarie.

La structure du Chaunoy, à 2 305 m de profondeur, est assez vaste : une dizaine de kilomètres du nord au sud sur deux de largeur, 60 puits au total. Sa production s'est rapidement accrue avec les champs satellites depuis 1988 (Esso).

Le gisement de Villeperdue (Total) a été découvert en 1982 dans une structure moins profonde, celle du Dogger. La production pétrolière de l'ensemble a fluctué entre 500 et 600 000 tonnes par an depuis la fin des années 1980 avant de décroître.

Les résultats de cette deuxième campagne de prospection sont donc appréciables. Cependant, l'espoir de voir le Bassin parisien apporter un soulagement substantiel au problème aigu de la dépendance française à l'égard du pétrole importé reste, bien sûr, utopique même si l'intérêt commercial (économie de devises) demeure intéressant.

Production française de pétrole (en millions de tonnes)							
Lieux de production	1973	1980	1984	1989	1992	1993	1994
Production totale	1,256	1,414	2,064	**3,268**	2,866	2,752	2,769
Bassin parisien	0,282	0,230	0,638	2,031	1,855	1,741	1,634
dont Chaunoy			0,269	0,829	0,827	**0,849**	0,840
Villeperdue			0,060	**0,640**	0,404	0,302	0,280

1. Chardonnet (Jean), « Le Bassin parisien, nouvelle province pétrolière moyenne », *Géographie-Recherche*, 1985, p. 3-34.

2. La maîtrise de la facture pétrolière

Après avoir atteint :

en 1984	187 MDF	dont 145 MDF pour le pétrole
en 1985	180 MDF	dont 137 MDF pour le pétrole
en **1986**	89,5 MDF	dont 57 MDF pour le pétrole

la facture énergétique a été divisée par deux. Ensuite, l'évolution a été la suivante : en 1987, 82,1 MDF, dont 62,7 MDF pour le pétrole. *(C'est la baisse du prix du gaz qui a le plus compté cette année-là : moins 10 MDF.)*

en 1988	66,6 MDF	dont 50 MDF pour le pétrole
en 1989	83 MDF	dont 66 MDF pour le pétrole
en 1990	94 MDF	dont 72,5 MDF pour le pétrole
en **1991**	94,8 MDF	dont 71,4 MDF pour le pétrole
en 1992	80 MDF	dont 61,3 MDF pour le pétrole
en 1993	68,7 MDF	dont 50 MDF pour le pétrole
en **1994**	65,5 MDF	dont 54,3 MDF pour le pétrole

Malgré un léger renchérissement de 1989 à 1991 (croissance économique, sécheresses, remontée du cours du brut), *la facture pétrolière n'est plus un obstacle à la croissance française* : elle a encore diminué de 32% ces trois dernières années (1991-1994).

– Deux facteurs expliquent les fluctuations de la facture énergétique française : la diminution ou la hausse du prix des hydrocarbures importés (exprimés en dollars) et les variations de change du dollar. Comme les hydrocarbures représentent encore 53,5% de nos sources d'énergie, l'évolution du déficit de la balance énergétique est toujours parallèle au prix du baril* du pétrole, sur une très longue période. C'est dire toute l'importance du prix du pétrole et du gaz dans la facture énergétique.

– Fait historique important : en 1993, la facture énergétique de la France a été au plus bas depuis 1973, en francs constants. Cet excellent bilan s'explique par la conjonction très rare de plusieurs paramètres : la baisse de la consommation d'abord (– 0,5%), l'agrandissement du parc des centrales nucléaires et la baisse du cours du pétrole (16,3 dollars le baril* en moyenne en 1993, contre 18,7 dollars en 1992).

Plusieurs raisons expliquent les bonnes performances de ces dernières années :
- la clémence des derniers hivers ;
- l'effet dollar depuis 1985, c'est-à-dire sa baisse ;
- une importation de pétrole brut stabilisée autour de 70/80 millions de tonnes ;
- la baisse des prix du pétrole.

Coût moyen de la tonne importée en francs						
1973	1984	1988	1990	1992	1993	1994
115	**1 802**	**640**	895	723	672	645

Sur une longue période (1973-1993), on remarquera donc la division par 3 du coût entre 84 et 88, alors qu'en 84 le prix avait été multiplié par 16 par rapport à 73. La facture énergétique ne représente plus que 1,9% du PIB contre 2,2% en 86 et 6% en 81.

3. La France ferme ses mines

De 600 000 après guerre, le nombre des mineurs est tombé à moins de 30 000 aujourd'hui. Épuisement des gisements, coûts salariaux et sociaux : la mine française n'a plus d'avenir face à la concurrence. La politique générale est donc celle du désengagement total.

Les chiffres ne trompent pas. Les effectifs dans le charbon, la moitié des mineurs, n'ont cessé de décliner : de 360 000 en 1947 à 16 000 début 1994. Après le Nord-Pas de Calais (décembre 1990), les fermetures des bassins de Lorraine et du Centre-Midi devraient mettre un terme à la production de charbon d'ici à 2005.

La fin de la potasse d'Alsace, 3 000 personnes, est programmée pour 2004. L'extraction du fer en Lorraine a vécu ses derniers jours en 1993, la mine de Soumont en Normandie (ex-sidérurgie caennaise) a été fermée dès 1989. L'étain de Bretagne n'est plus exploité de même que la bauxite, le tungstène, le plomb, l'uranium.

Outre la production de nickel en Nouvelle-Calédonie, l'avenir se cantonne désormais à l'extraction de substances marginales : talc à Luzenac (Ariège) ou or à Bourneix (Haute-Vienne).

Pourtant, le sous-sol national recèle la plupart des métaux mais en quantités trop faibles pour que leur exploitation soit rentable. Seuls, trois minerais métalliques sont relativement abondants :

■ l'*uranium* dont les ressources exploitables se montent à 80 000 tonnes : les principaux gisements étaient en Vendée, en Limousin, en Auvergne, en Languedoc mais de nombreuses fermetures ont été réalisées ou sont prévues (1 270 tonnes en 1994) ;

■ le *fer* en Lorraine dans l'Aalénien des côtes* de Meuse, mais le minerai est phosphoreux, de faible teneur et enclavé ce qui explique que la production soit en forte baisse avec 0,7 million de tonnes en 1994 (63 millions de tonnes en 1960) ;

■ la *bauxite*, minerai d'aluminium, dont les dernières mines (Provence) ont fermé en 1993 (3 millions de tonnes en 1974).

– Les gisements arrivent à épuisement et sont de plus en plus onéreux à mettre en valeur face aux pays neufs dotés de ressources gigantesques, facilement accessibles, et dont les coûts salariaux et sociaux sont faibles.

Ainsi, la tonne de charbon produite en France revient à 550 F ; importée, elle s'achète 250 F à son arrivée au port. Et cela malgré une productivité multipliée par trois depuis 1970 pour atteindre le meilleur niveau en Europe. Vendue 350 F, chaque tonne de charbon français engendre donc un déficit de 200 F.

– Des charges sociales élevées. Le statut des mineurs, voté en 1946 en pleine reconstruction, leur alloue un régime spécifique de sécurité sociale et de retraite. Compte tenu de l'évolution démographique et de la multiplication des départs, ces charges s'alourdissent d'année en année. 30 000 mineurs en activité aujourd'hui doivent financer les retraites de 400 000 anciens ce qui explique la lourdeur des subventions de l'État pour combler les déficits (6,9 MDF chaque année à CDF, Charbonnages de France).

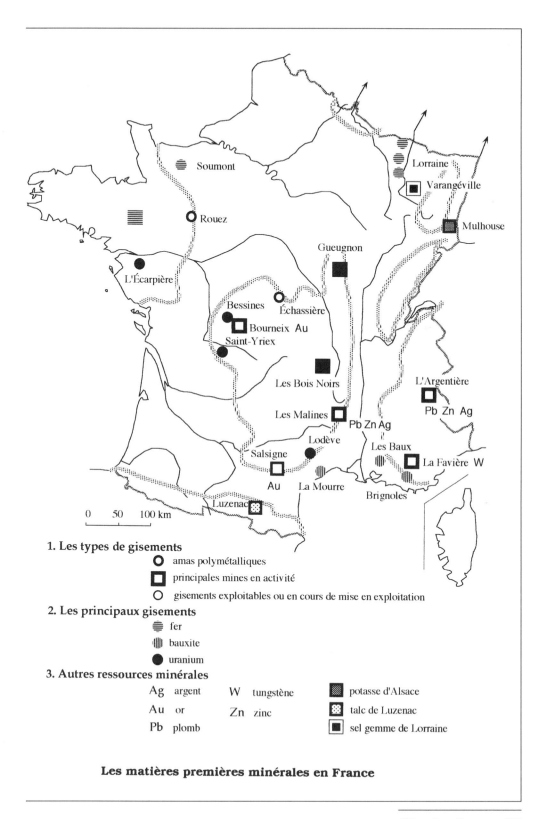

1. Les types de gisements

- ○ amas polymétalliques
- ☐ principales mines en activité
- ○ gisements exploitables ou en cours de mise en exploitation

2. Les principaux gisements

- fer
- bauxite
- ● uranium

3. Autres ressources minérales

Ag argent	W tungstène	▨ potasse d'Alsace
Au or	Zn zinc	▨ talc de Luzenac
Pb plomb		◼ sel gemme de Lorraine

Les matières premières minérales en France

4. L'avenir du nucléaire

À l'issue du premier choc pétrolier, la vulnérabilité de la France a été mise en évidence. Son taux d'indépendance énergétique n'était plus alors que de 22,5%. Le pays s'est alors tourné vers le nucléaire (plans Messmer et Giraud), faute de pouvoir trouver du pétrole sur son territoire, d'avoir des réserves de charbon abondantes et bon marché, sans compter que l'aménagement des sites hydroélectriques arrivait à sa fin.

cf. *plan*
p. 162

Cet énorme effort nucléaire conduira la France à un taux d'indépendance énergétique de 50% en 1994.

Bilan de l'existant

cf. *carte*
p. 160-161

Au 1er janvier 1995, le parc électronucléaire français comprenait 56 unités en fonctionnement réparties à travers l'hexagone. Les principales concentrations se trouvent sur le Rhône ou la Saône, sur la Loire et en bordure de la Manche.

La France arrive au 2e rang mondial parmi les producteurs d'électricité nucléaire avec 360 milliards de Kwh derrière les États-Unis (672,5 milliards de kwh) mais loin devant le Japon (248,7 milliards de kwh en 1994) et l'ex-URSS (173,7 milliards de kwh).

Elle possède la 2e puissance installée* avec 57 150 MW, soit 17% du potentiel mondial derrière les États-Unis (29,3%) mais devant le Japon (11,6%), l'ex-URSS (10,1%) et la RFA (6,6%).

Le nucléaire représente ainsi près de 30% de l'énergie consommée en France.

Elle est aussi le pays qui a construit les plus grosses unités : vingt tranches de plus de 1 300 MW ont déjà été mises en service. Pour la dernière phase du programme nucléaire, on est passé à des unités encore plus importantes : Chooz et Civeaux, deux tranches de 1 400 MW chacune pour 1995-1996 et 1997-1998. Sans oublier le surgénérateur Superphénix (1 200 MW) qui a connu les déboires que l'on sait.

Actuellement, la situation se résume ainsi (1er janvier 1995) :
– 34 tranches de 900 MW sont installées. Fait symbolique, c'est en 1987 que la 34e et dernière tranche 900 MW a été mise en service, 10 ans après la première, Fessenheim, dont le démarrage remonte à avril 1977. Performance industrielle qu'il convenait de souligner. Ces 34 tranches représentent une puissance installée de 30 520 MW. Elles ont permis en 10 ans :

■ de produire l'équivalent de 3,3 années de la consommation d'électricité française ;
■ d'économiser 245 millions de tep*, soit au minimum 150 MDF ;
■ d'éviter le rejet dans l'atmosphère de 10,3 millions de tonnes de gaz carbonique et de 1 milliard de tonnes de poussières, ce qui aurait été le cas s'il avait fallu produire la même quantité d'électricité avec des combustibles fossiles.

– 20 tranches de 1 300 MW.
Sans oublier enfin, les nouvelles 1 400 MW, déjà mentionnées, en cours de construction ou en projet, plus deux surgénérateurs à Marcoule (233 MW) et Creys-Malville (1 200 MW).

Les plus grosses centrales nucléaires sont celles de Gravelines près de Dunkerque (5 460 MW qui est la 2e du monde et la 1re d'Europe), de Paluel en Seine Maritime (5 320 MW) et de Cattenom en Moselle (5 060 MW depuis 1991).

Après cette période triomphante, EDF souhaitait une pause et un freinage des équipements nouveaux. Ses arguments sont les suivants : le suréquipement, l'endettement d'EDF (232 MDF en 1989), les coûts supplémentaires entraînés par la maintenance, la révision et la sécurité des centrales nucléaires. Le fonctionnement des grandes centrales actuelles est prévu pour 40 ans et l'essentiel du parc est jeune.

Quel avenir pour le nucléaire?

L'industrie nucléaire a deux préoccupations.

– En stoppant l'équipement nucléaire pendant quatre ans au moins, ne risque-t-on pas de mettre en cause la filière* française, de dissocier des équipes de spécialistes et de diminuer les chances d'enlever des contrats à l'étranger ? C'est notamment le problème de Framatome, 1er constructeur mondial de chaudières nucléaires, au moment où l'on voit se multiplier les engagements dans le nucléaire, en Asie particulièrement, en Chine populaire, en Corée du Sud, en Indonésie, en Inde, au Pakistan, à Taiwan et au Japon.

– La priorité est donnée à la maintenance et à la prévention. Ces derniers mois, les incidents se sont multipliés, sans gravité certes, mais la vigilance s'impose lorsqu'il faut veiller sur 56 unités en service, réparties sur l'ensemble du territoire.

Siemens et Framatome viennent de présenter la centrale du futur (EPR, réacteur européen à eau préssurisée, 1 450 MW), plus sûr, nécessitant moins de maintenance, produisant moins de déchets que les réacteurs actuels (PWR). Sa durée de vie sera de 60 ans. Cette future centrale ne sera pas mise en service avant dix ans, au mieux en 2007.

Ces dernières années, le monde s'était habitué à une hypothèse relativement confortable : celle d'une surcapacité des ressources pétrolières et d'une demande couverte sans difficultés. Ce faisant, les décisions d'investissements ont été reportées d'année en année, les marges entre les besoins et l'offre d'énergie électrique se sont dangereusement rétrécies (États-Unis, Allemagne, Italie). De nouveaux engagements s'imposent qui impliqueront des compromis entre la protection de la planète et l'utilisation des différentes énergies[1]. Or, le nucléaire a la réputation d'être une énergie non polluante (atmosphère), compétitive.

La France se trouve jusqu'à présent, par rapport à ce contexte général, dans une situation assez favorable. Du fait de l'option nucléaire, son indépendance énergétique est passée de 22,5% en 1973 à 50% en 1994. Son approvisionnement pétrolier a été jusqu'ici bien assuré grâce à Elf et Total. Son électricité est l'une des plus abondantes d'Europe et l'une des moins chères, ce qui lui permet de l'exporter. Son taux de rejet de gaz carbonique est nettement inférieur à celui de la RFA (1,9 tonne par habitant au lieu de 3,1). Elle peut compter, enfin, sur une industrie du nucléaire qui a fait ses preuves en cas de redémarrage de l'énergie nucléaire.

---

1. Cheize (Robert), « Le débat sur l'énergie en France : l'avenir du nucléaire », *Les Dossiers Bréal*, n° 1, septembre 1990, p. 9-16.

5. L'énergie en France

1. Énergie primaire

— mines d'**uranium** et / ou usine de concentration du minerai
usine d'enrichissement   usine de retraitement

— **charbon** : production nationale
HB houillère Centre-Midi
HBL houillère du bassin de Lorraine   importations
HBNPC houillère du bassin du Nord-Pas de Calais (extraction stoppée en 1990)

— **pétrole** :
production nationale

importations

capacité de raffinage

oléoduc

— **gaz naturel** : production nationale

importations

port méthanier

— **nouvelles énergies**
• barrage de l'usine marémotrice de la Rance
• centrale solaire Thémis de Targassonne
et four solaire d'Odeillo arrêtés

2. Énergie secondaire

— **Centrales nucléaires** :
(nombre de réacteurs)

— Hydroélectricité

— **Électricité thermique**

— exportations d'électricité

Tranches	déclassées	en exploitation	en construction	en projet
UNGG uranium naturel graphite - gaz	◈	◆		
REP réacteur à eau pressurisée		□ 900 MW □ 1 300 MW	□ 1 300 MW ▨ 1 450 MW	□ 1 450 MW
RNR surgénérateur	▣ Creys-Malville 1200 MW (essais)	▥ Marcoule 233 MW		

Deux régions s'opposent pour la production d'électricité :
l'électricité thermique domine au nord-ouest, l'hydroélectricité au sud-est.

Les principaux axes énergétiques sont les littoraux (importations et foyers de consommation) et les fleuves (grandes villes et axes de circulation).

Le nucléaire se localise le long du littoral de la Manche et des deux fleuves les plus puissants : la Loire, le Rhône (refroidissement et proximité des foyers de consommation).

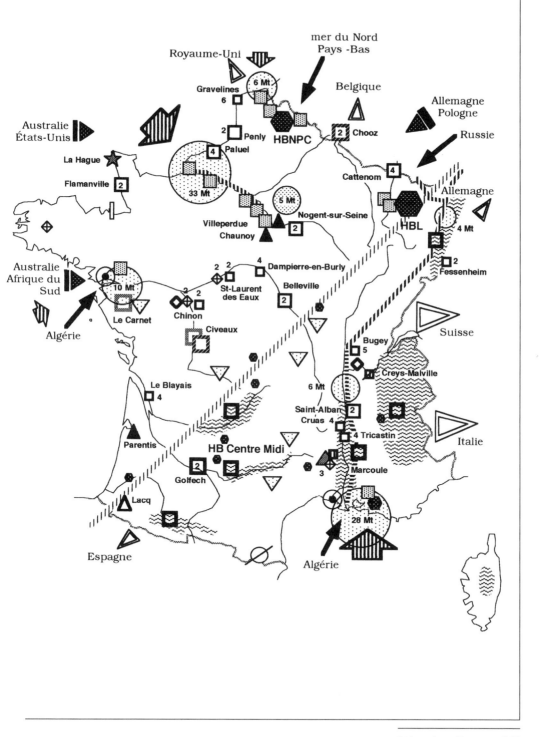

mer du Nord
Pays -Bas

Royaume-Uni

Belgique

Allemagne
Pologne

Russie

Gravelines
6

6 Mt

Australie
États-Unis

2 Penly

Chooz

HBNPC

La Hague

4 Paluel

Flamanville 2

Cattenom

4

Allemagne

33 Mt

5 Mt

Nogent-sur-Seine

HBL

4 Mt

Villeperdue

2

Chaunoy

2

Fessenheim

Australie
Afrique du
Sud

10 Mt

2 2

4 Dampierre-en-Burly

St-Laurent
des Eaux

Belleville

Suisse

Algérie

2 2

Le Carnet

Chinon

2

Civeaux

Bugey
5

Creys-Malville

Le Blayais

6 Mt

Saint-Alban

4

Italie

Parentis

HB Centre Midi

Cruas 4

Tricastin

3

Marcoule

Golfech

2

Lacq

28 Mt

Espagne

Algérie

Plans

1. Dépendance et indépendance énergétiques de la France

Introduction

L'énergie joue un rôle essentiel dans l'économie et la vie quotidienne. Elle est devenue un enjeu aussi bien économique (accompagner la croissance, fournir des prix compétitifs) que politique et stratégique.

La France reste largement tributaire de l'extérieur pour ses approvisionnements ; mais cette dépendance a beaucoup évolué au gré des solutions retenues par les pouvoirs publics.

1. Évolution de la situation de dépendance extérieure

1.1. La France dépend encore de l'extérieur
    1.1.1. Une forte consommation énergétique (3% de l'énergie mondiale) pour une production globale faible (1%).
    1.1.2. Une consommation de 227,1 millions de tep* en 1994 pour une production nationale de 113,7 millions (50% de dépendance).
    1.1.3. Une dépendance extérieure en amélioration : 77,5 % (1973) à 49,7% (1993) pour l'ensemble des énergies grâce à des mesures d'économies et de substitution.

1.2. Des productions nationales très dissemblables
    1.2.1. Le charbon et son déclin.

cf. *plan*
p. 164

    1.2.2. La faiblesse des hydrocarbures (pétrole et gaz).
    1.2.3. La forte progression de l'électricité.

2. Le recours aux importations

2.1. Une nécessité pour des motifs divers
    2.1.1. Des motifs quantitatifs liés à l'insuffisance des productions nationales (dépendance pour le pétrole, le gaz, le charbon).

cf. *synthèse*
p. 156

    2.1.2. Des motifs économiques : le coût des énergies extraites en France (cas du charbon) ; les difficultés d'extraction et les besoins de produits de meilleure qualité.
    2.1.3. Un impératif cependant : diversifier les sources d'approvisionnement.

2.2. Les importations

cf. *carte*
p. 160-161

    2.2.1. Le charbon en baisse.
    2.2.2. Le pétrole stable.
    2.2.3. Le gaz naturel en croissance, de même que l'uranium (flux, modes de transport et lieux d'arrivée des énergies importées).

3. La mise en place de solutions nationales

3.1. Un plan d'économies d'énergie
    3.1.1. Le choc des années 1973/1974 :

      ■ rappeler les conséquences des premier et deuxième chocs pétroliers ;
      ■ la dépendance « considérable » de la France ;
      ■ la mise en place de l'Agence de l'environnement et la maîtrise de l'énergie (1974).

    3.1.2. Les mesures d'économie et leurs résultats.

3.2. *La seule réponse : les choix électriques*
    3.2.1. La croissance de la production électrique.
    3.2.2. Les choix nucléaires. Les types de centrales.
    3.2.3. Un cas unique : l'excédent électrique et les rapports importations-exportations.

plans • 5

cf. plan
p. 164
synthèse
p. 158

3.3. *La recherche limitée d'énergies « nouvelles »*
    3.3.1. L'utilisation timide de la géothermie.
    3.3.2. L'énergie solaire et l'énergie éolienne expérimentales.
    3.3.3. Un avenir plus prometteur : la biomasse.

Conclusion

La situation énergétique de la France a nettement évolué.

Grâce à la mise en place de solutions nationales, l'indépendance énergétique s'est améliorée.

La France présente aujourd'hui une relative sécurité d'approvisionnement (nucléaire, diversification des sources d'énergie et des approvisionnements) mais aussi une fourniture énergétique compétitive pour son appareil économique au point que la notion d'économie s'atténue.

2. L'électricité en France

Introduction

La France est un important producteur d'électricité, le 7ᵉ mondial avec 454 milliards de kwh. EDF est l'une des plus importantes entreprises françaises et fournit 94% de cette production.

Au total, l'électricité représente 40,1% de la consommation énergétique finale en France.

L'électricité est un quadruple symbole :

- de l'invention de la « houille blanche » en 1869 par Bergès, à Lancey, près de Grenoble ;
- de la deuxième révolution industrielle et la « fée électricité » ;
- de la reconstruction en France (nationalisation*) ;
- de l'indépendance énergétique après les chocs pétroliers (choix du nucléaire).

1. Une production importante et variée

cf. *carte*
p. 160-161

1.1. L'antériorité de l'hydroélectricité
    1.1.1. Les types de barrages*
    1.1.2. Les principales régions productrices

cf. *carte*
p.160-161

1.2. L'électricité thermique et les « trente glorieuses »
    1.2.1. L'utilisation des ressources de charbon (Nord, Lorraine, bassins de lignite*) ou de pétrole
    1.2.2. Les importations dans les grands estuaires

cf. *carte*
p. 160-161

1.3. L'électricité nucléaire et les chocs pétroliers
    1.3.1. Des ressources nationales en uranium
    1.3.2. Les choix techniques et les principales localisations des centrales nucléaires

2. La mise en place des acteurs

2.1. L'héritage
    2.1.1. A la fin des années 1930 :
        200 entreprises de production
        100 entreprises de transport
        1 150 distributeurs
        20 000 concessions
    2.1.2. En 1945, on s'éclaire par roulement à Paris

2.2. La reconstruction
    2.2.1. La naissance d'EDF le 29 mars 1946 avec indemnisation des actionnaires (1% du CA pendant 50 ans)
    2.2.2. L'achèvement symbolique du barrage de Génissiat (1949)

2.3. Les autres partenaires
    2.3.1. Le rôle de la Compagnie nationale du Rhône*
    2.3.2. La création du CEA (Commissariat à l'énergie atomique) le 18 octobre 1945 et la mise au point de la filière française

3. Évolution de la production et perspectives

3.1. Une forte croissance de la production
    3.1.1. En 1958, l'hydroélectricité couvre la moitié de la consommation française
    3.1.2. En 1964, la production de l'électricité thermique devient majoritaire
    3.1.3. À partir de 1982, le nucléaire est prépondérant dans la fourniture d'électricité

3.2. L'indépendance énergétique grâce au nucléaire
    3.2.1. La mise en œuvre des programmes ambitieux de construction de centrales nucléaires de la 2e génération (Plans Messmer en 1974 et Giraud en 1979)
    3.2.2. La France, importatrice de courant électrique, est devenue exportatrice depuis 1983 grâce au nucléaire

3.3. L'avenir
    3.3.1. D'abord, la fin du monopole avec la libéralisation du marché européen
    3.3.2. Ensuite, le remplacement des centrales nucléaires (durée de vie : 40 ans)

Conclusion

L'électricité a joué un rôle essentiel dans la vie économique du pays (c'est l'un des facteurs de l'industrialisation) et dans l'amélioration du confort des Français.

Les défis de l'avenir seront : l'amortissement des dépenses engagées dans les programmes d'équipement nucléaire, la réduction de l'endettement d'EDF et le retraitement des combustibles irradiés (stockage autour de l'usine de la Hague), ainsi que le démantèlement des anciennes centrales.

Clés et repères

Baril : le prix du pétrole est fixé pour la quantité d'un baril (159 litres). 7,3 barils égalent 1 tonne de pétrole.

Barrage : ouvrage établi à travers un cours d'eau pour stocker l'eau afin de l'utiliser (irrigation, hydro-électricité) ou régulariser et maîtriser le fleuve (navigation, crues).
On distingue les barrages *au fil de l'eau* (Rhône, Rhin) ou d'*éclusées* (barrage voûte de haute chute ou de moyenne chute dans les massifs montagneux) :
■ les centrales au fil de l'eau fournissent du courant de manière continue : 20 centrales sur le Rhône pour une production moyenne de 16 milliards de kwh, 10 centrales sur le Rhin ;
■ les centrales d'éclusée ou de lacs (Alpes, Pyrénées, Massif central) produisent surtout du courant aux heures de pointe.
Corrélat : CNR

Bilan énergétique : rapport entre la production et la consommation nationale d'énergie.

cf. *synthèse* p. 183

CNR ou Compagnie nationale du Rhône : créée en 1933, en application d'une loi de 1921 qui lui confiait l'aménagement du Rhône, cette mission a été étendue à la réalisation de la liaison fluviale Rhin-Rhône en 1980. La CNR exploite 20 usines hydroélectriques qui représentent le quart de la production hydroélectrique française. Elle vend son courant électrique à EDF qui est aussi l'un de ses actionnaires (EDF et SNCF : 16,6% chacune et 66% aux collectivités locales, CCI et autorités portuaires de l'axe fluvial).
Corrélat : Barrage.

Énergie primaire : énergie issue directement de la nature (eau, charbon, gaz naturel, pétrole).
La transformation permet d'obtenir l'*énergie secondaire*, consommée par les ménages ou les entreprises (charbon transformé en électricité dans les centrales thermiques par exemple).

Géothermie : énergie calorifique des couches profondes du globe terrestre sous la forme d'eau chaude ou de vapeur.

GNL : Gaz naturel liquéfié à -164°C, transporté par méthanier.
Corrélat : Méthanier.

Houille, lignite, coke : la houille est plus riche en carbone et possède une teneur en eau et en matières volatiles plus faible que le lignite.
Le coke est obtenu par carbonisation de la houille ou de résidus de pétrole, il servait dans les hauts fourneaux sidérurgiques.

Mégawatt ou mille watts : un watt équivaut à une énergie de 1 joule fournie en 1 seconde.

Méthanier : navire citerne spécialisé dans le transport du méthane liquide.
Corrélat : GNL.

Puissance nucléaire installée : elle est exprimée en kilowatts (Kw) et indique la quantité d'énergie que peut produire une centrale par unité de temps. La production au cours d'une période exprimée en Kwh dépendra donc à la fois de la puissance installée et du régime d'utilisation.

Taux d'indépendance énergétique : il mesure les rapports entre les ressources nationales en énergie primaire et les disponibilités nécessaires pour la satisfaction des demandes.

Tep ou tonne équivalent pétrole : unité de mesure permettant la comparaison entre les différentes sources d'énergie :
■ une tonne de houille = 0,619 tep ;
■ un MWh d'électricité = 0,222 tep.

Chapitre 6

Les transports en France

▶ **Sujets possibles** 168

▶ **Cours : Les transports : un secteur essentiel** 169
  Introduction
  1. Les transports intérieurs
      1.1. Les transports terrestres intérieurs
          1.1.1. La prépondérance des transports routiers
          1.1.2. Les mutations d'un vieil outil de transport : le chemin de fer
          1.1.3. Un nouveau schéma directeur ferroviaire
      1.2. Les difficultés de la voie d'eau
          1.2.1. La faiblesse du réseau navigable
          1.2.2. La crise du transport fluvial
          1.2.3. La voie d'eau revient au centre des préoccupations
      1.3. La rapide progression des transports aériens
          1.3.1. Assurer l'avenir d'Air Inter
          1.3.2. L'émergence des compagnies régionales
          1.3.3. La déréglementation du ciel français
  2. Les transports internationaux
      2.1. L'importance capitale des transports maritimes
          2.1.1. Le naufrage de la flotte française
          2.1.2. Des plans pour sauver la marine marchande
          2.1.3. Deux groupes d'importance mondiale en difficulté
      2.2. Les ports français, une faible croissance et des sureffectifs
          2.2.1. Un trafic de 300 Mt en 1994
          2.2.2. Le Havre : investissements et productivité
          2.2.3. Le port de Marseille dans la tempête
      2.3. Des flux vitaux pour l'économie française
          2.3.1. Le trafic routier de transit : 2 millions de camions par an
          2.3.2. La France au cœur du triangle aéroportuaire européen
  Conclusion

▶ **Synthèses** 183
      1. La question de la liaison Rhin-Rhône
      2. La notion d'espace intermédiaire
      3. Roissy : une plate-forme multimodale majeure
      4. Quel avenir pour la SNCF ?
      5. Air France dans la crise du transport aérien
      6. Carte : Les transports en France

▶ **Plans** 194
      1. Le rôle des transports dans l'économie française
      2. Les transports en Europe pour la fin de siècle et leurs conséquences
         régionales en France

▶ **Clés et repères** 200

Sujets possibles

1. Annales

– IEP Paris
Le transport ferroviaire (1986).
Transports et espace économique français (1989).
La France : une grande puissance maritime ? (1992).

– Grandes Écoles de Commerce
Évolution et rôle des transports de marchandises dans l'économie française depuis 1945 (ESCAE 1980).
Transports et espace économique français depuis 1958 (ESCP 1992).

– CAPES et Agrégation
Transports et développement régional en France (CAPES 1983).
La modernisation des systèmes de transport et ses effets sur l'organisation des transports en France (Agrégation d'histoire 1991).
Flux (hommes, marchandises, capitaux), réseaux de transport et logiques d'organisation de l'espace français (Agrégation interne H/G 1993).

2. Sujets de synthèse

(comprenant une réflexion plus ou moins importante sur les transports)
Les activités liées à l'eau (mers, fleuves, rivières, canaux...) dans l'économie française depuis 1945 (ECRICOME 1990).
L'aménagement du territoire en France : succès ou échec ? (IEP Paris 1991).
Les espaces en difficulté du territoire français (Agrégation d'histoire 1993).
1963-1993 : 30 ans de politiques d'aménagement du territoire en France (ESSEC 1994).
Aménagement du territoire en France et inégalités entre les régions (IEP Paris 1995).
Les grandes lignes de l'organisation du territoire français.
L'axe Rhin-Rhône-Méditerranée : rôle et perspective dans l'organisation de l'espace.

3. Sujets traités

Le rôle des transports en France.
Les transports en Europe pour la fin de siècle et leurs conséquences régionales en France.

Cours

Les transports :
un secteur essentiel

Introduction

Les mutations que connaissent l'économie et la société françaises conduisent d'abord à une évolution rapide des transports :
– *la croissance des trafics de marchandises et de voyageurs a été forte jusqu'en 1974*, plus lente jusqu'en 1986, avant de connaître une reprise (1986-1990) pour de nouveau stagner (1992-1994) ;
– *l'importance relative des divers types de transport a été modifiée avec (en 1994) :*

■ le déclin relatif du chemin de fer en ce qui concerne les transports de marchandises (20,6% du transport intérieur de marchandises dont 22% pour le transport combiné* rail-route) malgré une progression nette pour le transport de voyageurs (effet TGV) ;
■ une progression très importante des transports routiers (67% du transport intéricur de marchandises) ;
■ un déclin du transport par voie d'eau (environ 2,4% du transport intérieur de marchandises) ;
■ les pipelines ou tubes représentent le solde du transport intérieur de marchandises (deux oléoducs réalisent l'essentiel du trafic par conduite : entre Le Havre-Paris – 18,7 Mt – et le pipeline sud-européen dans la vallée du Rhône – 25,8 Mt) ;

– *pour les transports internationaux, le commerce maritime domine* le trafic de marchandises (50% en tonnage et 20% en valeur) et le transport aérien le trafic des voyageurs.

Par ailleurs, des liens étroits existent entre l'activité industrielle (ses mutations et ses localisations), la localisation des hommes et les transports (*cf.* les trois révolutions industrielles). Une révolution technique entraîne une révolution des transports qui engendre à son tour des mutations dans la localisation géographique des activités et des hommes.
– Pour la première révolution industrielle, c'est l'apparition du chemin de fer (seconde moitié du XIXᵉ siècle) ;
– le moteur à explosion est à la base de la seconde révolution des transports depuis le début du XXᵉ siècle qui se poursuivra par la révolution des transports maritimes marquant l'apogée de la seconde révolution industrielle à partir du début des années 1960 (gigantisme, conteneurs*) ;
– la communication en temps réel est la mutation de la troisième révolution industrielle (réseaux de données avec l'informatique, satellites et apparition de téléports*).

Enfin, concernant l'aménagement du territoire et l'insertion de la France dans l'Union européenne, les infrastructures de transport sont devenues

cf. *synthèse*
p. 186

un investissement essentiel (TGV, autoroutes). Ce lien entre le désenclavement et le développement économique a constitué le fil directeur de la politique des transports menée depuis 1945 :

- 1945-1958 : reconstruction et modernisation ;
- 1958-1974 : réalisation des grandes infrastructures comme les autoroutes, les voies d'eau, les ports (avec les ZIP ou zones industrialoportuaires : Le Havre, Fos, Dunkerque) et les grands aéroports ;
- 1975-1985 : la crise a eu pour conséquence la réduction des investissements et un plus grand souci de répartition des aménagements sur l'ensemble du territoire ;
- depuis 1985, c'est le retour des grands projets. En effet, la chance de la France pour 1993, c'était et c'est de pouvoir attirer une partie des transports européens et des activités induites sur son territoire.

Les réalisations TGV (Atlantique en 1989 vers Nantes, en 1990 vers Bordeaux ; TGV-Nord en 1993 pour le Nord-Pas de Calais), le tunnel sous la Manche (mai 1994), le tunnel du Puymorens (4,8 km sur l'axe Toulouse-Barcelone, achevé en 1994) en attendant celui du Somport (8,6 km entre Pau-Saragosse pour 1997) sous les Pyrénées ou l'accélération du programme autoroutier, ont *pour vocation de relever ce défi européen.*

1. Les transports intérieurs

La demande globale de transport par voie terrestre a progressé de 3,8% en 1994.

1.1. Les transports terrestres intérieurs

1.1.1. La prépondérance des transports routiers

Un parc automobile dense : la France occupe la 4e place mondiale pour le parc automobile après les États-Unis, le Japon et l'Allemagne : 23 820 000 véhicules en 1994, soit 1 pour 2,4 personnes.
Le nombre de véhicules utilitaires progresse rapidement : 3 247 000 en 1994.
Mais c'est encore un secteur très atomisé :

- 89 000 sociétés dont 85% comptent moins de 10 salariés ;
- 80% de l'activité sont réalisés par 20% des entreprises (les deux plus importantes, Calberson et Mory, ne réalisent que 6% du marché).

De trop nombreuses PME familiales risquent de perdre leur indépendance.

Un réseau autoroutier en rapide mutation : le système de concessions (péage) a permis de passer de 1 600 km à 5 850 km (1970-1990), la France rattrapant son retard.
Deux plans autoroutiers (1986 et 1990) prévoyaient la relance du programme avec deux objectifs essentiels : mieux relier la France à ses voisins européens ; assurer un meilleur désenclavement des grands ports et favoriser les grandes dessertes régionales contournant Paris (exemple de l'autoroute des estuaires devant relier les grands ports de la mer du Nord à la façade atlantique et à la péninsule Ibérique). L'objectif était d'atteindre 10 000 km en l'an 2000 (8 000 km fin 1995).

Les premiers itinéraires à en profiter devraient être Clermont-Ferrand/Béziers, Grenoble/Sisteron et Bordeaux/Clermont-Ferrand.

La composition du réseau routier est très dense et très hiérarchisée :

cf. *carte*
p. 192-193

28 000 km	de routes nationales (RN)
346 000 km	de routes départementales (RD)
425 000 km	de routes communales

soit 805 000 km au total

Le réseau autoroutier actuel rayonne de et vers Paris, bien que des itinéraires évitant la capitale apparaissent dans l'est (notamment l'A 26 Calais-Reims-Dijon) et le sud de la France.

C'est le trafic marchandises qui progresse le plus vite. Plus du quart du trafic s'effectue sur moins de 15 000 km de routes et d'autoroutes, plus de la moitié sur 50 000 km soit 1/6 du réseau. Le trafic augmente assez rapidement (saturation du tunnel du Mont Blanc, forte progression du trafic avec l'Espagne).

cf. *plan*
p. 196

Il existe donc une nécessité : adapter rapidement le réseau. En 1993, en effet, l'ouverture du grand marché a eu diverses conséquences : libre circulation des marchandises, nouvelle répartition entre les unités de production, nouvelle organisation de la logistique* de la distribution et des livraisons. Cette perspective du grand marché conduira vers une conception multimodale* du transport, intégrant différents modes de transport devenus complémentaires, vers la création de réseaux à différents niveaux[1] : niveau régional, niveau national, niveau international, c'est-à-dire un maillage hiérarchisé des différents territoires.

cf. *synthèse*
p. 184

Cela nécessitera la constitution de groupes de dimension européenne. Les plates-formes logistiques* fleurissent un peu partout : la logistique représente 10% à 15% du prix de revient du produit.

La France et ses transporteurs routiers ont une carte à jouer dans le rôle de zone de transit entre le nord et le sud, l'ouest et l'est de l'espace communautaire (entre la péninsule Ibérique et l'Italie ou l'Allemagne ou vers le Royaume-Uni).

1.1.2. Les mutations d'un vieil outil de transport : le chemin de fer

Les adaptations successives du chemin de fer à l'évolution du marché des transports à travers trois révolutions industrielles ont été les suivantes :

- abandon progressif à l'automobile des transports locaux ;
- adaptation des lignes régionales (TER ou train express régional) ;
- spécialisation dans les transports rapides de voyageurs sur de longues distances (électrification, turbo-train puis TGV) ;
- spécialisation dans les transports massifs et réguliers de marchandises ;
- développement du transport de conteneurs* (TEE ou trans-Europe-express) ;

---

1. Dézert (B.) et Wackermann (G.), *La nouvelle organisation internationale des échanges*, Paris, SEDES, DIEM n°13, 1991, 234 pages.

■ abaissement permanent du coût de transport : automatisation, économies d'énergie, d'entretien ;

■ coordination avec les autres moyens de transport : conteneurs*, transports train + auto, services SNCF prolongeant l'utilisation du train.

1994 restera l'une des grandes années du TGV en France avec la mise en service en mai de la gare TGV Lille-Europe et de l'interconnexion des réseaux Nord et Sud-Est à Marne-la-Vallée (Lyon-Lille en 3 heures) ; les nouvelles gares d'interconnexion fer-air de Roissy et Lyon-Satolas ; l'essai des premières rames de l'Eurostar entre Londres et Paris ; l'avis favorable au tracé du futur TGV Méditerranée.

En 1994, à l'étranger, a également été signé le contrat de la réalisation du TGV Séoul-Pusan (1999-2001) : après la France, l'Espagne, le Royaume-Uni, la Belgique et les Pays-Bas, la Corée sera le 6e pays à se doter d'un TGV en attendant l'aboutissement de projets en Asie, en Australie ou au Canada. Des succès ont été obtenus aux États-Unis en 1996 : un TGV en Floride et un train pendulaire entre Boston et Washington.

1.1.3. Un nouveau schéma directeur ferroviaire

Le nouveau schéma directeur ferroviaire à grande vitesse a été proposé le 12 juin 1990 [2] : 16 projets individualisés de lignes nouvelles doivent faire de la France le cœur de l'Europe ferroviaire et ouvrir les régions françaises. En 2010, le TGV circulerait sur un réseau de 11 000 km de lignes nouvelles (4 500 km) et de lignes anciennes aménagées pour un coût total de 200 MDF. Ce sont 16 lignes nouvelles pour des montants d'investissements et des rentabilités financières internes très variables (la SNCF souhaite ne retenir que les projets atteignant 8%).

Ce schéma pose quelques problèmes majeurs d'aménagement du territoire, sans oublier les problèmes financiers :

cf. *carte*
p. 192-193

■ son caractère radial prédominant et le renforcement du rôle parisien (*cf.* interconnexions avec l'étoile parisienne qui sera l'épine dorsale du futur réseau européen du TGV) ;

■ deux transversales seulement vont bénéficier de la grande vitesse : Bordeaux-Marseille et Lyon-Strasbourg ;

■ déclassement de certains axes Paris-Province : par conséquent la façade atlantique risque de se trouver marginalisée par rapport à l'axe de gravité européen qui s'appuiera sur le sillon rhodanien, le tunnel sous la Manche, l'Alsace et la Catalogne. Elle ne sera qu'une suite de culs-de-sac, sans arc ferroviaire de raccordement, aucun projet de liaison franco-espagnole par le sud-ouest n'étant envisagé.

cf. *synthèse*
p. 188

Fin septembre 1993, les décisions ont été prises concernant le TGV Est (300 km pour 20 MDF pour atteindre Strasbourg en 2000), mettant Francfort à 4 heures de Paris au lieu de 6 heures actuellement. La SNCF a obtenu en revanche la prolongation du TGV Méditerranée pour 1999 (Valence-Marseille, 219 km, et Avignon-Montpellier,100 km, premier pas vers l'Espagne et Barcelone, soit 25 MDF d'investissements) pour désencombrer le réseau sud-est.

---

2. Emangard (Pierre-Henri), « Le schéma directeur ferroviaire TGV et l'aménagement du territoire », *Information Géographique*, n° 4, 1990 , p. 154-155.

Tout cela doit déboucher dès 1998 sur des antennes européennes, espagnoles au sud (Séville-Madrid-Barcelone), et nord-européennes :

- Londres-Lille-Bruxelles-Cologne-Francfort d'une part et Paris-Lille-Bruxelles-Anvers-Amsterdam d'autre part ;
- le TGV Montpellier-Barcelone, évalué à 10 MDF, sera en place en l'an 2000. Les études sont lancées. Barcelone ne sera joint qu'en 2005 ;
- le projet TGV Lyon-Turin se précise aussi : un tunnel de 54 km de long sera creusé pour un coût de 20 MDF. La section Lyon-Montmélian est prévue pour 1998 et Turin sera atteint en 2003 ;
- le projet Rhin-Rhône reconstitue un axe de transit particulièrement performant reliant l'Allemagne et la Suisse du nord à la France méditerranéenne et à l'Espagne.

Le rail, la solution d'avenir : d'une part, il s'impose aujourd'hui comme la meilleure réponse, efficace et économique, aux impératifs de sécurité et d'environnement ; d'autre part, le TGV existe, même s'il ne fait que commencer sa percée internationale ; enfin, la route est périodiquement saturée, générant des surcoûts et l'espace aérien est en partie congestionné.

1.2. Les difficultés de la voie d'eau

1.2.1. La faiblesse du réseau navigable

C'est un réseau hétérogène (le canal de Briare franchit la Loire par un pont-viaduc construit en 1643) : au total 8 500 km dont 6 600 km réellement utilisés, soit 3 900 km pour les péniches flamandes de 350 tonnes (plan Freycinet de la fin du XIXᵉ siècle) et 1 860 km pour les péniches de 1 350 tonnes (gabarit européen ou rhénan) ou de plus de 3 000 tonnes (convois poussés).
La France était innovatrice en matière fluviale lorsqu'elle mit en place des canaux, dits Freycinet, au gabarit de 350 tonnes au siècle dernier. Ces canaux reliaient les fleuves tels que le Rhin, le Rhône ou la Seine. Mais, longtemps, le pays a vécu sur ses acquis. La situation est restée en l'état, et les liaisons inter-bassins demeurent, sauf quelques exceptions, au gabarit Freycinet.

C'est un réseau inégalement réparti : absence de liaisons modernes Seine-Nord, Seine-Rhin ou Rhin-Rhône. La conséquence est que le réseau français, l'un des plus étendus d'Europe, est vétuste et inadapté, coupé de la circulation internationale dans la mesure où seulement 6% de ses canaux sont reliés au réseau européen. On diffère depuis des années, malgré les pressions des milieux portuaires et maritimes, les projets Rhin-Rhône et Seine-Est qui permettraient une ouverture vers l'axe rhénan ou Seine-Nord.

cf. *synthèse*
p. 183

Quant à la France de l'ouest, du centre et du sud-ouest, c'est le désert des voies navigables !

Morcellement des entreprises de transport fluvial. Plus de 2 000 entreprises artisanales coexistent avec quelques flottes modernes et compétitives, sur la Seine et le Rhône essentiellement. Le faible gabarit de nombreux canaux gêne la pénétration de flottilles de l'UE et protège paradoxalement les petites entreprises françaises, une flottille qui se modernise malgré tout (navires automoteurs-pousseurs).

	1970	1980	1988	1991
Navires	7 124	5 224	4 296	2 813
Capacité de cales (tonnes)	2 994 000	2 537 000	2 092 000	1 535 420

1.2.2. La crise du transport fluvial

Le transport fluvial est passé de 92 Mt en 1980 à 53,3 Mt en 1994, soit une baisse de 42%. Ce trafic reposait sur 4 grands marchés traditionnels : produits agricoles, combustibles minéraux solides, produits pétroliers et matériaux de construction. Mais, depuis 1986, on assiste à la montée en puissance des matériaux de construction qui couvrent maintenant plus de la moitié du marché national de la voie d'eau (52,4%). Cette situation rend ce mode de transport très vulnérable aux variations conjoncturelles de la demande liée aux matériaux de construction. On peut souligner enfin un progrès dans le transport des produits manufacturés : conteneurs*, produits volumineux.

C'est l'axe de la basse Seine (35 Mt) et le port de Paris (21,3 Mt en 1994) qui jouent le rôle le plus important devant le Rhin (Strasbourg, 9,8 Mt ; Mulhouse, 4 Mt), la Moselle (8,7 Mt à la frontière) et enfin le port fluvial de Lille sur la Deule canalisée avec un trafic de 5,8 Mt.

1.2.3. La voie d'eau revient au centre des préoccupations

La saturation de nombreux axes routiers amène peu à peu les grandes entreprises à modifier leur politique de transports à l'image des industries automobiles comme Renault le long de la Seine, de Paris au Havre. Il en va de même pour les gouvernements (100 000 tonnes transportées par jour par voie d'eau représentent 3 à 4 000 camions de moins sur les routes). L'UE s'en préoccupe, cherchant à valoriser l'existant mais aussi à développer les interconnexions, en particulier la liaison Seine-Nord (budget prévisionnel en 1990 de 10 MDF pour 134 km) ou Seine-Est.

En 1991, le gouvernement français a remplacé l'Office national de la navigation par un établissement public, industriel et commercial : FVN ou France Voies Navigables. Un schéma directeur des voies navigables (SDVN) a été établi, avec trois objectifs :

■ restaurer et gérer les 8 500 km de voies navigables ;
■ puis améliorer le réseau ;
■ et enfin mailler notre réseau sur l'Europe.

Dans son schéma directeur des voies navigables européennes, adopté en novembre 1993, le Parlement européen a retenu 11 grands projets dans le cadre d'un rééquilibrage du réseau européen (le transport fluvial représente 38% du trafic communautaire de marchandises en tonnage). Deux concernent la France : Seine-Nord et Rhin-Rhône.

Les rares canaux et fleuves navigables de gabarit international sont en France épars et débouchent sur des culs-de-sac. Ils n'ont réalisé en 1990 que 3,5% du tonnage/km* transporté au lieu de 7,3% en 1970, leur trafic s'étant réduit de moitié depuis lors.

1.3. La rapide progression des transports aériens

Il y a deux niveaux de transports aériens intérieurs : l'échelle nationale, représentée par Air Inter, dite de second niveau et les compagnies régionales dites de troisième niveau : Brit'Air, Air Littoral...

1.3.1. Assurer l'avenir d'Air Inter

Air Inter (compagnie mixte fondée en 1958, contrôlée par les capitaux publics Air France, SNCF ou privés comme UTA) a déjà subi une première modification de capital en 1988 lors du désengagement de la SNCF ; une deuxième après l'achat d'UTA par Air France le 12 janvier 1990 qui a fait tomber Air Inter (10 800 salariés, 52 avions) dans le groupe Air France (36% du capital appartenaient à Air France, 34% à UTA).

Les trafics et le chiffre d'affaires de la compagnie nationale intérieure sont en progression rapide :

- 5,6 MDF de CA en 1985 et 11,1 en 1992 ;
- 10,5 millions de passagers transportés en 1985 ; 16,6 en 1992 (5e compagnie européenne).

Les comptes de la compagnie intérieure se dégradent. Les progrès du TGV ont ralenti sa progression (perte de 300 000 passagers la première année d'entrée en service du TGV-Atlantique vers Nantes, en 1990) mais aussi la multiplication des grèves : seulement 15,7 millions de passagers transportés en 1995 et 13,6 MDF de CA.

Le projet d'entreprise vise à préparer la compagnie à l'ouverture progressive du ciel français et européen d'ici au 1er avril 1997 : au 1er janvier 1996, Air Inter est devenue Air France Europe pour se développer à l'échelle du continent afin de préparer sa fusion un an plus tard avec les lignes moyen-courrier d'Air France. Cette intégration (120 avions, 26 millions de passagers et un CA de 20 MDF) vise à constituer une compagnie d'envergure européenne pour faire contrepoids à la British Airways et à la Lufthansa mais aussi à reconquérir le marché français lui-même.

1.3.2. L'émergence des compagnies régionales

TAT (Transport Aérien Transrégional ex-Touraine Air Transport), créée en 1976, est devenue la 2e compagnie aérienne intérieure depuis janvier 1990, après avoir absorbé 17 compagnies régionales (1,5 MDF de CA en 1995).

British Airways s'est alliée avec TAT (septembre 1992) qui cherchait un autre partenaire, devenant TAT European Airlines, la compagnie britannique ayant acquis 49,9% du capital et s'engageant à en détenir 100% au plus tard le 1er avril 1997.

On assiste au développement rapide des compagnies régionales comme Air Vendée, née en 1976 avec un bimoteur en direction de l'île d'Yeu. Devenue Régional Airlines le 28 novembre 1991 en fédérant autour d'elle un regroupement avec trois autres compagnies régionales, la compagnie (320 salariés et 20 avions, 120 vols quotidiens sur 65 lignes en 1995) s'ancre en province tout en s'aventurant en Europe (Barcelone, Madrid, Porto, Milan, Amsterdam, Manchester) avec des résultats probants.

1.3.3. La déréglementation du ciel français

La déréglementation* française s'accélère après la concentration Air France/UTA et avec l'échéance du marché unique.

Air Inter a vu son monopole sérieusement écorné par d'autres compagnies (Air Liberté, AOM...) et devra se roder à une concurrence plus sévère dans l'hexagone : après Orly-Nice depuis 1991, ce sont Orly-Marseille et Orly-Toulouse qui ont été ouvertes depuis le 2 janvier 1995 (elles représentent à elles seules 20% du CA d'Air Inter et 3,8 millions de passagers par an). D'autre part, Orly accueillera des vols Paris-Londres de compagnies concurrentes.

A partir du 1er janvier 1996, les compagnies aériennes françaises ont toute latitude pour ouvrir des lignes nouvelles en attendant la liberté totale du ciel européen au 1er avril 1997.

Vingt-deux lignes aériennes vont enfin être subventionnées en 1996 par un fonds de péréquation : l'objectif est de contrer les effets pervers de la concurrence sur l'aménagement du territoire. Ce système d'aide est prévu par la réglementation européenne pour compenser les conséquences de la libéralisation du ciel sur les petites lignes. Ces subventions concernent surtout des compagnies régionales.

Conséquence de la déréglementation*, de nouveaux pôles privés se dessinent dans le ciel français : un premier autour d'Air Liberté (14 avions, 1 200 salariés et un CA de 1,8 MDF), un second se constituera autour d'AOM qui appartient à la structure de cantonnement chargée de vendre des actifs du Crédit Lyonnais et un troisième devrait réunir de petits transporteurs basés en province et qui exploitent aujourd'hui des liaisons inter-régionales.

Air Inter, déficitaire depuis trois ans, doit démontrer sa capacité à faire face à la concurrence sévère qui s'annonce sur ses lignes les plus rentables.

2. Les transports internationaux

Le commerce international de la France génère plus de 650 Mt de fret par an soit plus de 2 500 MDF, le transport maritime en assure l'essentiel : il représente en tonnage presque la moitié du total et le cinquième en valeur.

2.1. L'importance capitale des transports maritimes

2.1.1. Le naufrage de la flotte française

Elle est passée en 15 ans de la 5e place mondiale (1976) à la 27e au 1er juillet 1990, juste derrière la Roumanie et les Bermudes à quasi-égalité avec l'Iran, soit 0,8% de la flotte mondiale.

Depuis, sa dégradation semble s'être stoppée. Au 1er janvier 1994, la flotte française comptait 29 navires transportant des passagers (transbordeurs), 31 porte-conteneurs, 62 pétroliers et 93 cargos ou bâtiments divers (215 navires, 4M de tjb*, 9 076 navigants), soit la 20e place mondiale avec 9 000 emplois. 46% de la flotte sont sous pavillon étranger. Le CA du secteur était de 20 MDF en 1994 pour un tonnage transporté de 95 Mt. Enfin, faute d'investissements, la flotte a vieilli (âge moyen 14 ans).

Les causes de ce recul sont simples :

■ la surcapacité mondiale qui a frappé la flotte maritime après les deux chocs pétroliers ;

■ une crise aggravée par le dumping des pays de l'Est (Russie) et des pays neufs (Asie du sud-est) ;

■ la revendication au droit de transport des pays du Tiers Monde dans le cadre de la CNUCED ;

■ les charges sociales et la vétusté des règles qui régissent les embarquements poussent à l'immatriculation sous des pavillons de complaisance ou à la filiation de la flotte à l'étranger ;

■ une mauvaise intégration continentale des ports dans l'organisation des transports.

2.1.2. Des plans pour sauver la marine marchande

Tout cela est grave car le pavillon prend une importance grandissante sur le contrôle de la vie économique d'une nation. Ainsi, la part du pavillon français dans le transport du commerce extérieur national est stable depuis 1988 : 11 % en tonnage, mais 35 % en valeur, ce qui est bien modeste pour la 4e puissance exportatrice mondiale.

De plus, outre des avantages pour la balance des paiements* ou pour l'emploi, le pavillon donne un pouvoir d'intervention sur les grands courants de marchandises, alors que la mondialisation de l'économie procure à ces flux maritimes une importance primordiale, sans en oublier l'aspect stratégique que l'on a pu mesurer lors de conflits récents lointains comme aux Malouines en 1982 ou au Koweit en 1991.

Pour sauver les vraquiers qui passaient sous pavillon étranger, le gouvernement français a créé un *pavillon-bis*, *les Kerguelen*, archipel de l'océan Indien (appartenant aux TAAF ou terres australes et antarctiques françaises), en 1987, auquel ne s'applique pas le code du travail maritime. Ce plan a aussi mis en place *des aides à l'achat* (investissements).

Un nouveau plan marine marchande (1995-1997) a repris l'essentiel des aides à l'investissement en les doublant et en poursuivant les allégements de charges sociales. On s'oriente aussi vers l'instauration d'un régime fiscal incitatif permettant de financer les navires selon le système des quirats, c'est-à-dire en copropriété, pour relancer l'investissement.

2.1.3. Deux groupes d'importance mondiale en difficulté

Cinq groupes contrôlent 70 % du tonnage.

CGM ou Compagnie Générale Maritime (plus la SNCM, Société Nationale Corse-Méditerranée) est passée de 83 navires et 7 700 salariés en 1977 (naissance du groupe par la fusion de la Compagnie Générale Transatlantique et de la Compagnie des Messageries Maritimes) à 16 navires et 1 370 salariés en 1995.

Après des pertes de 450 MF en 1993 et des prévisions de 900 MF en 1994, les plans de réduction d'effectifs et d'économie se succèdent (réduction de la flotte de 23 à 16 navires et passage de l'ensemble sous pavillon TAAF, suppression d'emplois à terre, filialisation des lignes, abandon de l'Atlantique nord à l'été 1993 puis de l'Extrême-Orient début 1995, mise en place d'un partenariat avec Delmas pour la gestion de leurs flottes, vente d'actifs non stratégiques).

L'État actionnaire a encore apporté 1,6 MDF en 1993-94 à la CGM en contrepartie des efforts de redressement qu'elle poursuit, ceci dans le cadre d'un plan étalé sur 3 ans (1994-1996) pour assainir définitivement les comptes en 1996 et apurer l'endettement (3 MDF). La CGM n'est maintenant qu'une compagnie de troisième ordre (CA de 4,9 MDF) qui sera privatisée de gré à gré.

Delmas-Vieljeux est devenu le premier groupe privé français après le rachat en 1986 de la Navale et Commerciale Havraise Péninsulaire (NCHP présente dans l'océan Indien) puis en 1988 des Chargeurs Réunis (Extrême-Orient, Antilles, RSA). Delmas-Vieljeux est lui-même très implanté sur la COA (Côte occidentale d'Afrique).

Le 31 mai 1991, l'armateur Tristan Vieljeux a vendu ses parts à Vincent Bolloré qui possédait déjà la SCAC, un chargeur. La fusion-absorption de la SCAC par Delmas a donné naissance à un nouveau groupe SDV (Scac-Delmas-Vieljeux), qui occupe le 15e rang mondial du transport maritime et pèse 14 MDF en chiffre d'affaires.

En 1992, la SDV a clos son exercice par une perte de 35 MF avec des difficultés sur les lignes africaines (restructuration des services imposée par Bruxelles contre la position de monopole sur la COA) et la concurrence des Russes dans l'océan Indien.

Un plan de relance a été mis en place, conduisant à des cessions de navires (46 navires dont seulement 14 sous pavillon français), à la réduction des coûts et à la réorganisation des lignes de 1994 à 1996 (COA mais aussi océans Indien et Pacifique). La Delmas a renoué avec les bénéfices dès 1994.

Les groupes Worms (Compagnie Nationale de Navigation), la CFP (Total) et Louis Dreyfus (47 navires, 1er rang mondial pour le transport de céréales et des minerais par navire de gros tonnage) se partagent le reste de la flotte marchande française.

La situation semble assainie (une flotte stabilisée à 300 navires : 1/3 sous pavillon français, 1/3 sous immatriculation Kerguelen, 1/3 sous pavillons étrangers), mais à quel prix (le nombre de navigants a chuté de 29 000 à 9 000 de 1976 à 1994) et sans que la pérennité des armements ne soit assurée !

2.2. Les ports français, une faible croissance et des sureffectifs

2.2.1. Un trafic de 300 Mt en 1994

Ports	1989	1991	1992	1993	1994
Marseille	93,4 Mt	89,3 Mt	90,4 Mt	87,3 Mt	91 Mt
Le Havre	52,2 "	57,2 "	53,1 "	54,9 "	54,3 "
Dunkerque	39,0 "	40,7 "	40,2 "	40,8 "	37,2 "
Nantes	24,0 "	25,2 "	24,8 "	24,7 "	24,4 "
Rouen	20,9 "	23,7 "	24,0 "	23,6 "	19,5 "

Ces résultats donnent la 3e place européenne à Marseille, la 5e pour Le Havre. Mais, en trafic de marchandises diverses*, à part des hyper-spécialisations comme Rouen (1er port européen d'exportation de céréales avec 9 Mt), les ports français sont dominés par les ports du « delta d'or » (Rotterdam, Anvers).

La réforme de la manutention devait améliorer la compétitivité de nos ports face à la concurrence. Le statut des dockers datait de 1947 et générait un fort taux d'inactivité, pesant sur la compétitivité des ports : le taux d'inemploi dépassait 40% (Bordeaux, Nantes, Dunkerque, Marseille). Après des négociations, une nouvelle organisation du travail a été proposée aux dockers.

Fin 1993, après imposition de la réforme port par port, le nombre de dockers mensualisés était de 3 147 (39% de l'effectif global) et 868 intermittents, soit 4 015 au total contre 8 300 en 1992.

Avec un tonnage total de 296 Mt en 1995, le trafic des ports français a baissé de 0,2% (baisse des marchandises diverses* de 2,2% avec la mise en service du tunnel sous la Manche, contraction de trafic passagers de 7% pour la même raison). Le seul point encourageant est la forte croissance du trafic de conteneurs*. Le thème du déclin portuaire est toujours d'actualité : malgré la réduction de moitié des effectifs de dockers, les entreprises de manutention sont exsangues ; la compétitivité des ports est toujours insuffisante et la qualité de leurs accès routiers, ferroviaires et fluviaux encore perfectible.

2.2.2. Le Havre : investissements et productivité

Le Havre se bat pour devenir le meilleur port rapide du *Northern Range* (+ 10% de productivité par an) : 40 lignes maritimes ont été conquises depuis 1986 (250 au total), des quais nouveaux, des portiques (3 à 5 MDF par portique) ont été installés ; 1er port français de marchandises diverses (56% du trafic national de conteneurs*), 5e d'Europe.

Le Havre est passé de 600 000 EVP* à 900 000 en trois ans (1989-1992) et à 1 million en 1994 ! Le Havre et Singapour (leader mondial pour le trafic de conteneurs*) se sont interconnectés informatiquement pour accélérer encore les manutentions, les formalités et gagner ainsi en efficacité.

Le Havre renoue avec la croissance, malgré les turbulences d'une mensualisation des dockers plutôt laborieuse, et repart de l'avant avec de nouveaux investissements programmés jusqu'en 1998 : mise en service du bassin du Pacifique pour conteneurs*, construction d'un terminal* fruitier au bassin Bellot, nouvelles installations pour le trafic transmanche (terminal Manche-citadelle et gare maritime).

Le Havre bénéficiera aussi de l'achèvement des grands projets d'infrastructures qui accompagnent les investissements portuaires : mise au gabarit des tunnels SNCF vers Paris dès 1994, désenclavement vers le sud par le pont de Normandie en 1995, accès aux marchandises diverses* de la Picardie (détenues en grande partie par les ports du Benelux) grâce à l'autoroute A 29.

Pour contenir la noria des futurs porte-conteneurs de 5 000 EVP* qui feront le tour du monde est-ouest dès 1996, Le Havre s'engage dans un nouveau projet « Port 2000 » qui consistera en la construction d'un port en eau profonde dans l'estuaire de la Seine : une digue protègera un premier quai de 700 m de long et d'une superficie de 800 ha.

2.2.3. Le port de Marseille dans la tempête

Bien que 1ᵉʳ port méditerranéen pour le trafic de conteneurs*, *en 5 ans (1985-1990), le 1ᵉʳ port français a enregistré la fermeture du tiers de ses lignes régulières.* Si Marseille est resté le 3ᵉ port européen, c'est grâce au déchargement du pétrole qui transite par le pipeline sud-européen (47% du trafic pétrolier français).

Les raisons en sont :

■ manque de compétitivité : Barcelone et Gênes emploient 3 fois moins de dockers par bateau ;
■ mauvais climat social (grèves…) ;
■ sous-investissement ;
■ trafics en tout genre.

Marseille vient de fonder *Marseille Europort* pour donner des objectifs à moyen terme à un outil qui procure 40 000 emplois à la région :

■ d'abord récupérer les conteneurs* perdus pour atteindre un trafic d'un million d'EVP* par an en développant la capacité de Fos (500 000 EVP portés à 700 000 EVP) ;
■ la croisière avec le nouveau port d'attache français de la compagnie de croisières Costa-Paquet ;
■ la construction d'un terminal* fruitier (bananes et ananas) ;
■ le cabotage* et redistribution en créant un métro maritime (feedering*) entre Barcelone, Marseille et Gênes afin de diminuer la saturation des axes routiers ;
■ le renforcement du trafic d'hydrocarbures ;
■ et enfin conforter le pôle réparation navale.

Le principal souci est de repousser les limites de l'arrière-pays* de Marseille au nord d'une ligne Bordeaux-Mulhouse. Le principal projet est celui de la création d'un pont terrestre* Marseille-Le Havre qui permettrait de se connecter sur Eurotunnel, de développer les importations conteneurisées en provenance d'Extrême-Orient à destination du Royaume-Uni, en gagnant 4 à 5 jours de délai de mer.

Cependant, le trafic des ports français est trop dispersé face à la concurrence des grands ports du Northern Range : 19 ports dépassent 1 million de tonnes !

2.3. Des flux vitaux pour l'économie française

2.3.1. Le trafic routier de transit : 2 millions de camions par an

Annuellement, deux millions de camions sillonnent les routes françaises, transportent 32 Mt de marchandises. Une faible part de ce trafic de transit par l'hexagone est assurée par les transporteurs français (7% seulement) alors que les transporteurs espagnols en assurent près du quart (24%).

On constate que plus de la moitié du trafic routier international transitant par la France concerne les deux pays de la péninsule Ibérique.

40% des tonnages concernent des produits agricoles ou alimentaires, plus d'un tiers des flux est constitué de produits manufacturés. Ce trafic de transit s'élève à 26 milliards de tonnes/km. Ces données peuvent être comparées aux volumes des trafics internationaux : ainsi, l'acheminement du commerce extérieur de la France génère sur le territoire français un trafic de 42,3 milliards de tonnes/km.

Le flux de transit ferroviaire à travers la France s'élève à 9 Mt (soit une part de 22% pour le fer et de 78% à la route pour le trafic terrestre de transit). Les 3/4 de ces trafics ferroviaires concernent des produits manufacturés. Le tiers du trafic terrestre émis ou reçu par la Belgique (et en transit à travers la France) est acheminé par le fer. À l'opposé, le transport ferroviaire n'assure que 12% du transit émis ou reçu par la péninsule Ibérique.

2.3.2. La France au cœur du triangle aéroportuaire européen

La France et plus particulièrement Paris appartiennent au triangle aéroportuaire européen (Londres-Paris-Francfort). Les ADP (Aéroports de Paris) viennent à la :

■ 7e place mondiale derrière New York, Chicago, Tokyo, Londres, Dallas, Los Angeles en 1994 ;
■ 2e place européenne pour les ADP : 55,3 millions de passagers derrière Londres (76,7 millions) mais devant Francfort (35 millions).

L'ouverture du ciel européen à la concurrence, l'engorgement chronique d'Orly (limité à 200 000 mouvements d'avions par an pour contenir les nuisances) et de Roissy (36 millions de passagers en 1994), la multiplication des fréquences avec la technique du hub*, ont décidé le gouvernement à envisager la construction de deux pistes courtes à Roissy destinées aux atterrissages mais à abandonner la cinquième piste longue prévue originellement. Les riverains bloquent toute extension : depuis 1975, les règlements d'urbanisme n'ont pas su contenir l'afflux des habitants attirés par les 41 000 emplois générés par l'activité aéroportuaire. Cet aéroport qui devait être la plate-forme* la plus moderne et la plus forte en potentiel de toute l'Europe grâce à une réserve foncière considérable (3 000 ha soit le double de celle d'Orly) est désormais condamné à une progression limitée.

cf. *synthèse* p. 186

En revanche, le rôle de Paris (2e système aéroportuaire d'Europe et 7e mondial) mais aussi la santé économique de l'ensemble du Bassin parisien (1 million de passagers = 2 000 emplois au sol) sont en jeu. Aussi, le gouvernement a-t-il décidé la construction d'un 3e aéroport avant 2015 (coût 25 MDF) qui devra répondre à trois critères : proximité de Paris, synergies avec les infrastructures routières et ferroviaires, éloignement suffisant des zones urbanisées (nuisances). Parmi les candidatures, on peut relever celle de la région Picardie qui dispose à Beauvais et le long de la voie TGV Paris-Lille de sites proches de Paris ; celle aussi de la région Centre pour les régions de Tours-Orléans ou Chartres, à proximité de la desserte TGV Atlantique.

Très loin derrière les Aéroports de Paris viennent (1994) :

Strasbourg, Pointe-à-Pitre, Fort-de-France, Montpellier et Nantes complètent la liste des aéroports millionnaires en 1994.

Nice	6,1 millions de passagers
Marseille	4,6 "
Lyon	4,1 "
Toulouse	3,2 "
Bordeaux	2,3 "

Conclusion

Les transports (infrastructures-désenclavement) sont vitaux pour l'avenir d'un pays. La France devient le lieu de passage obligé pour les liaisons avec l'Espagne ou le Portugal ou à l'avenir vers le Royaume-Uni. Elle a une carte maîtresse à jouer pour rééquilibrer les transports, donc les flux européens vers son territoire. Cela générera trafics, activités et richesses.
D'autre part, l'économie d'un pays repose largement sur les prix, la rapidité et la fiabilité de ses transports maritimes. D'où la nécessité d'une politique des transports qui soit maritimiste.

La déréglementation* à l'horizon 1992 a précipité les regroupements. La recherche de l'effet de taille, l'acquisition de réseaux ont été les politiques menées par les compagnies aériennes et maritimes.
– *Un handicap certain* : les lacunes persistantes du réseau fluvial. L'absence d'une grande liaison fluviale fige les potentialités de développement de la façade méditerranéenne.
– *La façade atlantique a du mal à se développer en complémentarité avec l'ouest ibérique et l'ouest des îles britanniques* : développer un cabotage*, des trafics routiers* ou de conteneurs* (Arc atlantique). L'ouverture progressive du cabotage européen à la concurrence est peut-être un espoir.
– *Enfin une adaptation permanente* : le développement accéléré du transport combiné* qui allie la faible consommation d'énergie du rail à la souplesse de la route.

Le problème majeur de l'intégration européenne se situe au niveau des infrastructures. Le maillage de notre réseau avec ceux de l'Europe devrait permettre de dynamiser les transports en France. Il apparaît que la connexion du réseau sur l'Europe dans une conception multimodale* sera la clé de la réussite dans une approche globale des transports en France. *La trimodalité* est un atout majeur pour la compétitivité des économies nationales.
La France dispose de points forts : Le Havre et Dunkerque pour les ports, Roissy pour les aéroports, en ce qui concerne les infrastructures.
En revanche, des entreprises considérées comme dynamiques et performantes il y a quelques années, la Scac-Delmas-Vieljeux et la CGM pour les transports maritimes ou nos compagnies aériennes, souffrent beaucoup dans la récession actuelle.

cf. *synthèse* p. 186

cf. *synthèse* p. 190

Synthèses

1. La question de la liaison Rhin-Rhône

Le canal à grand gabarit Rhin-Rhône (4 400 tonnes) reste à réaliser pour établir la liaison mer du Nord-Méditerranée (229 km, soit 1/6ᵉ du trajet). La déclaration d'utilité publique qui date du 28 juin 1978 a été prolongée jusqu'en 1998. Aujourd'hui, le gouvernement accélère ce chantier pour ne pas prendre de retard sur le développement fluvial de l'Europe centrale qui déjà dispose du canal Main-Danube : le gouvernement vient de confier à une société constituée à parité par EDF et la CNR* (Compagnie nationale du Rhône) la mission de mener à bien cette réalisation, au plus tard en 2010, ce que prévoit la loi pour l'aménagement et le développement du territoire (4 février 1995).

Selon la CNR*, le projet coûterait environ 17,2 MDF, soit l'équivalent de 300 km d'autoroutes, sur 12 ans. Une vingtaine de collectivités locales interviendraient pour 20%, le reste proviendrait du budget de France Voies Navigables et d'autres financements complémentaires. Les perspectives de trafic sont de 13 Mt à 14 Mt en 2010 et de 3 Mt de trafic supplémentaire pour le port de Marseille, pour une rentabilité de 7% à 10%. Enfin, cette liaison permettrait de créer des plates-formes multimodales* et des emplois (entre 2 600 et 5 400).

La France souhaite que l'UE participe au projet au même titre qu'elle participe au projet Seine-Nord.

– Sont pour la CNR, les collectivités et le port de Marseille, lequel pourrait ainsi développer son arrière-pays* et trouver de nouveaux marchés. Achever Rhin-Rhône permettrait à la voie rhodanienne de bénéficier de l'**effet de réseau** qui lui manque actuellement, de donner à Fos la possibilité de remonter vers le cœur de l'Europe.

Ensuite, le **transport combiné*** rail-voie d'eau et route-voie d'eau va prendre toute sa dimension dans les années à venir pour les économies d'énergie (1 convoi fluvial de 4 400 t = 110 wagons de 40 t ou 220 camions de 20 t). La liaison Rhin-Rhône pourrait y jouer un rôle essentiel.

Enfin, le Rhône n'utilise que 20% de ses capacités alors que le rail et la route approchent de la saturation : une **alternative économique** alliant régularité et fiabilité serait donc offerte aux entreprises. De plus, les barrages devraient permettre une meilleure régulation des crues.

– 250 associations de défense de la nature sont contre, en raison de l'impact sur l'environnement paysager du Doubs et sur l'hydrologie de la Saône : construction de barrages atteignant 12 m de hauteur, disparitions d'habitations et de 4 700 ha de terres agricoles.

Pour l'instant, les derniers travaux de dragage de la Saône ont été réalisés entre 1993 et 1995. A cette date, la Saône et le Rhône seront navigables sur une longueur de 530 km depuis Port-Saint-Louis-du-Rhône à Saint-Symphorien. Il faudra alors commencer la mise au gabarit européen du canal du Rhône au Rhin : depuis février 1995, on a engagé les travaux du canal Niffer-Mulhouse entre le canal d'Alsace et le port de l'Ile-Napoléon.

2. La notion d'espace intermédiaire

Les géographes opposent dans leurs découpages synthétiques de l'espace « centres » et « périphéries » ou « espaces dominés » … Or, dans cette dichotomie centre-périphérie à vocation universelle, une catégorie pourtant bien représentée a été escamotée, les « espaces intermédiaires » qui seraient représentés ainsi par les espaces non «périphériques» *stricto sensu*, mais situés entre deux « centres » (ou plus). Ce sont donc des territoires de passage obligé, avec des flux généralement intenses qui les traversent[1].

Esquisse de typologie

Trois critères essentiels peuvent servir de fondements à une classification rapide.

– Pour **le nombre des pôles encadrants**, d'abord, le cas le plus fréquent est évidemment celui du rapport bilatéral. Mais il existe aussi des espaces en position intermédiaire sur deux axes fort différents.

– Joue ensuite **l'éloignement des pôles encadrants**. On peut distinguer deux catégories de couples.

Les premiers sont séparés par 200 km à 300 km, c'est le cas entre Paris et le Nord-Pas-de-Calais.

Les seconds sont distants de 500 km à 600 km : Paris et Lyon.

– En ce qui concerne enfin **la nature des rapports entre pôles encadrants**, il est des cas de déséquilibre flagrant. En Bourgogne, l'influence parisienne est beaucoup plus étendue et profonde que l'influence lyonnaise, même si le point de gravité de la région est plus proche de Lyon.

Au déséquilibre de puissance peut s'ajouter une différence de nature : l'ancienneté de fonctionnement, l'histoire du couple jouent sans aucun doute aussi leurs rôles. Des couples sont intra-nationaux, d'autres trans-frontaliers.

À la variété des trafics s'ajoute enfin celle des infrastructures de liaison.

Il existe donc une assez large diversité dans les conditions de naissance et d'évolution des espaces intermédiaires. Cependant ils sont tous caractérisés par un phénomène géographique remarquable. En effet, **leur fonction d'interface** devrait les amener à terme, à partir des activités de contacts et d'échanges entre leurs foyers encadrants, à se muer à leur tour, théoriquement, en pôles moteurs. Un tel processus a touché, par exemple (mais passagèrement …), l'espace intermédiaire champenois au Moyen Âge, avec ses foires dynamiques entre les deux centres flamand et italien. Mais les conditions économiques ont changé et, en particulier, les données de circulation.

Essai de définition à travers l'exemple bourguignon : un espace utilisé

Le critère le plus pertinent pour définir la nature « intermédiaire » d'un espace donné réside évidemment dans les propriétés de ses circulations.

– Pour l'ensemble des modes de transport, une étude comparative montre que la Bourgogne, région seulement « moyenne » quant à ses résultats bruts, apparaît par contre, dès lors qu'on les rapporte à sa population, comme une région française dotée d'une **sur-puissance relative de ses circulations**, disproportionnées par rapport à son poids démo-économique.

---

1. Bavoux (Jean-Jacques), « La Bourgogne : un archétype d'espace intermédiaire ? », *Annales de Géographie*, n° 570, 1993, p. 162-174.
Bavoux (Jean-Jacques) et Charrier (Jean-Bernard), « Toscane, Bourgogne et circulations : deux régions intermédiaires », *Information Géographique*, n° 4, 1995, p. 143-163.

– L'évaluation du poids du transit permet de mettre en évidence **un transit exceptionnellement massif** en Bourgogne.

– Enfin, la structuration des réseaux et flux bourguignons :

■ pour le mode routier, domination outrancière du courant autoroutier Paris-Lyon ;

■ la Bourgogne ferroviaire parvient un peu mieux à une structuration de type « carrefour », par un jeu fourni d'axes transversaux autour de Dijon, mais que l'irruption du TGV Paris-Lyon est venue toutefois déséquilibrer à nouveau ;

■ la Bourgogne fluviale (très secondaire) apparaît comme un espace éclaté, avec un axe principal, la Saône, tourné vers la France du vide fluvial et quelques antennes qui la relient fort médiocrement à la France du nord et sa batellerie active.

Mais, au total, **la diagonale Paris-Lyon domine nettement la circulation**, dans une Bourgogne maillon de « l'isthme* français » et terre de passage plus que de carrefour. En effet, les transversales est-ouest n'ont jamais compté, malgré les efforts des Bourguignons et leur rêve permanent de la croix parfaite sur leur territoire, car, à l'est comme à l'ouest, il n'existe pas (et il n'a jamais existé) de foyers économiques moteurs.

Finalement, un espace intermédiaire serait défini, à l'image de la Bourgogne, par une situation triplement déséquilibrée :
• surpuissance des activités de transport dans l'économie,
• surpuissance des transits dans les trafics,
• surpuissance d'un axe dans la carte des circulations.
Enfin et surtout, la quasi-totalité du trafic Paris-Lyon évite aujourd'hui Dijon, à l'image du TGV Sud-Est qui perfore le territoire bourguignon comme un véritable intrus.
Marginalisée, Dijon n'est plus **LE** carrefour bourguignon.

Est-ce un cas unique ou un modèle universel, un *chorotype* ?

Le Centre, Champagne-Ardenne et la Picardie ont un profil très proche de celui de la Bourgogne. Or, dans les quatre cas, outre la sur-activité dans les transports et l'emprise du transit, on constate la puissance des radiales parisiennes et la faiblesse du réseau transversal. Pour toutes les facettes de l'activité des transports, la couronne péri-francilienne présente bien une incontestable et remarquable unité.

Avec moins de puissance, le Limousin, entre Paris et Toulouse, voire Bordeaux, présente des caractères identiques.

Ces espaces intermédiaires présentent des faiblesses : leur linéarité peut être source de dysharmonies (souvent deux rives servent de zones frontières), ensuite se posent des problèmes de dépendance et enfin l'influence des transits sur l'essor économique a ses limites : les facilités de circulation ne peuvent générer à elles seules le développement économique et urbain.

3. Roissy : une plate-forme multimodale* majeure

L'Europe des transports est en pleine transformation : déréglementation* du transport aérien, mise en place d'un réseau TGV. En découlent des dynamiques de concentration sur quelques axes lourds ou sur quelques points visant à accroître productivité et rentabilité.

Simultanément, la mobilité croissante des hommes, les encombrements routiers mais aussi aériens, incitent à la recherche d'une complémentarité intermodale*, notamment train/avion par l'interconnexion des moyens de transport.

Le trinôme d'interconnexion : unité de base de l'intégration

Si l'interconnexion autoroute-aéroport est déjà ancienne, celle des modes aérien et ferroviaire constitue la nouveauté des deux dernières décennies du XXᵉ siècle.

Localement, une **interconnexion** réussie est composée de trois éléments indissociables :

■ une plate-forme* aéroportuaire desservie par autoroute et par chemin de fer ;

■ une plate-forme* d'interconnexion (au cœur de l'agglomération) entre un réseau ferré à longue distance (classique et à grande vitesse) et un système de transport urbain et régional (métro, tramway, RER) ;

■ entre les deux, un raccordement ferroviaire à desserte cadencée complète l'équipement autoroutier préexistant (ou voie rapide).

Ce **trinôme d'interconnexion** est aussi une entité fonctionnelle et forme un nœud majeur intégré.

Ainsi, à **Roissy**, la présence, dès l'été 1995, de la gare d'interconnexion des TGV à Roissy et à Marne-la-Vallée est un atout majeur supplémentaire pour la poursuite des extensions (en 1995, mise en service du hall C de Charles De Gaulle en attendant pour 1997 la première tranche de CDG 3 qui comprendra aussi 4 terminaux à terme puis deux pistes supplémentaires dont une dès 1997).

Le futur réseau intégré : une nouvelle trame de l'espace européen

Situé à la fois au cœur de ce réseau et au centre de l'Europe occidentale, un anneau des excellences formé de tous les **nœuds majeurs** (interconnexions réussies) reliés entre eux par des axes (avion + TGV) liera l'Europolygone des capitales du Nord (Paris, Bruxelles, Amsterdam, Cologne, Francfort) et les métropoles péri-alpines du Sud (Zurich, Genève, Lyon).

Les extrémités anglaises (Londres, Manchester) et italiennes (Milan et Rome) de la dorsale européenne seront le point de départ d'axes secondaires avec des **trinômes incomplets** : absence de desserte ferroviaire à longue distance des aéroports ; simple desserte urbaine entre les deux plates-formes.

Les métropoles des périphéries nord (Hambourg, Copenhague et Glasgow), ouest (Nantes, Bordeaux, Toulouse) et sud (Marseille ou dans la péninsule Ibérique) seront au rang le plus bas de cette hiérarchie par suite d'**absence de trinômes**, soit par dispersion des sites (aéroport, gare centrale ou gare TGV hors agglomération), soit par absence de liaison ferroviaire aéroport/centre-ville, soit par cumul de ces deux déficits.

Ainsi, une nouvelle trame de l'espace européen se met en place dans un contexte de forte concurrence.

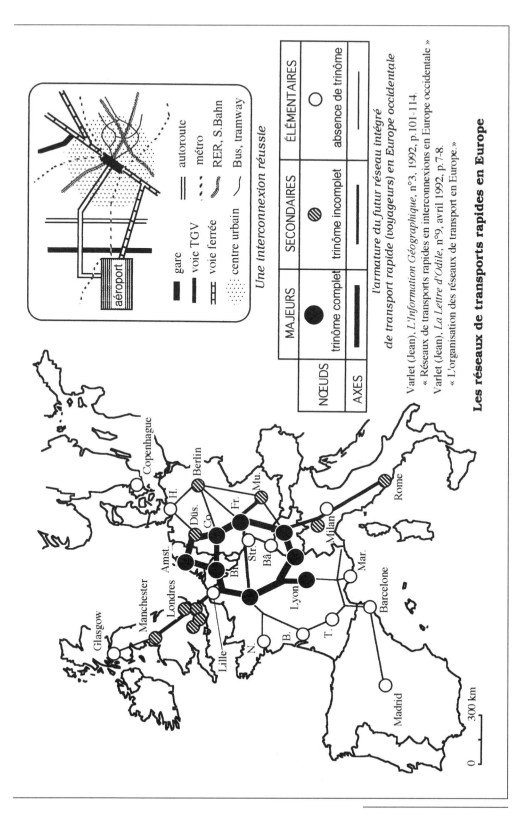

Les réseaux de transports rapides en Europe

Varlet (Jean), *L'Information Géographique*, n°3, 1992, p.101-114.
« Réseaux de transports rapides en interconnexions en Europe occidentale »
Varlet (Jean), *La Lettre d'Odile*, n°9, avril 1992, p.7-8.
« L'organisation des réseaux de transport en Europe. »

*l'armature du futur réseau intégré
de transport rapide (voyageurs) en Europe occidentale*

	MAJEURS	SECONDAIRES	ÉLÉMENTAIRES
NŒUDS	trinôme complet ●	trinôme incomplet ◍	absence de trinôme ○
AXES	▬▬	▬	—

Une interconnexion réussie

gare —
voie TGV —
voie ferrée ▭
centre urbain ⦂

autoroute ‖
métro ⦙
RER, S.Bahn ∿
Bus, tramway ⌒

aéroport

4. Quel avenir pour la SNCF ?

Née en 1937, c'est au départ une société mixte (l'État y possédait 51% de son capital) qui regroupe les 6 compagnies ferroviaires qui, depuis Napoléon III, se partageaient le territoire français : Compagnies du Nord, de l'Est, de l'Ouest, du PLM (Paris-Lyon-Marseille), de Paris-Orléans, du Midi. En 1983, l'État a acquis la totalité de son capital.

La SNCF gère le 2e réseau de voyageurs en Europe (829 millions de passagers dont 542 en région parisienne) derrière l'Allemagne et le 3e de marchandises (134 millions de tonnes de fret*), derrière l'Allemagne et la Pologne.

La SNCF est toujours en quête d'un rééquilibrage financier

1983	− 8,4 MDF,
1989	+ 200 MF ou le premier bénéfice depuis 10 ans,
1992	− 3 MDF (106,7 MDF de dettes fin 1992 et 11 MDF par an de charges financières),
1993	− 7,7 MDF (récession économique ; poids de la dette imputable aux investissements colossaux des TGV : à 50 MF du km, il faut 20 MDF pour réaliser une ligne nouvelle ; pertes voyageurs avec la mise en service du système Socrate),
1994	− 8,2 MDF malgré la reprise économique (12,7 MDF de remboursements d'emprunts ; augmentation de la dette : 155 MDF contre 137 MDF fin 1993).
1995	− 16,6 MDF (− 12 MDF pour le compte infrastructures et − 4,6 pour le compte exploitation) avec un CA de 51,9 MDF (recettes en baisse de 3,9% : tassement du trafic voyageurs suite aux attentats, effets des grèves de fin d'année, hausse des charges financières à 15 MDF) malgré 48 MDF d'aide publique par an.

Dans le contrat de plan avec l'État (1990-1994), ce dernier avait accepté de reprendre 38 MDF des dettes accumulées par la compagnie depuis 20 ans.

En échange, la SNCF a pu investir 100 MDF de 1990 à 1994 :
- **développement du TGV** (43,5 MDF pour le TGV Nord, le TGV Sud-Est et les gares d'interconnexion à l'est de Paris) ;
- **amélioration des transports de la vie quotidienne** (région Ile-de-France) ;
- **consolidation de son activité fret*** (en mettant l'accent sur le conteneur* et l'intermodalité*) :
    - renforcement du transport combiné* avec la création de deux plates-formes intermodales* à Hagondange (trafic international) et en Ile-de-France (trafic hexagonal) ;
    - perspectives de trafic engendré par le tunnel sous la Manche (6 Mt par an dont 3,2 pour le transport combiné*) ;
    - enfin, à l'horizon 1998, mise en service d'une gare de triage automatisée baptisée Commutor et de l'autoroute ferroviaire : transporter quotidiennement 30 000 camions à une vitesse de 120 à 140 km/h...).

Cela n'a pas suffi. La SNCF court après son équilibre financier depuis un quart de siècle : forte réduction d'effectifs (73 000 postes supprimés sur 253 000 depuis 1985), fermetures de lignes (l'entretien des 32 000 km de voies ferrées coûte 30 MDF par an), progrès de productivité (doublement depuis 1970). La SNCF est dans une situation de faillite virtuelle (dette globale de 208,5 MDF dont 178 directement dans les comptes de l'entreprise).

Les orientations d'un futur contrat de plan porteront sur l'inévitable reprise de la dette par l'État mais aussi sur d'autres mesures :

■ recentrage de la SNCF sur son métier de transporteur ferroviaire (vente de filiales, d'une partie des terrains et biens immobiliers) ;
■ poursuite de la reconquête commerciale ;
■ maîtrise des investissements, l'État prenant en charge les nouvelles infrastructures ;
■ maîtrise des charges d'exploitation ;
■ transfert des compétences des services régionaux de voyageurs aux Régions.

En cas d'échec, plus rien n'empêchera l'éclatement de l'entreprise qui se limiterait au noyau dur de ses activités, essentiellement la banlieue parisienne et la grande vitesse, 50 000 agents y suffiront…

Quelles sont les causes de ces déficits ?

Longtemps une entreprise de main-d'œuvre, la SNCF devient de plus en plus une activité de matériel. Le déficit du régime retraite dépasse les 18 MDF.

514 000	emplois lors de la nationalisation (1937)
450 000	après-guerre
180 000	fin 1995

Le recul du trafic marchandises est inquiétant : un record en 1974 (74 milliards de tonnes/km), un minimum en 1993 (45,9 avec un déficit de 2,5 MDF).

Les causes en sont le déclin du transport de charbon (programme électronucléaire EDF), celui de l'industrie lourde et la concurrence des autres moyens de transports terrestres comme la route (souplesse, rapidité), la voie d'eau pour les céréales.

Enfin la notion de service public a obligé l'entreprise nationale à maintenir des lignes locales déficitaires ou certains tarifs pour de nombreuses catégories sociales. Malgré cela, *le trafic voyageur a progressé,*

en 1980	54,5 milliards de voyageurs/km	
en 1989	64,5	”
en 1994	58,9	”

bénéficiant depuis 1981 de l'effet TGV, même s'il se tasse quelque peu depuis quatre ans.

Seules les grandes lignes restent bénéficiaires grâce au TGV alors que les services régionaux ont perdu 5 MDF en 1995 et les trains classiques des grandes dessertes inter-régionales 1 MDF.

La SNCF s'est en effet épuisée à courir deux lièvres à la fois : entretenir les infrastructures classiques et financer le développement du TGV.

C'est la conséquence d'un système pervers : un TGV ne commence à gagner de l'argent qu'au bout de 3 ou 4 ans d'exploitation ; or, le schéma directeur du TGV a prévu des mises en chantier de réseaux dans des délais voisins. Ainsi, chaque fois qu'un TGV sort la SNCF de l'eau, le suivant l'y replonge : la SNCF vit donc au-dessus de ses moyens.

Il faut aussi tenir compte du fait que les lignes installées sont à la fois les moins chères et les plus fréquentées ; les projets suivants seront moins rentables (futur TGV EST et Lyon-Turin sont en deçà du seuil de rentabilité de 8%).

5. Air France dans la crise du transport aérien

Air France est née le 30 août 1933 de la fusion de 4 compagnies (Air union, Société générale de transport aérien, Compagnie internationale de navigation aérienne, Air Orient) et du rachat des actifs de la Compagnie générale aéropostale.

Le 26 juin 1945, l'aviation civile française est nationalisée ; en conséquence, l'ancienne société privée Air France devient propriété d'État. C'est enfin la loi du 16 juin 1948 qui crée la Compagnie nationale Air France.

Regroupement dans le ciel français depuis janvier 1990

Le pari ambitieux d'Air France après le rachat d'UTA et l'acquisition d'Air Inter en 1990 se révèle difficile. Certes, Air France est devenue la 4e compagnie mondiale pour le fret* avec 8,6 milliards de tonnes/

+1,2 milliard de bénéfices	en 1988	pour un CA de 31,2 MDF
-685 millions de pertes	en 1991	pour un CA de 57,5 "
-3,2 milliards de pertes	en 1992	pour un CA de 57,6 "
-8,7 "	en 1993-94	pour un CA de 52,8 "
-3,7 "	en 1994-95	pour un CA de 56,2 "
-1,2 "	en 1995-96	pour un CA identique

km* transportées derrière l'Aeroflot (22,4 milliards) ; United Airlines (19,9 milliards) et American Airlines (10,4 milliards) ; mais en nombre de passagers transportés, elle n'est que la 13e société mondiale avec 15 millions de passagers en 1995, et la 4e européenne derrière British Airways, Lufthansa, Alitalia. Avec Air Inter (16 millions), la compagnie devance British Airways (23 millions). Depuis, la situation financière s'est dégradée très sérieusement.

Air France dans de fortes turbulences

Comment donner forme et consistance à la 1re compagnie européenne et à la 4e mondiale, du moins sur le papier, ou à l'avenir d'un groupe de 64 000 personnes au total, 3e exportateur, derrière les deux constructeurs automobiles ?

Cette restructuration est difficile à gérer. Pour UTA, la question ne se pose plus. Air France a remplacé la totalité de ses activités aériennes (UTA et Aéromaritime) sous ses couleurs. Desservant bientôt elle-même l'Afrique et le Pacifique sud, Air France obtient enfin le réseau mondial dont elle rêvait depuis sa création. En revanche, les synergies (*hub**) de trafic ne sont pas évidentes entre Air Inter (Orly) et Air France (Roissy) : sur les 16 millions de passagers d'Air Inter, 1 million seulement sont en correspondance dont 48% sur Air France.

*Les enjeux de 1993 et la déréglementation** : pour survivre, chaque compagnie doit proposer un champ d'action aussi large que possible, c'est-à-dire augmenter les parts de marché vers le plus grand nombre de destinations possibles.

Ainsi, Air France a pris 40% de la compagnie tchécoslovaque CSA, accord qui lui ouvre le ciel de toute l'Europe de l'Est. La compagnie a signé un accord avec Air Canada, allié de poids sur le continent nord-américain pour contrer ses rivaux européens qui ont déjà trouvé un allié américain (comme KLM ou British Airways).

Après s'être occupée de stratégie, la compagnie a dû s'attaquer au vrai problème, celui des coûts et celui de l'endettement (35 MDF).

Il a fallu financer les investissements : les rachats d'UTA et d'Air Inter ont vidé la trésorerie. Il faudra gérer les 28% d'Air Afrique, payer la belge Sabena (700 MF pour 35% du capital), cette dernière participation donnant à Air France une seconde base sur l'aéroport de Bruxelles, le seul en Europe avec Roissy qui ne soit pas saturé.

De plus, ce regroupement intervenait dans un contexte de crise du transport aérien, dont les causes sont :

■ la surcapacité mondiale ;
■ la montée des compagnies aériennes asiatiques (JAL ou Japan Airlines, ANA ou All Nippon Airways, Cathay Pacific, Singapore Airlines...) ;
■ la multiplication des grèves en France ;
■ le manque d'avions à partir du milieu des années 1980 : les Français ont été les derniers à passer commande, il était donc difficile, en les attendant, de mener une politique commerciale active pour séduire les clients. Les 747-400 arrivent enfin ;
■ la guerre des prix déclenchée depuis les États-Unis : les compagnies américaines protégées par la loi sur les faillites proposent des tarifs très bas sur l'Atlantique depuis 1992. Par ce biais, elles tentent de conserver leurs parts de marché et de remplir au mieux leurs avions.

Cette grave crise a mis en péril la vie même de l'entreprise, le déficit s'était creusé rapidement et il s'agissait d'éviter tout simplement la faillite.

Après le conflit social de l'automne 1993, le plan de sauvetage a été approuvé par le personnel de la compagnie à 81% :

■ 5 000 suppressions d'emplois (1994-1996) ;
■ gel des salaires sur 3 ans ;
■ allongement des temps de travail, notamment des navigants ;
■ éclatement des grandes directions centralisées en centres de résultat ;
■ faire de Roissy un hub* solide et performant ;
■ rationalisation et réduction de la flotte (de 166 avions à 149, un seul type d'avion par destination) ;
■ recapitalisation de 20 MDF par l'État.

cf. *synthèse* p. 186

Une première phase a été réalisée en 1994 (réduction des effectifs de 2 500 personnes, participation des salariés au capital en échange d'une diminution de traitement). Les coûts de production d'Air France ont diminué de 7% en 1994 puis de 12% en 1995.

Les investissements ont été restreints : annulation des commandes d'Airbus (7 A340) et de Boeing (10) ; des actifs vendus (hôtels Méridien, revente de la participation de la Sabena).

Enfin, l'endettement a aussi été réduit (20 MDF en 1996) : la compagnie a déjà reçu 8,2 MDF de l'État, elle doit percevoir 6,8 MDF en 1995 et les 5 derniers en 1996.

Une seule compagnie aérienne européenne en 1997 par le regroupement des lignes actuelles d'Air Inter et d'Air France sur l'Europe, les vols long courrier seraient à part (Air France Intercontinental), un holding* chapeauterait le tout, tel est le projet actuel.

6. Les transports en France

1. Les projets autoroutiers

8 000 km d'autoroutes au 1er janvier 1996
12 000 km en l'an 2000

Autoroute en projet

Trois objectifs :
— mieux relier la France à ses voisins européens et assurer une meilleure desserte des grands ports à l'écart des grands axes;
— désengorger les axes les plus fréquentés (renforcement de l'axe rhodanien);
— favoriser les transversales régionales;
(contourner Paris, ouvrir de grands itinéraires à travers le Massif central).

2. Le réseau ferroviaire

Ligne TGV ╪╪╪▶   En construction ou en projet ╪ ╪ ╪

Rappel : 1981: TGV sud-est, 1989/1990 : TGV sud-ouest ;
1993 : TGV nord ; 1994 : prolongation TGV sud-est

L'étoile ferroviaire se reconstitue autour de Paris; projet européen de réseau à grande vitesse autour du réseau français.

3. Les ports fluviaux

Paris (trafic supérieur à 20 millions de tonnes) ●

Strasbourg (trafic égal à 10 millions de tonnes) ●

Thionville, Lille, Rouen, Mulhouse, Dunkerque
(trafic compris entre 2 et 5 millions de tonnes) •

Seuls **5 tronçons** sont au gabarit européen de 3 000 tonnes :
la Seine, la Moselle, le Rhin, le canal du Nord et le Rhône.
Un réseau hétérogène, inégalement réparti, mal relié au réseau européen.

4. Le transport maritime

▶ Les principales portes maritimes

Trafic portuaire en millions de tonnes

| 10 | 25 | 100 |

Part en hydrocarbures   Trafic passagers

On constate la **trop grande dispersion du trafic portuaire** (19 ports ont plus d'un million de tonnes de trafic), l'importance des trafics voyageurs trans-Manche et trans-Méditerranée.

5. Le transport aérien

Trafic passagers (en millions)

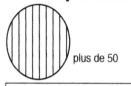 plus de 50   6   3 à 4,5   < 2

On note la **place prépondérante des aéroports de la capitale** et le **développement très inégal des aéroports régionaux** (importance du tourisme méditerranéen).

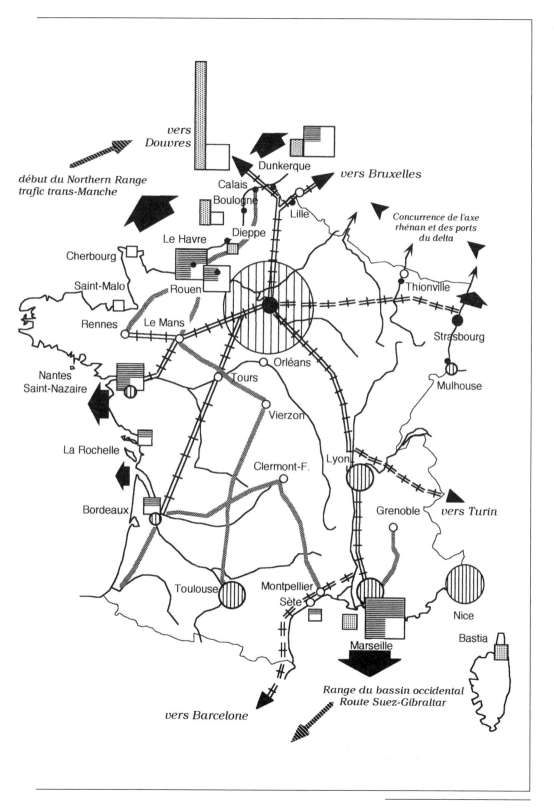

vers
Douvres

début du Northern Range
trafic trans-Manche

Dunkerque

Calais

vers Bruxelles

Boulogne

Lille

Concurrence de l'axe
rhénan et des ports
du delta

Dieppe

Le Havre

Cherbourg

Rouen

Thionville

Saint-Malo

Rennes

Le Mans

Strasbourg

Orléans

Mulhouse

Nantes
Saint-Nazaire

Tours

Vierzon

La Rochelle

Clermont-F.

Lyon

Bordeaux

Grenoble

vers Turin

Toulouse

Montpellier

Sète

Nice

Marseille

Bastia

Range du bassin occidental
Route Suez-Gibraltar

vers Barcelone

Plans

1. Le rôle des transports dans l'économie française

Introduction

C'est une activité tertiaire qui prend de plus en plus d'importance à la lumière de quelques phénomènes généraux de la troisième révolution industrielle (mondialisation des échanges, pratique du juste-à-temps, importance croissante de la logistique* dans le coût de transport).

Devenus aussi un enjeu économique et pour faire face aux déséquilibres spatiaux dans le développement du réseau qui en résulte, les transports requièrent l'intervention permanente de l'État (entreprises publiques, notion d'aménagement du territoire, grands travaux…).

Enfin, plusieurs types de transports se partagent inégalement l'espace français.

1. Un maillage de l'espace inégal

1.1. Répartition des axes de transport
    1.1.1. Les axes majeurs (Paris-Lyon-Marseille, Paris-Lille).
    1.1.2. Les axes secondaires (Paris-Bordeaux-Espagne, Paris-Est).
    1.1.3. Les régions enclavées ou périphériques (massifs anciens et littoral atlantique).

cf. *carte* p. 192-193

1.2. Répartition par modes de transports
    1.2.1. Le maillage autoroutier et routier avec la mise en place récente de transversales.
    1.2.2. Le réseau TGV actuel centralisé par Paris.
    1.2.3. Les insuffisances d'un réseau fluvial hétérogène et discontinu.
    1.2.4. Le développement des liaisons aériennes.

2. Les causes de ce constat

cf. *carte* p. 28-29

2.1. La tyrannie du relief
    2.1.1. Les couloirs naturels (Rhône, Rhin ou est du Massif central).
    2.1.2. Les frontières fermées (type Pyrénées).
    2.1.3. Les seuils majeurs et le rôle de rond-point du Massif central.

cf. *synthèse* p. 188

2.2. L'évolution historique des modes de transport
    2.2.1. La voie ferrée et la SNCF.
    2.2.2. Le réseau fluvial, du réseau Freycinet aux discontinuités actuelles.

2.3. Le rôle de l'État et des politiques de transport
    2.3.1. La lourdeur du centralisme parisien.
    2.3.2. Les différentes politiques menées depuis 1945.

3. Un rôle fondamental pour le développement économique

cf. *synthèse* p. 186

3.1. Un élément d'aménagement du territoire
    3.1.1. Un échangeur autoroutier et la structuration du développement urbain périphérique.
    3.1.2. Un port ou un aéroport : des synapses* majeures.

3.2. Une industrie vitale pour l'économie
    3.2.1. Le TGV et GEC-Alsthom.
    3.2.2. Le transport routier et RVI (Renault).

cf. *synthèse* p. 124

    3.2.3. Le transport aérien : Aérospatiale et Airbus industrie.

3.3. La nécessaire ouverture internationale
   3.3.1. Les transports routiers internationaux et l'engorgement des axes français de transit.
   3.3.2. Les ports, la flotte marchande et leurs insuffisances.
   3.3.3. Le transport aérien en restructuration.

plans · 6

Conclusion

Les transports sont un outil fondamental de désenclavement, de développement (croissance économique induite) et d'aménagement du territoire : *cf.* les schémas autoroutier ou ferroviaire français ou européen.
   C'est un élément capital d'intégration européenne des régions françaises.
   Enfin, il en résulte la mise en place d'un espace français à plusieurs vitesses :

■ les axes métropolitains parfaitement intégrés aux échanges internationaux (PLM),
■ les axes secondaires autour des métropoles* régionales,
■ les espaces de transit ou espace intermédiaires,
■ et enfin les espaces laissés à l'écart.

cf. *synthèse*
p. 184

2. Les transports en Europe pour la fin de siècle et leurs conséquences régionales en France

Introduction

– La **suppression**, au 31 décembre 1992, **des barrières non tarifaires entre les partenaires** de la CEE accélère la circulation des marchandises et des hommes. L'achèvement du marché intérieur devrait avoir des effets positifs, créer des nouvelles richesses et des emplois.

Cette vision du marché correspond parfaitement à la nouvelle organisation internationale des flux liée à la **troisième révolution industrielle** qui aboutit à un nouveau maillage des centres de décision.

C'est donc une nouvelle ère de communication globale qui se met en place, débouchant sur un nouvel ordre mondial. **La logistique* des transports devient alors vitale** pour y participer.

– Cette évolution de l'ère industrialo-tertiaire est marquée par une reprise des grands travaux, à l'échelle européenne, pour anticiper cette croissance des échanges ou y participer :

■ l'achèvement de la liaison à grand gabarit Rhin/Main/Danube en 1992 ;
■ la mise en service du tunnel sous la Manche en 1994 ;
■ l'adoption récente d'un schéma ferroviaire européen à grande vitesse pour 1998 ;
■ les multiples projets de tunnels (franco-italiens mais aussi suisses ou pyrénéens)... ou les dix grands travaux pour l'Europe adoptés au sommet européen de Corfou le 25 juin 1994.

L'espace européen des transports risque d'être profondément modifié.

– Quelle sera la place de la France dans ces flux ? L'entrée de la péninsule Ibérique en 1986 dans la CEE, la naissance et l'expansion du système TGV, la réalisation du lien fixe transmanche conduisent ou conduiront à un rééquilibrage des transports européens vers la France[1].

Pour examiner cette problématique des transports à l'échelle européenne puis française, nous dresserons tout d'abord un état des lieux avant d'envisager dans une seconde partie les projets d'axes à l'échelle européenne et leurs conséquences régionales en France.

1. L'état des lieux des transports en Europe et en France

1.1. Trois éléments de continuité

1.1.1. Stabilité des flux de transport

Le premier élément qui frappe est celui de la **grande stabilité dans la localisation des flux de transports et des activités économiques**.

Par **aspect cumulatif**, les infrastructures attirent de nouvelles activités donc des hommes, ce qui augmente les trafics et conforte en retour l'existant, voire la construction de nouvelles routes ou voies ferrées.

1.1.2. Une France en marge des grands flux

Le second élément a trait à la position de la France dans la géographie des transports européens. Elle se situe en marge des grands flux qui traversent notre continent.

---

1. Cheize (Robert), « Les transports en Europe pour la fin de siècle et leurs conséquences régionales en France », *Les Dossiers Bréal*, n° 5, 1991, p. 17-25 ; Barré (Alain) et Paris (Didier), « Transports et développement régional en Europe », *Hommes et Terres du Nord*, n° 1, 1993, p. 34-51.

Certes, l'espace français est concerné par quelques flux (couloir rhodanien) ou par ses relations avec la péninsule Ibérique ou l'Italie, mais ils sont plus faibles que dans la mégalopole européenne.

1.1.3. Un réseau français très centralisé

Enfin, la structure des transports en France est conforme au centralisme parisien : l'axe structurant de l'espace français est le **PLM** (Paris/Lyon/Marseille) avec ses prolongements vers la basse Seine (Rouen/Le Havre) et le Nord (Lille/Dunkerque).

L'axe rhénan ne fait qu'écorner l'Est français (l'Alsace ou l'aéroport international Mulhouse-Bâle).

1.2. Des évolutions importantes

1.2.1. Croissance rapide des trafics

Les échanges intracommunautaires ont progressé à un rythme nettement supérieur à celui du commerce international de la CEE. Ils ne représentaient que 37% du commerce extérieur des douze pays en 1958, 57% maintenant (leur croissance représente près du double de celle du produit national).

1.2.2. La troisième révolution industrielle et l'adaptation des transports

La troisième révolution industrielle a trois conséquences :

– *Cela entraîne une multiplication de flux, plus légers, à haute valeur ajoutée*, favorisant le transport routier.

– *À ces modifications de la demande correspond une adaptation de l'offre des transports par un abaissement constant des coûts* .

– Autre élément important de l'évolution des transports : *développement des relations rapides (avions, TGV) qui réduisent l'espace-temps.*

1.2.3. Émergence de deux types de réseaux

La principale conséquence en est **l'émergence de deux espaces :**

■ le premier sera celui des aires reliées entre elles par les moyens rapides avec des temps de trajet faibles et des échanges intenses ;

■ le second, soit le reste du continent, sera caractérisé par des zones difficiles à relier, entre lesquelles les échanges seront par conséquent plus restreints.

C'est donc un nouveau maillage de l'espace qui naît. Les échanges internationaux sont avant tout aujourd'hui des échanges inter-métropoles : points de rupture de charge ou de transbordement majeurs (plates-formes multimodales*).

cf. *synthèse* p. 186

1.3. L'engorgement de l'axe nord/sud

1.3.1 Menace d'asphyxie

12 millions de poids lourds font lentement avancer l'Europe vers l'apocalypse.

La route a gagné momentanément la bataille contre son rival séculaire le rail (transport de marchandises).

1.3.2. L'axe rhodanien menacé

L'axe nord/sud (PLM) est menacé d'asphyxie en France. L'histoire explique l'importance des flux, la multiplication des plates-formes*, un réseau de villes très dense.

À un trafic régional déjà intense, vient s'ajouter un transit traditionnel entre l'Europe du Nord et celle du Sud.

1.3.3. Forte croissance du trafic international

Le trafic inter-régional de cet axe nord/sud a connu une croissance de 10% par an ces cinq dernières années.

Les perspectives sur les itinéraires entre la péninsule Ibérique, la France et l'Europe du Nord, de part et d'autre du Massif central, montrent que *le couloir rhodanien restera encore un axe privilégié avec un doublement voire un triplement des échanges* : **le trafic de transit international prend une part majoritaire.**

2. Les projets et leurs conséquences régionales

2.1. Le franchissement de l'arc alpin

2.1.1. La Suisse, espace charnière des communications européennes

La Suisse joue un rôle essentiel dans l'organisation des transports européens de par sa situation au contact entre les grands foyers industriels et urbains du nord-ouest de l'Europe et ceux de la plaine du Pô, tant par l'organisation de son réseau ferroviaire que par ses restrictions autoroutières.

Ce sera le **chantier de la fin du siècle** : construction de deux tunnels ferroviaires (Lötschberg 28,2 km et Saint Gothard 49 km) pour un coût de 55 MDF français, soit un montant comparable à celui du tunnel sous la Manche.

2.1.2. Les projets de tunnels franco-italiens

Devant un trafic qui croît de 10% par an (un trafic poids lourds sera multiplié par 2,5 d'ici l'an 2010 et le nombre d'automobiles doublera) et face aux oppositions des habitants des vallées (nuisances de bruit, pollution), *neuf projets de tunnels franco-italiens sont actuellement à l'étude* dont :

- la liaison ferroviaire TGV Lyon/Turin ;
- le doublement des tunnels du Mont Blanc et du Fréjus ;
- le renforcement des relations méditerranéennes Espagne/France/Italie à travers les Alpes du Sud.

2.2. L'Europe des transports ferroviaires à grande vitesse

2.2.1. Le projet européen

La Commission des Communautés européennes a adopté le 5 décembre 1990 le projet de développement du réseau de trains à grande vitesse. Le projet prévoit, d'ici à 2015, la construction de 9 000 km de voies nouvelles à grande vitesse, l'aménagement de 15 000 km de voies existantes (200 km/h) et l'établissement de 1 200 km de voies de raccordement entre les lignes principales pour un coût global évalué à 1 000 MDF !

2.2.2. Le schéma français

Le schéma directeur ferroviaire TGV adopté le 12 juin 1990 proposait la construction de 3 500 km de voies nouvelles pour un coût de 200 MDF pour l'horizon 2005.

Ce futur réseau a deux objectifs, si l'on s'en tient à l'aménagement du territoire :

- ouvrir des percées vers nos voisins pour faire de la France le principal pays de transit européen ;
- relier les principales agglomérations provinciales à Paris en moins de 3 heures.

Mais il sacrifie les transversales inter-régionales.

2.3. Le tunnel sous la Manche et ses conséquences régionales en France

2.3.1. Une chance pour la région Nord-Pas de Calais

C'est d'abord une chance de relance économique majeure pour la région Nord-Pas de Calais. La réalisation du lien fixe transmanche va en effet de pair avec l'accélération des flux qui transiteront par la région et l'achèvement d'un système de relations continentales d'accompagnement au profit de cette même région.

2.3.2. Des conséquences pour d'autres régions françaises

La réalisation du lien fixe transmanche aura des conséquences pour d'autres régions françaises :

- d'abord celles qui participent au trafic transmanche, essentiellement la Normandie et la Bretagne mais il semble que l'Ouest représentera toujours une alternative au tunnel, loin de son onde de choc ;
- ensuite, des régions comme la Lorraine pourraient se retrouver enclavées, à l'écart des grands axes ferroviaires rapides. Seul, un TGV Est, passant par le centre de la Lorraine entre Metz et Nancy, pourrait éviter cette marginalisation d'une région déjà périphérique par rapport aux grands axes et aux grands foyers d'activités européens. C'est la décision politique qui a été prise en 1993.

Conclusion

– *Beaucoup de bouleversements vont intéresser les transports en Europe ces prochaines années et avoir des incidences majeures sur l'espace français* : le mouvement de libéralisation des échanges, la construction européenne qui supprime les fonctions non tarifaires des frontières, les mutations technologiques des réseaux à grande vitesse qui permettent une gestion plus sûre et plus économique de l'offre, l'attention accrue portée à l'environnement et à la sécurité. Les modifications de flux vont affecter l'axe traditionnel sud-est de l'Angleterre/nord de l'Italie, mais aussi les liaisons de l'Europe du Sud avec le Nord du continent.

Lyon serait alors dans une position centrale favorable entre le nord et le sud de l'Europe, au même titre que **Lille** deviendrait un carrefour ferroviaire majeur pour le nord-ouest. *De plus, l'émergence des « Sud » de l'Europe dans la troisième révolution industrielle permet de s'interroger sur les potentialités d'un nouvel axe* s'étendant du nord-est de l'Espagne (vallée de l'Ebre, Barcelone) au triangle lourd de l'Italie du Nord (Milan/Turin/Gênes), en passant par la façade méditerranéenne française.

– Dans cette grande mutation des transports et des flux prévisibles d'ici à la fin du siècle, **la France dispose d'atouts :**
- ■ Le Havre et Dunkerque pour les ports ;
- ■ Roissy pour les aéroports ;
- ■ une place centrale dans le maillage ferroviaire à grande vitesse ;
- ■ des liens fixes (tunnels) qui feront que notre pays sera un point de passage obligé dans les liaisons entre la péninsule Ibérique, l'Italie, l'Allemagne ou le Royaume-Uni.

cf. *synthèse* p. 186

Reste le problème des façades atlantique ou à un moindre degré méditerranéenne, quelque peu pénalisées : problèmes de gestion et d'investissements du port de Marseille ou absence d'une liaison fluviale à grand gabarit Rhin-Rhône.

cf. *synthèse* p. 183

– Le 2 mai 1992, les Douze de la CEE et les Sept pays de l'AELE (Autriche, Suisse, Liechtenstein, Norvège, Suède, Finlande et Islande) sont parvenus à un accord pour créer une vaste zone économique de libre-échange de la Finlande à l'Espagne pour le 1ᵉʳ janvier 1993 : **l'Espace Economique Européen** (7% des habitants de la planète et 45% du commerce mondial).

Tout le monde devrait y trouver son compte : la CEE en commerçant plus librement avec des pays à hauts revenus, l'AELE en franchissant une étape importante pour une intégration plus poussssée de certains de ses membres dans la CEE.

Cependant ces élargissements éloignent le centre de gravité de la future Union européenne de la France.

Clés et repères

Arrière-pays : partie continentale placée en arrière d'un port et dans laquelle celui-ci recrute sa clientèle et vend ses services (notion fonctionnelle). En anglais *hinterland*.

Avant-pays : espace maritime et continental dans la zone d'influence d'un port, mais situé outre-mer. C'est une notion fonctionnelle. En anglais *foreland*.

Cabotage : navigation longeant les côtes ou à courte distance.

Conteneur : emballage universel, manipulé par portique entre n'importe quels moyens de transport. Le grand cadre actuel (12,2 x 2,4 x 2,6 m) peut loger jusqu'à 30 tonnes.
Corrélats : feedering/transport combiné/unitisation des charges/EVP.

Déréglementation : terme utilisé pour désigner le retour à la concurrence et à la suppression des grands monopoles dans les transports en particulier en modifiant la réglementation. Né aux États-Unis en 1978, ce mouvement se répand rapidement avec la mise en œuvre de politiques économiques libérales en Europe.

EVP ou équivalent vingt pieds : permet de ramener à une unité simple de chargement la capacité réelle d'un navire qui aura en cargaison des conteneurs de différentes tailles standardisées (20, 40 pieds).
Corrélats : conteneur/multimodal/unitisation des charges.

Feedering : regroupement des cargaisons (conteneurs plus spécialement) sur les ports majeurs par le système de caboteurs de petits tonnages appelés *feeders*.
Corrélats : cabotage/ conteneur/unitisation des charges.

Fret : ensemble des marchandises transportées par un moyen de transport ou prix de la prestation de service correspondante. L'*affrètement* est la location d'un bateau marchand sur la base d'un contrat de location.
Corrélat : tramp.

Hub ou pivot : lieu qui concentre et redistribue des voyageurs ou des marchandises dans de nombreuses directions. Ce sont des plates-formes de rabattement et/ou d'éclatement des flux, assurant de multiples correspondances. Cette technique d'organisation des trafics est systématisée par les grandes compagnies aériennes ou les compagnies maritimes sur les grands ports (conteneurs) par des *feeders* ou petits caboteurs.
Corrélat : cabotage, feedering.

Intermodal : qui concerne ou associe plusieurs modes de transport (fer, air, route, voie d'eau). En fait, s'emploie souvent à partir de deux modes seulement. Tout port ou aéroport est évidemment au moins bimodal.

Une plate-forme multimodale permet non seulement le passage des marchandises d'un mode de transport à un autre mais une véritable organisation des cargaisons, des flux et des échanges.
Corrélats : feedering/logistique.

Logistique : coordination des activités permettant l'acheminement des voyageurs et la gestion des flux de marchandises dans les meilleures conditions d'itinéraires, de coût, de sécurité, et en utilisant éventuellement divers modes successifs de transport ou *chaîne de transport*.

Marchandises diverses ou divers : marchandises dites générales (*general cargo* en anglais) que l'on peut transporter en colis séparés par opposition aux vracs.
Corrélats : conteneur/roulage/unitisation des charges.

Passager/km : produit du nombre de personnes transportées par la distance mesurant les itinéraires parcourus.

Pavillon bis : pavillon créé par un État à côté de son pavillon national traditionnel et supportant des charges et des obligations allégées (pavillon des Kerguelen pour la France).

Plate-forme : surface horizontale soutenant un équipement ou une activité, adaptée au traitement des marchandises, particulièrement au traitement des échanges intermodaux.
Corrélats : logistique/intermodal.

Pont terrestre : parcours transcontinental d'une marchandise débarquée dans un port pour être réembarquée dans un autre afin d'éviter un périple autour d'un continent (*land bridge* en anglais).

Roulage ou *roll on/roll off* : modalité propre au transport maritime dans laquelle les marchandises sont chargées et déchargées par roulage de remorques routières dans le bateau.

Synapse : qui fait la communication, la jonction, donc tout lieu de communication géographique, d'échange, de transbordement.
Les synapses correspondent aux ports, aux cols, aux isthmes, aux seuils.

Téléport : est un « port » dans la circulation des informations, c'est-à-dire à la fois un lieu de concentration des flux d'informations avant leur transfert à longue distance et un lieu de diffusion des flux d'information après leur réception d'origines lointaines. C'est un service organisé pour tirer parti des économies d'échelle dans la transmission par satellite et par câble.

Terminal : installation conçue comme réception ou terme d'une communication. C'est aussi un équipement portuaire simplifié et très spécialisé, souvent pour une seule fonction : terminal pétrolier, terminal méthanier ou terminal minéralier.

TIR ou transport international routier : convention internationale sur un régime suspensif de droits de douane.

TJB ou tonneau de jauge brut : 1 tonneau (2,83 m^3), c'est une mesure de volume de cale.

Tonne/km : produit du nombre de tonnes de marchandises transportées par la distance mesurant l'itinéraire d'acheminement.

Tour du monde : ligne de circumnavigation autour des trois centres de l'économie-monde (Europe, Japon, Amérique du Nord), utilisant les canaux de Suez et de Panama (RTW ou *round the world* en anglais).

TPL ou tonnage de port en lourd : charge maximale qu'un navire est autorisé à transporter.

Tramp : c'est un navire de charge affrété au voyage ou à temps qui n'a ni itinéraire fixe, ni horaire préétabli à l'inverse d'un navire de ligne régulière.
Corrélat : fret.

Transport combiné : c'est une opération qui cumule les interventions successives de plusieurs modes de transport, régies par un titre unique, sans manutention directe de la marchandise (exemple du *ferroutage*).
Corrélat : intermodal.

Unitisation des charges : modalité de transports dans laquelle les unités de charge (conteneur ou remorque) sont constituées pour en accélérer la manutention.
Corrélats : conteneur/roulage.

Chapitre 7

La France dans le monde

▶ **Sujets possibles** 204

▶ **Cours : Le commerce extérieur : des visages contrastés** 205

Introduction

1. L'évolution du commerce extérieur

1.1. La fin de l'autarcie

1.1.1. L'après-guerre

1.1.2. L'ouverture sur l'extérieur (1958-1973)

1.2. La dégradation (1974-1982)

1.2.1. Les conséquences du premier choc pétrolier (1974-1979)

1.2.2. La chute (1980-1982)

1.3. Le redressement des années 1990

1.3.1. Un déficit stabilisé malgré une dégradation du solde industriel

1.3.2. Le retour vers l'équilibre commercial à partir de 1991-1992

2. L'évolution sectorielle

2.1. L'excédent agro-alimentaire compense la facture énergétique

2.1.1. Croissance et stabilité des échanges agro-alimentaires

2.1.2. Les échanges agro-alimentaires : l'importance de l'Europe

2.1.3. Les fluctuations de la balance énergétique

2.2. La réduction du solde industriel

2.2.1. Une dégradation enrayée

2.2.2. Les échanges industriels civils

2.2.3. Les échanges de matériel militaire

3. L'évolution géographique

3.1. Les échanges avec l'Europe dégagent un solde positif

3.1.1. Des déficits se contractent, notamment avec l'Allemagne

3.1.2. Mais une situation inégale selon nos partenaires

3.1.3. Les fluctuations de la balance énergétique

3.2. Notre déficit se creuse avec les autres pays

3.2.1. Avec les pays OCDE : des évolutions variées

3.2.2. Le déficit hors OCDE s'accroît

3.2.3. Le déficit avec les pays de l'OPEP s'alourdit

Conclusion

▶ **Synthèses** 217

1. Les méconnues du commerce international : les SCI

2. 1995 : un excédent historique en trompe-l'œil

3. L'internationalisation des entreprises et le commerce extérieur

4. Les services : un atout durable pour les échanges extérieurs ?

5. Le tourisme en France

▶ **Plans** 227

1. Les échanges de la France avec l'Asie

2. La place de la France dans le système-monde

▶ **Clés et repères** 231

Sujets possibles

1. Annales

– IEP Paris

La balance commerciale de la France, expression de la place de l'économie française dans le monde (Bordeaux 1989).

Puissance et compétitivité : l'agriculture française en Europe (Bordeaux 1992).

La France, puissance industrielle mondiale (Bordeaux 1993).

La France dans la bataille économique mondiale (Paris 1994).

– Grandes Écoles de Commerce

La France, puissance agro-alimentaire : limites et perspectives (EDHEC 1983).

L'économie française face aux échanges internationaux depuis le début de la crise mondiale (ESCAE 1987).

La contrainte extérieure de la France (ESCP 1989).

En quoi l'évolution du commerce extérieur français reflète-t-elle les grandes mutations de l'économie nationale ? (ECRICOME 1994).

2. Autres sujets

Peut-on réduire la contrainte extérieure de la France ?

Le commerce extérieur français a-t-il pu s'adapter à une conjoncture de crise ?

Le rôle des relations avec l'étranger dans l'évolution de l'économie et de l'espace français depuis les années 1960.

L'économie française face aux échanges internationaux depuis le début de la crise mondiale.

La France et l'internationalisation des échanges.

Forces et faiblesses du commerce extérieur français depuis 1945.

3. Sujets de synthèse

La France dans l'Union européenne.

Les relations de la France et de ses anciennes colonies.

Le tourisme en France.

Place et rôle du tourisme en France aujourd'hui.

L'industrie française est-elle compétitive ?

4. Les sujets traités

Les échanges de la France avec l'Asie.

La place de la France dans le système-monde.

Cours

Le commerce extérieur : des visages contrastés

Introduction

Le redressement d'un déficit structurel : de 1959 à 1994, on comptabilise 15 soldes positifs pour 21 négatifs. En un siècle, seulement 26 années ont dégagé un solde positif. Depuis la première crise pétrolière, la balance n'a été excédentaire qu'en 6 occasions : en 1975, du fait du recul de la consommation, en 1978, grâce à la reprise des exportations qu'allait casser le second choc pétrolier, en 1986 (contre-choc pétrolier et seulement en FAB/FAB*) et en 1992-94 : les années de l'excédent retrouvé.
Ce déficit persistant indiquait tout à la fois une pénétration étrangère sur le marché intérieur, des importations croissantes dans certains secteurs et des exportations insuffisantes dues au manque de compétitivité industrielle et d'agressivité commerciale.

Échanges extérieurs de la France (en MDF)								
	1987	1988	1989	1990	1991	1992	1993	1994
Imp. fab	920,5	1030	1187	1226	1251	1218	1103	1214
Exp. fab	889	997	1143	1176	1221	1249	1191	1302
Solde	− 31,5	− 33	− 44	− 50	− 30	+ 31	+ 88	+ 88
Tx couv. (%)	96,6	96,8	96,3	96,0	97,6	102,6	108,0	107,2

La France se place parmi les pays les plus ouverts sur l'extérieur. Aujourd'hui, 22,6% de notre PNB dépend de nos échanges (exportations). C'est moins que l'Allemagne, mais plus que le Japon (9,5%) ou les États-Unis (7%). Les importations portent à 80% sur des produits industriels (l'énergie ne représente que 8,5% du total) et les exportations sont composées à 88% de produits manufacturés. La France est aussi un grand pays industriel, la 4ᵉ puissance commerciale du monde.

L'évolution géographique de nos échanges traduit la poursuite de leur réorientation vers les pays industrialisés (4/5ᵉ) : la France vend plus aux grands pays, ce qui a expliqué d'ailleurs en partie la dégradation de notre déficit industriel dans la deuxième moitié des années 1980. 60% de nos échanges se font au sein de l'UE. Depuis trente ans, la croissance du commerce extérieur français est directement liée à l'intégration européenne. La France est une puissance commerciale plus régionale que mondiale (marginalisation de l'Afrique, présence insuffisante en Asie).

L'examen par zones géographiques fait apparaître aujourd'hui une réduction du déficit avec l'OCDE (redressement avec l'UE) et une détérioration de la balance commerciale hors OCDE.

La France est un pays qui s'est ouvert tardivement ce qui explique une partie de ses difficultés actuelles.

1. L'évolution du commerce extérieur

Cette ouverture et cette importance du commerce extérieur sont le résultat d'une évolution rapide née des transformations d'après la Deuxième Guerre mondiale[1].

1.1. La fin de l'autarcie

1.1.1. L'après-guerre

Notre pays n'entretenait pas beaucoup de relations économiques avec l'extérieur, ceci pour trois raisons.

– C'est un pays peu industrialisé, qui connaît une faible pression démographique et qui possède un vaste empire colonial cité dans la Constitution de 1946 sous le nom d'Union française. Cet empire regroupe l'Indochine, l'AOF, l'AEF, Madagascar et l'Afrique du Nord. En 1949, l'Union française représente 25 % des importations de la France et 33 % de ses exportations dont 13 % pour la seule Algérie. Tout ceci explique une attitude protectionniste traditionnelle (l'héritage du colbertisme ou les tarifs Méline de 1892).

– Dans l'immédiat après-guerre, cette politique s'est poursuivie : la nécessité de la reconstruction a limité les exportations et imposé de fortes importations allégées par le plan Marshall.

– Mais de nouvelles conditions techniques ont surgi avec la seconde révolution industrielle qui requiert des ressources que le pays ne trouve pas sur place (hydrocarbures). La décolonisation, la hausse rapide du niveau de vie pendant ce début des Trente Glorieuses, la mise en place de la CECA dès 1951 puis de la CEE à partir de 1958 imposent aussi une libéralisation des échanges.

1.1.2. L'ouverture sur l'extérieur (1958-1973)

Des éléments nouveaux sont apparus : une politique monétaire marquée par la forte dévaluation du franc (1957-58), le nécessaire respect des règles communautaires (libre circulation des marchandises, abaissement des barrières douanières entre les Six jusqu'à leur suppression au 1er juillet 1968). De plus, la France doit aussi faire face à ses engagements internationaux souscrits dans le cadre du GATT* depuis le *Dillon Round* en 1960 et le *Kennedy Round* de 1964 à 1967.

La France est donc plongée dans la compétition internationale. Cela va amorcer une transformation profonde des structures économiques. Le commerce extérieur se développe de façon spectaculaire. Ainsi, la part des exporta-

---

1. Dalmasso (Étienne), « Le commerce extérieur français : situation et problèmes », *Annales de géographie*, n°517, mai-juin 1984, p. 350-368.

tions dans le PIB est passée de 8,9% en 1958 à 10,6% en 1969 et 14,7% en 1973. De 1969 à 1973, les ventes à l'étranger augmentent 2,5 fois plus vite en volume que la consommation des ménages. Pourtant l'équilibre n'est atteint que difficilement, le taux de couverture* se maintenant autour de 100%, ce qui explique qu'apparaisse déjà l'image d'une certaine précarité de l'équilibre du commerce extérieur.

Enfin, il y a durant cette période une modification de la structure des échanges (produits/directions géographiques). Les premiers effets des transformations industrielles, la revalorisation des produits agricoles, la baisse des prix de l'énergie, la forte demande des consommateurs pour des produits manufacturés (équipement ménager), se traduisent par un recul des achats de matières premières et de produits agricoles, un accroissement des importations d'articles industriels mais aussi des ventes en expansion dans le domaine alimentaire et dans certaines branches industrielles (automobile). La dévaluation de 1969 a été un stimulant pour le commerce extérieur.

La direction des flux commerciaux se modifie : l'orientation vers la CEE se dessine, conséquence aussi de la décolonisation. En 1973, la part de l'ancienne Union française dans les échanges extérieurs de France n'est plus que de 6% pour les importations et 9% pour les exportations.

Le solde des services s'est amélioré sous l'effet des revenus du tourisme, des transports aériens, des revenus du capital compensant les pertes liées aux transports maritimes et à la balance des brevets et licences.

cf. *synthèse*
p. 221

Quant aux mouvements de capitaux, ils présentent une situation déficitaire.

C'est donc une rupture économique fondamentale et surtout une révolution culturelle dans leur démarche que doivent accomplir les entreprises. Cette évolution est en cours lorsque surviennent les chocs pétroliers.

1.2. La dégradation (1974-1982)

1.2.1. Les conséquences du premier choc pétrolier (1974-1979)

Le prix du baril* de pétrole est passé de 3 dollars à 12 dollars de 1973 à 1974, avec comme conséquence l'augmentation de la facture pétrolière qui de 15,8 MDF en 1973 fait un bond à 48 MDF en 1974. C'est l'équivalent de 20% des exportations de l'année. Les conséquences immédiates en sont le ralentissement de la croissance et la dégradation de la balance commerciale*. Cependant, le retour à l'équilibre a pu être atteint en peu d'années par une limitation des importations de pétrole (économies d'énergie, nucléaire). Par ailleurs, une politique de changes flottants a développé les exportations, un réel effort étant réalisé en faveur des grands contrats avec les pays arabes.

cf. *synthèse*
p. 155

La transformation des structures d'échange se poursuit : part importante des exportations vers les pays de l'OCDE, stabilité des échanges avec la zone franc*. Les exportations de biens industriels progressent beaucoup et sont dirigées vers les pays exportateurs de pétrole. En revanche, dans des secteurs traditionnellement solides (textile-habillement-chaussures-bois-meubles), dans des secteurs plus récents (équipement ménager), la pénétration étrangère du marché intérieur s'affirme.

Au total, un redressement assez limité s'il n'avait tenu qu'aux échanges de marchandises : le rôle des services a été essentiel, leur excédent passant de + 3,1 MDF en 1973 à + 28 MDF en 1979.

1.2.2. La chute (1980-1982)

La situation se détériore à partir de 1979 quand se produit le second choc pétrolier : le baril* va atteindre 34 dollars. Les faiblesses structurelles de notre commerce extérieur sont alors mises en évidence, d'autant qu'au choc pétrolier succède le choc dollar (réévaluation du dollar de 1982 à 1985). C'est alors que, dans une situation économique très déprimée, la France s'est lancée dans une politique de relance finalement préjudiciable. L'industrie nationale a mal répondu à l'augmentation de la demande intérieure puisqu'elle est alors en pleine restructuration (*cf.* l'automobile). Les importations se sont brusquement accentuées ; le taux de pénétration* des produits manufacturés étrangers a atteint 30%. Les efforts pour limiter les importations de pétrole ont été compensés par la montée du dollar.

La stagnation des exportations. Pendant ce temps, les exportations françaises ont stagné du fait de la faiblesse de la demande mondiale et de celle de l'appareil productif français. Le résultat a été un déficit commercial record de – 93 MDF (accroissement du déficit de 83,7% en une année). Les services ont été stabilisés (+ 34,3 MDF) mais, dans le même temps, les emprunts s'accroissent et influent sur le mouvement des capitaux. Le gouvernement impose alors la rigueur.

Au cours des années 1980, les performances industrielles de la France à l'exportation se sont dégradées. La part des exportations françaises dans la demande mondiale a décliné d'environ 10% entre 1980 et 1989, ce qui est considérable. Deux séries d'arguments sont souvent avancées pour expliquer la perte des parts de marché de la France :

■ d'une part la compétitivité des entreprises s'est détériorée depuis 1983 ;
■ d'autre part, leurs investissements, tant matériels qu'immatériels, ont été insuffisants au cours de cette période.

C'est le résultat de l'instabilité de l'environnement économique extérieur et du butoir des capacités productives, qualitativement et quantitativement.

Cependant, le différentiel de conjoncture va s'améliorer nettement. Si, en 1982, un différentiel de conjoncture élevé (taux de croissance/inflation) a coûté très cher à la France et à sa balance commerciale*, les années 1983-84 ont été marquées par une évolution plus favorable aux exportations françaises : la croissance de la demande mondiale a permis leur développement. Le profil presque plat du marché intérieur (baisse du pouvoir d'achat) s'est traduit par un accroissement très ralenti des importations et la politique de réduction de l'inflation a commencé à porter ses fruits.

La compétitivité de la production française s'est rapidement améliorée, permettant ainsi une stabilisation de la pénétration étrangère. Ce sont les vertus de la désinflation compétitive.

1.3. Le redressement des années 1990

1.3.1. Un déficit stabilisé malgré une dégradation du solde industriel

En 1986, le retournement du marché du pétrole favorise l'obtention d'un solde positif (+ 0,3 MDF). La facture pétrolière a été divisée par deux : de – 180,6 MDF en 1985 à – 89,5 MDF en 1986.

cf. *synthèse* p. 155

L'année 1987 est une nouvelle charnière pour notre commerce extérieur : c'est le début de soldes d'échanges de produits industriels négatifs (10,4 MDF). Depuis, la chute du solde industriel de la balance commerciale ne fait que s'accentuer jusqu'en 1990 : – 57,8 MDF avec le matériel militaire ou – 5 MDF sans.

Puis, en 1989 et 1990, le déficit se creuse de nouveau : – 43,9 MDF et – 50,1 MDF. Il faut y voir un alourdissement de la facture énergétique après deux années favorables, indépendamment de la dégradation des échanges industriels. En 1990, le ralentissement général des économies des pays industrialisés a fortement pesé sur nos échanges puisque notre commerce extérieur n'a progressé que de 3%, au lieu de 15% en 1989.

1.3.2. Le retour vers l'équilibre commercial à partir de 1991-1992

En 1991, dans un contexte de ralentissement économique accentué et de faible progression du commerce mondial, *la croissance de nos échanges extérieurs globaux a été modeste* (+ 2,8%). Il en est résulté une forte contraction de notre déficit extérieur FAB/FAB* qui a été réduit à 30,2 MDF (après 49,6 MDF en 1990), interrompant ainsi une série de quatre années de dégradation (de 1987 à 1990).

Cette amélioration sensible est due avant tout à la forte réduction du déficit industriel civil, ramené à – 49,1 MDF en chiffres CAF*/FAB en 1991 et – 34,3 MDF en y intégrant le matériel militaire. En 1991, la demande étrangère en produits industriels à la France est restée dynamique (+6%) grâce à la forte demande allemande (+18%). Au contraire, la demande intérieure française en produits manufacturés a diminué de 0,7% du fait d'une baisse de la consommation des ménages (– 0,4%) et de l'investissement industriel (– 4,4%). Ce décalage conjoncturel, accompagné de forts gains de compétitivité-prix, a entraîné cette croissance des exportations industrielles civiles (+ 5,8% en valeur) très supérieure aux importations (+ 1,7%) expliquant la forte réduction de notre déficit industriel civil.

Mais la conjoncture n'explique pas tout. *C'est aussi le résultat d'un regain de compétitivité par les coûts, c'est enfin l'amélioration qualitative de l'offre française*, visible à travers les ventes d'automobiles et leur pénétration forte sur le marché allemand.

cf. *synthèse* p. 218

> La France a retrouvé des excédents durables qui vont culminer en 1995 avec un excédent historique de 104,5 MDF.

2. L'évolution sectorielle

1994 est marquée au niveau sectoriel par des tendances qui avaient caractérisé les années précédentes, depuis 1987 :
- le maintien et la croissance du solde agro-alimentaire ;

■ la réduction du déficit du solde industriel et l'apparition d'un excédent durable.

2.1. L'excédent agro-alimentaire compense la facture énergétique

2.1.1. Croissance et stabilité des échanges agro-alimentaires

cf. *synthèse* p. 126

Après avoir oscillé entre 25 et 30 MDF de 1984 à 1987, l'excédent agro-alimentaire a connu quatre années de croissance (de 1987 à 1990) et a atteint un maximum en 1990 à 51,1 MDF. Depuis, il se stabilise autour de 50 MDF par an. On remarquera que le solde des produits agricoles bruts diminue au profit du solde des IAA qui, pour la première fois en 1994, le dépasse. C'est un signe positif de développement des industries agro-alimentaires et d'accroissement de la valeur ajoutée.

Les échanges agro-alimentaires de la France (en MDF)								
	1987	1988	1989	1990	1991	1992	1993	1994
Solde prod. agricoles	21,2	30,2	34,1	34,5	28,5	33,3	32,1	17,8
Solde IAA	8,7	9	14	16,5	15,8	19,8	24,5	27,4
Total	29,9	39,2	48,1	51,1	44,4	53,1	56,6	45,2

À lui seul, l'excédent agro-alimentaire représente plus de la moitié du solde positif de la balance commerciale* française en 1993-94.

Toutefois, en dépit de ces résultats positifs, la secteur agro-alimentaire français n'a pas encore atteint l'excellence. L'industrie alimentaire française est, en chiffre d'affaires, légèrement inférieure à son homologue allemande. Elle s'appuie sur une myriade de PMI et ne possède pas, comme au Royaume-Uni, plusieurs groupes dominateurs. Seul Danone (80 milliards de CA) peut se comparer aux transnationales* de l'agro-alimentaire dont Nestlé (Suisse) est le meilleur exemple (210 milliards de CA).

En outre, l'exportation des produits bruts reste tributaire des subventions bruxelloises et certains secteurs affichent un solde déficitaire parfois difficile à comprendre : les légumes, les poissons, la viande ovine, le bois, les fleurs.

2.1.2. Les échanges agro-alimentaires : l'importance de l'Europe

La place de l'UE reste prédominante dans nos échanges agro-alimentaires. Les 2/3 de nos échanges se font avec les pays membres de l'UE qui absorbaient 73% de nos exportations en 1990 contre 58% en 1980 et fournissaient 59% de nos importations contre 48% en 1980. Cet excédent envers l'UE est fondé à 80% sur les produits bruts, ce qui peut être pris pour une faiblesse dans la mesure où l'on s'accorde à considérer que l'avenir appartient aux produits transformés. Notre pays est excédentaire envers tous les pays de l'UE à l'exception du Danemark, de l'Irlande et de l'Espagne.

Les marchés extérieurs à l'UE ne connaissent pas d'évolution majeure : notre excédent sur la zone OCDE hors UE est faible.

Sur la zone monde hors OCDE, le déficit évolue peu, autour de 10 MDF (produits tropicaux).

2.1.3. Les fluctuations de la balance énergétique

Les échanges de produits énergétiques (en MDF)										
	1984	1985	1986	1987	1988	1989	1990	1991	1992	1993	1994
Solde	− 187	− 181	− 89,6	− 82,1	− 66,6	− 83,3	− 93,1	94,1	− 80	− 65,5	− 68,8

La crise du Golfe en 1990 (l'embargo décrété par l'ONU sur l'Irak et le Koweit, la spéculation qui a affecté les marchés pétroliers malgré la compensation rapide des tonnages correspondants par les autres pays de l'OPEP) avait provoqué une forte hausse du prix moyen du baril* importé en France, surcoût atténué en partie par la chute du dollar. Finalement, le prix du baril de pétrole brut importé n'aura augmenté que de 10,7 %. C'est surtout l'augmentation des quantités importées de pétrole brut qui explique l'alourdissement de nos importations énergétiques.
La légère dégradation de 1991 est aussi due à l'augmentation des volumes importés, liée aux conditions climatiques et à la hausse sensible du prix du gaz (+ 19 %).

Au total, la facture énergétique s'est dégradée de 10 MDF en 1990, pour atteindre 93,1 MDF contre 83,3 MDF en 1989 et 94,1 MDF en 1991, soit le plus haut niveau depuis le contre-choc pétrolier de 1986. Depuis, les hivers doux et la baisse du dollar ont, de nouveau, allégé le déficit énergétique. cf. *synthèse* p. 155

2.2. La réduction du solde industriel

2.2.1. Une dégradation enrayée

Déficitaires depuis 1987, nos échanges industriels se sont dégradés. Le déficit de 1987 marquait une rupture après 38 ans d'excédents (depuis 1949), si l'on excepte 1969. Cette dégradation est encore plus marquée sans les activités militaires. Depuis 1984, le solde industriel civil a perdu 200 MDF. La dégradation s'est toutefois ralentie ces dernières années. En 1990, le déficit industriel civil a atteint 85,2 MDF contre 83,1 MDF en 1989, puis il s'est réduit en 1991.

Les échanges industriels (y compris le matériel militaire) (en MDF)									
	1986	1987	1988	1989	1990	1991	1992	1993	1994
Solde	+ 33	− 10,4	− 42,3	− 55,8	− 57,8	− 34,3	+ 2	+ 52,2	+ 60,4

Cette dégradation était due à deux facteurs.
  – Le maintien d'un décalage conjoncturel défavorable entre la France et ses principaux partenaires. En effet, la demande intérieure nationale en biens manufacturés avait tendance à croître plus rapidement que celle des autres pays sur toute cette période.
  – La dégradation continuelle de la compétitivité-prix et ce malgré la remise à niveau dès 1986 de notre compétitivité-coût. En effet, la baisse du dollar d'une part et un certain relâchement de marge des exportateurs d'autre part, n'avaient pas permis le redressement de la compétitivité de nos prix à l'exportation.

Depuis 1992, c'est le retour à l'excédent, de manière spectaculaire, nos firmes industrielles ayant résorbé leur retard en compétitivité-produit (investissements de rattrapage) et bénéficiant à plein de la compétitivité-coût.

2.2.2. Les échanges industriels civils

Biens intermédiaires ou semi-finis. Le déficit de nos échanges de biens intermédiaires se réduit : il est passé de – 39,7 MDF en 1990 à – 1,2 MDF en 1994. C'est surtout le résultat d'une baisse généralisée des importations. Ainsi, le déficit traditionnellement lourd de nos échanges de produits chimiques (forte dépendance vis-à-vis de l'Allemagne) s'est résorbé considérablement : – 24,2 MDF en 1990 contre + 3,8 en 1994. Enfin, les matières premières minérales conservent un solde négatif de – 5,3 MDF en 1994 (– 7,4 MDF en 1990).

Biens d'équipement professionnel. Après avoir contribué pour près des 3/4 à la dégradation qui affecte le solde industriel civil depuis 1988, ils ont recouvré un solde positif de 38,4 MDF en 1994. C'est le poste de l'électronique professionnelle qui était le principal responsable de la détérioration (– 23,2 MDF en 1988 et – 28,3 MDF en 1990). Il reste largement déficitaire avec – 20,3 MDF en 1994, mais il est compensé par les ventes d'Airbus (+ 35,3 MDF en 1994).

Biens de consommation. Le solde des échanges des biens de consommation (biens d'équipement ménager, électronique domestique, biens de consommation courante) structurellement déficitaire depuis une décennie, a continué de se creuser malgré l'atonie de la consommation : – 39,6 MDF en 1987, – 43 MDF en 1988, – 45,7 MDF en 1990, – 46,5 MDF en 1991. Deux secteurs expliquaient, à eux seuls, la totalité de la dégradation de ce déficit : le poste des textiles-habillement et le poste des cuirs et chaussures. Les autres secteurs déficitaires sont le matériel électrique et électronique qui se réduit quelque peu et le bois et meubles, mais ils sont stables. En 1994, le redressement de ce solde est caractéristique de l'assainissement de nos comptes extérieurs : – 6,7 MDF.

2.2.3. Les échanges de matériel militaire

Dans un contexte international en forte évolution, les échanges de matériel militaire continuaient de dégager en 1990 un excédent important (+ 28,3 MDF). Il s'agissait toujours de notre meilleur excédent industriel ce qui nous donnait la 3e place avec 8% du marché mondial derrière l'ex-URSS (38%) et les États-Unis (27%). Ce résultat était quasiment identique à celui de 1989 (+ 27,2 MDF), mais nettement en retrait par rapport au niveau record de l'année 1986 (+ 36,1 MDF).

Depuis, il s'est effondré dans un contexte de désarmement et de concurrence accrue entre les vendeurs de matériel militaire : en 1991 (+ 14,8 MDF), en 1993 (+ 10,6 MDF), en 1994 (+ 7,5 MDF).

La politique du franc fort suivie depuis 10 ans a permis de valoriser les productions pour lesquelles la France possède des compétences (où l'effet qualité joue plus que l'effet prix) et de minimiser nos coûts d'approvisionnement en matières premières, énergie et semi-produits, enclenchant ainsi un cercle vertueux.

---

3. L'évolution géographique

Le fait majeur de ces dix dernières années est la réorientation complète de nos échanges d'abord vers nos partenaires européens, au premier rang desquels se trouve l'Allemagne, et ensuite vers les autres pays industrialisés, puis le retour à l'excédent.

3.1. Les échanges avec l'Europe dégagent un solde positif

3.1.1. Des déficits se contractent, notamment avec l'Allemagne

Évolution du solde de la France avec l'UE (en MDF)				
1987	1990	1991	1993	1994
− 59	− 40,6	+ 1,8	+ 32,2	+ 30,7

L'*Allemagne* est le 1er client et le 1er fournisseur de la France. La croissance allemande très soutenue a fortement tiré nos exportations industrielles, notamment des exportations records d'automobiles. Parallèlement, nos importations en provenance d'Allemagne n'ont augmenté que faiblement. Le lourd déficit bilatéral s'était en conséquence allégé de 15 MDF dès 1990 et atteignait désormais − 42 MDF. Ce résultat permettait d'interrompre la dégradation continue des échanges depuis 1984 et de revenir au niveau du déficit enregistré en 1986-1987. Cette amélioration spectaculaire de nos échanges s'est accélérée à partir de 1991 : − 7,4 MDF, soit un gain de 34,6 MDF ! La France a même enregistré un solde positif en 1993 (+ 1,8 MDF) avant de redevenir légèrement déficitaire en 1994 (− 3,9 MDF).

Le solde avec l'*UEBL* (Union économique belgo-luxembourgeoise, 4e partenaire de la France après l'Allemagne, l'Italie et le Royaume-Uni) s'était réduit de manière considérable en 1990 pour n'atteindre que − 4,6 milliards contre − 14 milliards en 1989 (stabilisation de nos importations alors que la forte croissance belge, tirée par l'unification allemande, a favorisé nos exportations + 9,5%). Ce mouvement s'est poursuivi depuis bien que le solde reste négatif (− 3 milliards en 1994).

L'*Italie* reste le 3e client et 2e fournisseur, avec un déficit stabilisé autour de 5/6 milliards selon les années.

Le déficit avec les *Pays-Bas* (7e client et fournisseur) s'est réduit (− 2,9 MDF). Enfin, avec le *Danemark*, notre solde, déficitaire en 1990 de 2 MDF, est devenu légèrement bénéficiaire (0,023 MDF en 1994).

3.1.2. Mais une situation inégale selon nos partenaires

Nos excédents se gonflent avec plusieurs partenaires.

– Notre excédent s'est conforté avec le Royaume-Uni (+ 27 MDF en 1994) qui est devenu le 3e partenaire de la France dont il est le 2e client. C'est le plus gros excédent pour le commerce français.

– Le dynamisme du *marché espagnol* a profité aux exportations françaises portant notre excédent de + 4 MDF en 1987 à + 14,3 MDF en 1994 (6e partenaire).

– Nos échanges avec la *Grèce* ont dégagé un excédent de + 6,5 MDF en 1994.

– Enfin, notre excédent avec le *Portugal* s'est accru (+ 1,6 MDF en 1988 ; 4,7 MDF en 1994).

En revanche, nos échanges se dégradent avec nos autres partenaires.
– Avec la Norvège : ils sont passés de – 7,6 MDF en 1987 à – 11,8 MDF en 1994 (pétrole/gaz).
– Le déficit avec *l'Irlande* s'accroît : – 5,9 MDF en 1991 contre – 4 MDF en 1987. Les postes responsables sont la viande fraîche et le matériel informatique, disques et cassettes.

3.2. Notre déficit se creuse avec les autres pays

3.2.1. Avec les pays OCDE : des évolutions variées

– Le déficit des échanges de la France avec les pays de l'OCDE hors UE s'est stabilisé : – 31,7 MDF en 1993 et – 34,4 MDF en 1994.
– En Europe, en dehors de l'UE, la Suisse est notre 2e excédent avec un solde de + 16,8 MDF en 1994.
– La plus grosse détérioration concerne les *États-Unis* : – 16,9 MDF en 1994 après un excédent en 1985 (rôle du dollar). C'est la conséquence directe du développement des exportations américaines consécutif à la baisse du dollar. Nos importations croissent presque deux fois plus vite que nos exportations. Ce déficit touche particulièrement les biens d'équipement professionnel dont la majeure partie concerne le seul matériel informatique. C'est devenu le 2e déficit bilatéral.

cf. *plan*
p. 227

– Notre solde avec le *Japon* reste le 1er déficit, même s'il s'améliore (– 29 MDF en 1990 comme en 1991 et – 21,7 MDF en 1994) grâce au dynamisme de nos exportations. Les déficits sont concentrés sur les biens d'équipement professionnel, le matériel audiovisuel, les voitures particulières.

3.2.2. Le déficit hors OCDE s'accroît

Avec l'Est de l'Europe, la détérioration des échanges avec la *Russie* (de – 4,9 MDF en 1987 à – 10 MDF en 1990, -8,8 MDF en 1994) est compensée par l'amélioration de ceux que nous avons avec la Roumanie et l'ex-Yougoslavie. L'ex-URSS représente notre 5e déficit (pétrole brut, gaz naturel). Elle était devenue, au tournant des années 1990, notre 1er fournisseur énergétique devant le Royaume-Uni.
Avec les pays communistes hors Europe, le déficit est essentiellement imputable à la *Chine* (de – 0,2 MDF à – 10,7 MDF en 1994, soit notre 4e déficit) : les jeux et les jouets, les récepteurs radio/TV en sont les postes responsables. Le déséquilibre commercial entre les deux pays ne cesse de se creuser en faveur des Chinois et la France n'arrive qu'au 11e rang des fournisseurs de la Chine, avec une part de marché de 1,7%.

cf. *plan*
p. 227

La Chine est devenue un pays aux débouchés très convoités : beaucoup d'espoirs sont placés dans la construction d'une 2e centrale nucléaire après celle de Daya Bay ; dans l'énergie, les pétroliers ont également des projets en Chine ; enfin, la Lyonnaise-Dumez vient de remporter un contrat de 1 MDF à Canton. Des infrastructures sont à rénover comme dans tous les pays à forte croissance : centrales électriques (GEC-Alsthom), transports (multiples projets de métros et de chemins de fer), téléphone ou marché de l'automobile (Peugeot, à Canton, détient 10% du marché intérieur).

3.2.3. Le déficit avec les pays de l'OPEP s'alourdit

Malgré l'augmentation de nos exportations industrielles, le pétrole importé pèse encore sur des déficits bilatéraux (– 8 MDF en 1994 avec la seule Arabie Saoudite). L'excédent dégagé avec l'Algérie se tasse (+ 5 MDF en 1994), il est imputable à la hausse des achats énergétiques et à l'augmentation du prix du gaz.

Pour les autres PVD, la situation est très contrastée.

– Les déficits se creusent avec certains NPI d'Amérique latine et d'Asie : Brésil – 5,1 milliards (produits tropicaux agro-alimentaires). C'est aussi le cas pour Taiwan : – 2 MDF en 1994. Alors qu'avec d'autres, le solde s'améliore : Corée du Sud (+ 2 MDF en 1994) ou Hong Kong qui est notre 4e excédent (+ 9,7 MDF en 1994).

– C'est le juste équilibre avec le Maroc après des années d'excédents, excédents traditionnels qui persistent avec la Tunisie (+ 3,1 MDF) et les pays du Proche et du Moyen-Orient non pétroliers.

Tableau de nos principaux excédents et déficits en 1994					
Excédents			Déficits		
Place	Pays	valeur en MDF	Place	Pays	valeur en MDF
1	Royaume-Uni	27	1	Japon	21,7
2	Suisse	16,8	2	États-Unis	16,9
3	Espagne	14,3	3	Norvège	11,8
4	Hong Kong	9,7	4	Chine	10,7
5	Grèce	6,5	5	Russie	8,8
6	Algérie	5	6	Arabie S.	8
7	Portugal	4,7	7	Irlande	7,1
8	Mexique	4,5	8	Italie	5,9
9	EAU	4,2	9	Brésil	5,1
10	Argentine	3,9	10	Finlande	4,6
11	Egypte	3,5	11	Allemagne	3,9
12	Oman	3,4	12	Nigeria	3,4
13	Tunisie	3,1	13	Pays-Bas	2,9
14	Autriche	2,7	14	Suède	2,3
15	Liban	2,6	15	Taiwan	2

Conclusion

Les leçons des années 1980 sont doubles.

– Les faiblesses structurelles de notre commerce extérieur perdurent :

■ la faiblesse de notre monnaie (inflation) malgré les dévaluations successives (1981,1982, 1983, 1986), face au mark ;

cf. *synthèse*
p. 217

■ la dépendance face au dollar, sa hausse favorise les exportations mais renchérit la facture énergétique, sa baisse inverse les données ;

■ les entreprises françaises n'ont pas toujours de vocation exportatrice suffisamment affirmée malgré des progrès et les aides de l'État : insuffisance des réseaux commerciaux, absence de grandes sociétés commerciales.

– Les enjeux à venir seront difficiles. La montée des NPI après celle du Japon, notre faible présence dans ce bassin Pacifique nous handicapent ; l'enjeu de 1993 et du marché unique en Europe a exacerbé les concurrences. *Cela s'est traduit dans les tensions commerciales* comme le montrent les négociations difficiles de l'*Uruguay Round,* dans la montée du protectionnisme (le vote de la loi commerciale américaine, *Trade Act,* par le Sénat américain en août 1988) ou la multiplication des normes administratives ou techniques (Allemagne/Japon).

> La croissance de notre commerce extérieur représente un gisement estimatif de 200 000 emplois d'ici l'an 2000. En termes de chômage comme de compétitivité, l'enjeu est capital !

On peut donc faire deux lectures des excédents retrouvés. La première explication est le succès de la désinflation compétitive ; le seconde explication repose sur l'atonie de la croissance interne qui freine les importations. Cet excédent aurait dû donner à la France, depuis septembre 1992 et la crise du SME, le crédit international qui lui manquait encore. Elle n'apparaît plus comme un pays chroniquement atteint par l'inflation et le déficit extérieur, mais comme possédant une économie assainie de grand pays industrialisé. Plus petite que l'Allemagne évidemment, mais aussi forte ; quand ces deux qualités lui seront reconnues par les marchés financiers la confiance aura alors des bases objectives.

Un redressement durable ? Le gouvernement est donc placé devant deux problèmes essentiels et urgents : faire reconnaître sa détermination à laisser le franc dans ce qui reste du SME et sa volonté d'accéder à la monnaie unique ; maîtriser l'excès du déficit public qui favorise une avance excessive de la demande intérieure, affaiblissant le bilan du commerce extérieur.

cf. *synthèses*
p. 221
p. 224

> Le retour des excédents commerciaux encourage une vision optimiste de l'avenir, d'autant plus que la réorientation géographique de nos exportations réduit le préjudice des pertes des grands contrats (biens d'équipement) ; que malgré la baisse du dollar qui a accentué les déficits des biens de consommation et intermédiaires, ceux-ci se sont stabilisés ; que les investissements industriels, conjugués à la situation financière saine des entreprises françaises, peuvent être porteurs d'espoir ; sans oublier les apports conséquents des services, dont le tourisme.

Synthèses

1. Les méconnues du commerce international : les SCI

Les sociétés de commerce international (SCI) assurent le quart des échanges de la France. Cependant, elles souffrent d'un problème d'image et de légitimité.

– Problème d'image car, de l'ombre où elles opèrent souvent, elles se retrouvent projetées parfois sous les feux de la rampe par certaines affaires aux odeurs de scandale.

– Problème de légitimité car la fonction d'intermédiaire est fortement dévalorisée dans la culture latine où le commerce est considéré comme un acte parasite.

Les SCI françaises sont modestes ; la première (Louis Dreyfus SA) enregistre un volume d'affaires de 95 MDF. C'est peu face aux grandes sociétés de commerce japonaises qui traitent individuellement un volume d'affaires de l'ordre de 700 à 800 MDF.

Prises dans leur ensemble, les SCI françaises ne réalisent que 25% du commerce extérieur de la France. C'est encore peu comparé aux sociétés japonaises ou coréennes (50% du commerce extérieur) ou encore à celles de l'Europe du Nord (de 30% à 40%).

Les SCI proposent aux grandes entreprises comme aux PMI/PME trois types de prestations :
- des services de consultants ;
- de représentation en mettant à la disposition des entreprises leur connaissance géographique d'un marché et la puissance d'un réseau déjà établi,
- enfin de distribution donc de négociants pour leur propre compte.

Pour une PME mais aussi une grande entreprise, le recours à une SCI prend tout son sens lorsqu'il s'agit d'aborder des marchés difficiles. De même, le manque de capitaux ou la perte de capacité d'emprunt de nombreux pays du Sud ou de l'Est oblige à recourir à des montages financiers de plus en plus complexes. Les SCI ont acquis ce savoir-faire, à travers la compensation*.

Si les SCI restent sous-utilisées en France, encore faudrait-il qu'elles soient à la hauteur de leurs ambitions. Leur passé colonial leur a laissé en héritage un réseau de qualité en Afrique et, partiellement, en Extrême-Orient. C'est l'image de la CFAO (Compagnie française de l'Afrique occidentale), fondée en 1887. Jusqu'à la fin des années 1950, la CFAO s'intéresse presque exclusivement à l'étranger. Elle gère en France des bureaux d'achats intégrés qui, au service des succursales d'Afrique, constituent un prolongement de celles-ci en métropole. A partir de 1960, elle recherche des participations dans des affaires spécifiquement françaises et européennes au point qu'en 1980 son activité hors d'Afrique a représenté la moitié du CA. La CFAO forme aujourd'hui un ensemble de plus de 160 sociétés qui emploie 20 000 personnes pour un CA de 14,5 MDF.

En revanche, les SCI n'ont pas su se redéployer sur les marchés porteurs et accumulent un certain retard dans le sud-est asiatique, au Moyen-Orient et en Amérique latine. Encore faudra-t-il qu'elles arrivent un jour à créer une véritable synergie avec le monde industriel et à gagner enfin leurs lettres de noblesse.

2. 1995 : un excédent historique en trompe-l'œil

Dans un pays où la contrainte extérieure fut longtemps l'obsession des gouvernements, l'apparition puis le gonflement d'un excédent commercial sont les signes d'une compétitivité retrouvée, de la capacité de la France à s'ouvrir sur le monde.

Un excédent historique

La balance commerciale française a enregistré, en 1995, un excédent record de 104,5 MDF (le précédent remontait à 1993 avec 88 MDF). Les exportations ont progressé de 9,2% en valeur (1 427 MDF) et les importations de 7,9% (1 322,5 MDF).

L'agro-alimentaire reste une valeur sûre. Les exportations de produits agricoles se sont de nouveau inscrites en hausse l'an dernier et leur excédent a atteint 20 milliards. La France a regagné sa place de 2ᵉ exportateur mondial derrière les États-Unis. Elle demeure le 1ᵉʳ exportateur mondial en ce qui concerne les industries agro-alimentaires (30 milliards).

L'essor des biens d'équipement professionnels repose presque entièrement sur les ventes d'Airbus (excédent de 45 milliards sur les 58 du total).

L'automobile, en revanche, rechute. L'excédent n'a été que de 4 milliards en 1995 même s'il grimpe à 26 milliards avec les pièces détachées et le matériel de transport terrestre. Ce chiffre est inférieur de 6 milliards à celui enregistré en 1994. C'est une progression plus rapide des importations qui explique ce résultat.

Enfin, les exportations françaises de matériel militaire ont été divisées par deux entre 1992 et 1995 : 10 MDF seulement. On est très loin des sommets atteints au milieu des années 1980 où la France engrangeait, par ses livraisons d'armes, près de 50 MDF. Les temps ont changé : le marché mondial du matériel militaire se rétracte et la concurrence (États-Unis, Russie, Chine) est plus présente. C'est une des justifications des restructurations des industries d'armement.

Le vice ou la vertu ?

De ses échanges de marchandises, la France tire un excédent de 55,4 MDF selon les chiffres de la balance courante*, qui élimine les échanges factices avec les DOM/TOM.

La France a aussi échangé ses services dont elle a tiré un excédent de 73,9 MDF. S'y ajoute un excédent de 19 MDF, fruit des échanges d'autres biens et services. Soit, en tout, 148,3 MDF en devises pour la balance des paiements* courants.

De cette somme, il faut cependant défalquer deux lignes d'échanges en déficit, soit 63,6 milliards : 31,6 milliards pour les revenus d'investissements (versement des intérêts et dividendes aux investisseurs étrangers) après 56,1 en 1994 et 32 milliards pour les transferts (versements internationaux des États), déficit qui s'est réduit d'un quart par rapport à 1994.

Finalement, la balance courante française affiche en 1995 un excédent record de 84,6 MDF soit 1,2% du PIB français. En 1994, ce solde positif n'était que de 44,7 MDF.

Ce résultat illustre le paradoxe français actuel : un pays où, en dépit d'une épargne surabondante, les deux préoccupations majeures furent la tenue du franc et le financement du déficit public. L'explication réside dans le fait que le financement de la dette publique française, au lieu d'être assuré par les Français eux-mêmes, est, pour un quart, délibérément confié à des investisseurs étrangers. Que ceux-ci (notamment les fonds de retraite américains et japonais) viennent à se débarrasser en masse de leurs papiers français et il faut soutenir le franc avec des taux d'intérêt record malgré un excédent confortable et la dette publique la plus faible de l'Union européenne et même du G7.

Ces 84,6 MDF représentent ce qui est resté sur le compte courant de la France après que celle-ci ait financé ses importations, ses investissements, sa consommation et ses déficits publics. Dans un pays où le nombre de chômeurs dépasse trois millions et où l'activité économique piétine, un excédent de cette ampleur tient plus du vice que de la vertu.

Ralentissement des importations

Cependant, depuis le début du second semestre 1995, les échanges extérieurs se contractent sous l'effet de l'essoufflement de la demande adressée à la France et du ralentissement de l'activité intérieure. Sur l'ensemble de l'année 1996, les experts anticipent un ralentissement plus fort des importations. La balance commerciale* française pourrait ainsi afficher un solde positif encore plus important qu'en 1995, un excédent dû à la faiblesse de l'économie.

Néanmoins, la compétitivité retrouvée de notre économie et de nos entreprises provient d'abord de la maîtrise des coûts. Les entreprises françaises ont fait beaucoup d'efforts pour maintenir leur compétitivité relative sur les marchés mondiaux où elles subissent un handicap de change important dû à la sous-évaluation du dollar qui s'est ajoutée à la baisse de la livre, de la peseta ou du yen. Pour sauvegarder leurs parts de marché, dans un contexte, de surcroît, de contraction des échanges mondiaux, elles réduisent leurs marges mais surtout leurs coûts salariaux en faisant pression sur les salaires et les effectifs. L'excédent commercial historique de la France s'accompagne ainsi de moins de pouvoir d'achat, moins d'investissements et plus de chômage.

Les exportations françaises sont par ailleurs trop orientées vers les pays industrialisés et trop peu vers les pays en cours d'industrialisation rapide, comme ceux d'Asie, pour pouvoir profiter de la croissance de leur activité. Un rééquilibrage s'impose, rendu plus difficile par les positions dominantes déjà acquises par les Japonais, les Américains et les Allemands.

Un plan pour l'exportation a été présenté le 3 février 1994 pour aider les entreprises (subventions), créer un centre d'affaires français à Singapour, plan complété par une campagne de communication. De même, la politique de garantie à l'exportation, dans le cadre de la COFACE (Compagnie française d'assurance du commerce extérieur), a été orientée systématiquement vers les pays émergents.

cf. *plan* p. 227

3. L'internationalisation des entreprises et le commerce extérieur

La part de la production française exportée par les plus grandes entreprises s'érode peu à peu. Cette évolution est révélatrice d'un vrai mouvement de fond qu'a traduit partiellement la baisse du solde industriel, mais révèle aussi une autre information : la formidable progression du chiffre d'affaires réalisé par ces groupes à l'étranger, à partir d'une production hors des frontières. En clair, la production à l'étranger se substitue peu à peu aux exportations, et la logique des entreprises se téléscope de plus en plus avec celle des comptes de la nation. C'est une donnée que l'on retrouve dans la très forte poussée des investissements français à l'étranger depuis 1985.

Ainsi, pour les firmes solidement implantées à l'étranger, le marché domestique se limite de moins en moins aux frontières nationales. Renault s'efforce de faire fonctionner un dispositif européen véritablement intégré. Ses usines de Belgique, d'Espagne et du Portugal sont pensées comme des parties d'un même ensemble. Par conséquent, si Renault exporte toujours plus qu'il ne produit à l'étranger, il s'en faut de peu : tandis que le nombre de véhicules automobiles fabriqués hors de France passait de 702 000 en 1980 à 790 000 en 1989, le total des exportations ne progressait que de 816 000 à 839 000. Renault est même devenu le second importateur automobile français derrière le groupe VAG !

Au total, les importations effectuées par les grands groupes français à partir de leurs usines étrangères représentent 5% de leur chiffre d'affaires global.

C'est naturellement dans l'industrie de l'habillement que l'on peut trouver les plus nombreux exemples de vraies délocalisations (Afrique du Nord, Asie). On estime que les importations de textile sont le fait de firmes françaises pour 20% environ du total.

Néanmoins, à l'échelle d'un pays, on constate souvent qu'une forte présence industrielle aurait plutôt tendance à stimuler les exportations. Ainsi, alors qu'en Espagne on comptabilise 1 400 entreprises hexagonales, la France réalise avec ce pays son 3e excédent.

À l'inverse, la politique d'ouverture aux investisseurs étrangers mise en œuvre depuis quelque temps pourrait, dans certains secteurs, contribuer efficacement au redressement du déficit commercial. Le papier en est l'illustration parfaite. Les spécialistes de la profession estiment que, dans un futur proche, le solde commercial français redeviendra positif grâce aux énormes investissements étrangers réalisés en France depuis 10 ans, alors que la lente disparition des papetiers français avait laissé le champ libre à des importations croissantes (10 MDF en 1980, 30 MDF en 1989).

D'abord exporter, ensuite s'implanter à l'étranger. Beaucoup d'entreprises françaises ont atteint ce second stade de l'internationalisation, au point que les statistiques du commerce extérieur ne suffisent plus à mesurer la compétitivité de notre outil industriel.

4. Les services : un atout durable pour les échanges extérieurs ?

L'inscription de ce thème aux négociations du GATT*, menées dans le cadre de l'*Uruguay Round*, souligne son importance grandissante. Dans le cas de la France, le contraste entre le solde des services (excédentaire) et des marchandises (déficitaire) a longtemps constitué une raison supplémentaire pour s'intéresser aux échanges de services.

Ainsi, en 1990, les services commerciaux avaient dégagé un excédent de 49 MDF alors que le déficit industriel atteignait 57 MDF. Ils compensaient partiellement le déficit de la balance commerciale*. Aujourd'hui, ils confortent l'excédent de celle-ci.

L'insertion de la France dans les échanges mondiaux de services

La part des services commerciaux dans le commerce mondial est restée quasiment inchangée depuis vingt ans : environ 18% du total des échanges en 1990 (marchandises et services réunis), contre 17% en 1970.

Au sein de l'ensemble des services commerciaux, les différentes composantes connaissent des dynamiques distinctes : la part des transports régresse, celle des voyages est stable, alors que celle des autres services est en net progrès.

Enfin, dans les échanges extérieurs français, les services ont un poids supérieur à celui qu'ils ont dans les échanges mondiaux (25% à l'exportation et 21,5% à l'importation en 1990). 3e exportateur mondial de services au début des années 1970, la France s'était hissée au 1er rang au tournant des années 1980. Depuis, elle se situe en 2e position (10%) derrière les États-Unis (15,5%), loin devant le Royaume-Uni (7,2%) et l'Allemagne (6,9%).

Tout juste équilibrés au début des années 1970, les échanges français de services ont dégagé depuis lors un excédent croissant qui a culminé en 1985. Après un creux entre 1986 et 1988, le solde s'est redressé, pour approcher 50 MDF au cours des deux dernières années. La France a réalisé en moyenne au cours des années 1985-1990 le second excédent en matière d'échanges de services, derrière les États-Unis, devançant le Royaume-Uni et l'Italie. En outre, on constate que, parmi les grands pays industriels, seuls le Japon et l'Allemagne sont déficitaires, ces deux pays étant ceux qui, par ailleurs, accumulent les plus larges excédents commerciaux sur la période.

Forces et faiblesses de la France

Les échanges français de services se caractérisent par une polarisation assez marquée, empreinte d'une certaine inertie. Par type d'activité, la part de marché de la France dans les échanges mondiaux est assez contrastée.

On peut distinguer cinq points forts :

■ les grands travaux, secteur qui a d'abord bénéficié de la demande des pays de l'OPEP à la suite des chocs pétroliers de 1973 et 1979, puis qui a pâti du contre-choc de 1986. Grâce à un redéploiement intensif vers les pays industrialisés, le taux de couverture* s'est redressé depuis ;

■ les voyages, poste qui contribue le plus au solde (entre 50 et 60 MDF dans les années 1990). À elles seules, les dépenses et recettes liées aux voyages comptent pour un quart du total des échanges de services commerciaux et la France a acquis la 1re place mondiale ;

■ le travail à façon (grâce au retraitement des matières irradiées) ;

■ les services de gestion (en liaison avec le développement d'Airbus et des fusées Ariane) et la coopération technique peuvent être également rangés du côté des points forts français.

cf. *synthèse* p. 224

En revanche, deux types de services constituent nos principaux points faibles :
■ les brevets et redevances, dont le déficit est concentré dans le secteur informatique et vis-à-vis des États-Unis ;
■ les services de transport et d'assurance, plus particulièrement les transports maritimes, sont à classer du côté des points faibles.

D'une manière générale, les avantages comparatifs français se situent plutôt sur les services liés aux échanges de technologie, exceptés les brevets et redevances. En revanche, les faiblesses françaises sont rassemblées autour des services liés au commerce extérieur, ce qui peut se révéler être un handicap dans le cadre d'une expansion rapide des échanges commerciaux.

L'orientation géographique est en voie de recomposition. Les échanges français de services sont concentrés sur les pays de l'OCDE qui représentent 75% des recettes et 73% des dépenses. Comme pour les échanges de biens, la seconde moitié des années 1980 a été marquée par un profond mouvement de réorientation géographique en direction des pays solvables. Consécutivement au contre-choc pétrolier, les recettes de services en provenance de l'OPEP ont ainsi été divisées par deux entre 1985 et 1989. De même, vers la zone franc*, les difficultés économiques touchant les pays africains se traduisent par un fléchissement de 30% des recettes au cours des cinq dernières années. Les États-Unis sont notre principal partenaire pour les échanges de services, suivis de très loin par l'Allemagne et le Royaume-Uni.

La polarisation géographique est également manifeste au niveau des soldes. Les échanges avec les pays de l'OCDE sont désormais très largement excédentaires (50 MDF), grâce essentiellement au poste voyages. Si l'excédent dans l'UE s'est renforcé au cours des dernières années, là aussi grâce aux recettes touristiques, les surplus avec les pays de l'OPEP se sont au contraire littéralement effondrés entre 1985 et 1989.

Quelques éléments d'appui pour l'avenir

L'internationalisation est basée de plus en plus sur l'investissement direct. Les entreprises françaises de services privilégient l'investissement direct comme mode d'internationalisation. Les investissements réalisés par le secteur des services ont représenté 37% du total des investissements français directs à l'étranger à la fin des années 1980 et au début des années 1990. La prédilection pour cette forme de développement international s'explique en premier lieu par la nature des activités en question. Pour certaines d'entre elles, le secteur bancaire par exemple, la proximité avec la clientèle rend impérative l'implantation à l'étranger. En outre, la perspective du marché unique de 1993 a suscité un mouvement d'investissement des firmes françaises dans l'UE, soit sous la forme de créations de filiales, soit le plus souvent par le biais de fusions et d'acquisitions.

L'industrie apparaît comme un acteur dans les échanges de services. Le partage entre biens et services est parfois flou : le raffinage du pétrole pour le compte d'un tiers, recensé sous la rubrique « travail à façon », participe en fait à une activité industrielle. Par ailleurs, les échanges de produits industriels entraînent nécessairement la fourniture de prestations de services (transport, service après vente...) et, inversement, certaines activités de services suscitent des échanges de biens (grands travaux...).

Trois activités aux perspectives de développement contrastées semblent devoir être distinguées.

cf. *synthèse* p. 224

– Le **tourisme**, tout d'abord, secteur dans lequel les performances relatives des différents pays sont assez stables puisqu'elles reflètent avant tout les avantages naturels de chaque destination, même si elles ne sont pas insensibles à certains facteurs conjoncturels (taux de change, prix relatifs). Les bons résultats enregistrés montrent que les efforts faits en matière de promotion ou de conditions d'accueil se sont révélés fructueux, ils augurent sans doute du maintien de la position privilégiée de la France dans ce domaine.

— Les **échanges de transport** répondent à une logique différente, les parts de marché des différents compétiteurs étant fortement influencées par des critères de coûts, notamment pour le transport maritime. La configuration du marché mondial pourrait alors se rapprocher à l'avenir de celle d'un secteur comme le textile, pour lequel les coûts salariaux ont une influence déterminante.

— Enfin, c'est sans doute au sein des « **autres services** » (télécommunications, services financiers...) que l'on trouvera dans les années à venir les activités les plus dynamiques, mais c'est aussi dans ces secteurs que la concurrence internationale sera la plus vive.

En conclusion, *les développements précédents soulignent les nombreux atouts dont dispose la France en matière d'échanges de services*. S'ils ont permis jusqu'ici de dégager des excédents substantiels, ils ne doivent certainement pas être considérés comme des « avantages acquis ». Les entreprises françaises de services seront soumises dans les années à venir à une double concurrence :

■ de la part des pays industrialisés d'abord ;

■ de la part de nouveaux concurrents ensuite, notamment en provenance d'Asie du sud-est, qui tireront parti de leurs avantages en termes de coûts salariaux.

Finalement, la problématique dégagée ici n'apparaît pas très différente de celle formulée par ailleurs pour les échanges de marchandises et l'excédent français en matière de services ne peut que bénéficier, à terme, du renforcement du solde industriel de notre balance commerciale*.

5. Le tourisme en France

La France, dont 10% seulement des ressortissants partent à l'étranger, a franchi, en 1992, le cap des 60 millions de touristes* fréquentant ses équipements et est, depuis, le premier pays touristique du monde avec les États-Unis.

1. Les causes de l'essor touristique contemporain

1.1. Trois facteurs généraux

– Le temps libre depuis la dernière guerre s'est considérablement accru :
- allongement de l'espérance de vie ;
- abaissement de l'âge de la retraite ;
- création puis allongement des congés payés.

– Le deuxième facteur est l'élévation du niveau de vie (multiplié par 10 en un siècle dans les pays riches).

– Enfin, cet essor est à mettre en relation avec l'extraordinaire développement des moyens de transport et de communication depuis 1945.

1.2. Les facteurs propres à la France

En 1992, la France a bénéficié de 60 millions de touristes* étrangers, devenant le premier pays de destination du tourisme au monde, grâce à quatre facteurs :
- le premier tient à la situation géographique du pays, au cœur du domaine tempéré de l'hémisphère nord, d'accès aisé ;
- le second est lié à la très grande variété de ses paysages (montagnes, littoraux, régions viticoles). L'héliotropisme balnéaire est le premier atout (45% des séjours), devant la montagne (25%) et le tourisme vert. De plus, la France bénéficie de ses DOM-TOM, riverains de la mer des Caraïbes, de l'océan Indien et du Pacifique ;
- la France dispose également d'un patrimoine culturel exceptionnel, des grottes préhistoriques du Massif central au musée du Louvre (12 000 monuments, 1 200 musées) ;
- enfin, la gastronomie française possède une réputation mondiale qui s'appuie, en partie, sur sa viticulture.

cf. *synthèse* p. 88

2. Les grandes régions touristiques

2.1. Paris et sa région

C'est le premier pôle récepteur français : à sa richesse artistique (Grand Louvre, Centre Pompidou, Tour Eiffel) s'ajoute celles de l'Ile-de-France : berceau de l'art gothique, nombreux châteaux (Versailles, Fontainebleau et au-delà ceux du val de Loire).

Paris est enfin la première ville de congrès du monde.

2.2. La Provence-Côte d'Azur

Elle constitue le 2e pôle récepteur, particulièrement en été.

Cette région bénéficie de son climat méditerranéen (hivers doux, étés chauds et secs avec un ensoleillement unique en France), une mer tiède et des paysages magnifiés par Cézanne et Van Gogh.

Sa richesse architecturale témoigne d'un long passé et de l'héritage d'un tourisme de luxe, aristocratique.

2.3. Le grand Ouest

La douceur des températures, ses richesses archéologiques et la beauté de ses côtes attirent les classes moyennes qui aiment y passer des vacances* en famille autour des plages (rôle important de la côte sud et de la Vendée) avec une place de choix pour la plaisance.

2.4. Les Alpes

Quatre générations de stations de sport d'hiver contribuent à faire des premières montagnes d'Europe, le premier pôle récepteur de touristes en hiver (Chamonix, Megève, Courchevel…).

Le tourisme estival s'y développe également (3/4 des touristes accueillis au total).

2.5. Le Sud-Ouest

Aquitaine et Midi-Pyrénées arrivent au 5ᵉ rang pour la fréquentation en s'appuyant sur :
- la côte basque (Biarritz et Saint-Jean-de-Luz) ;
- les Pyrénées qui se sont dotées de nombreuses stations de sports d'hiver et qui bénéficient en outre d'un tourisme estival important (cirque de Gavarnie) ;
- les pèlerinages de Lourdes depuis 1858.

3. Un bilan globalement positif

3.1. Une balance excédentaire

Depuis 1969, le solde touristique de la France dégage chaque année un excédent qui a augmenté depuis les années 1980 (1ᵉʳ poste excédentaire de l'économie française devant l'agro-alimentaire).

Excédent touristique (en MDF)							
1982	1985	1989	1990	1991	1992	1993	1994
12,1	31,5	39,3	42,2	51	58,9	60	63

Les dépenses résultant des 60 millions de touristes étrangers en France ont ainsi largement dépassé les dépenses des 10 millions de séjours français à l'étranger.

3.2. Un secteur créateur d'emplois

Le tourisme est l'un des rares secteurs, depuis la crise, qui continue à créer des emplois ; il représente environ 7% du PIB et 7% à 8% des emplois en France sans oublier les emplois induits.

60% des Français partent en vacances* (au lieu de 40% en 1965). Tous ne choisissent pas les mêmes types d'hébergement : la moitié va soit à l'hôtel, soit au camping-caravaning, soit dans des appartements ou villas de vacances.

Accor est le premier groupe français de l'hôtellerie (4ᵉ rang mondial par le nombre de chambres offertes).

3.3. Les limites de cet essor

Elles sont d'abord spatiales :
- plusieurs régions françaises ont une balance touristique déficitaire : le Nord-Pas de Calais, la Picardie, la Lorraine, la Haute-Normandie etc. Globalement, le Nord et l'Est profitent moins du tourisme ;
- le tourisme balnéaire contribue à aggraver le déséquilibre des activités entre un littoral surchargé, parfois défiguré ou pollué, et l'intérieur des terres de plus en plus touché par la désertification. La même remarque vaut pour la montagne.

Elles sont ensuite sociales : si les 2/3 des cadres et professions libérales partent en vacances, moins d'un salarié et d'un exploitant agricole sur 6 font de même.

En outre, la majorité des départs a pour destination un hébergement non commercialisé (amis ou parents, résidence secondaire).

Enfin, nombre d'emplois restent souvent saisonniers ou à temps partiel.

Sa situation de carrefour, la variété de ses paysages, la richesse de son patrimoine culturel et la renommée de sa table ont fait de la France l'un des premiers pays touristiques au monde.

Certes, il existe des disparités régionales fortes puisque cette manne est concentrée sur quelques régions. Mais, malgré ses limites, le tourisme reste un secteur économique en croissance, pourvoyeur de devises et d'emplois (de 1981 à 1991, le tourisme a créé 215 000 emplois), qui recèle encore des perspectives de développement (allongement prévisible du temps de loisirs, diversification des produits touristiques).

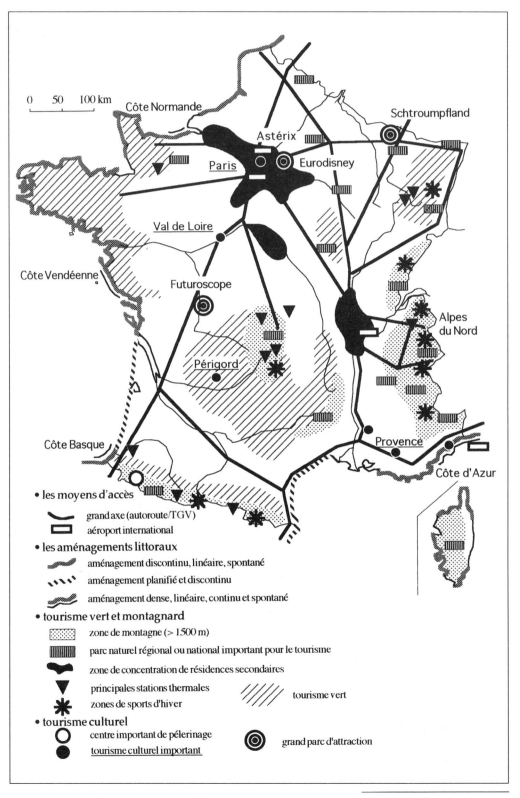

les moyens d'accès
 grand axe (autoroute/TGV)
 aéroport international
les aménagements littoraux
 aménagement discontinu, linéaire, spontané
 aménagement planifié et discontinu
 aménagement dense, linéaire, continu et spontané
tourisme vert et montagnard
 zone de montagne (> 1500 m)
 parc naturel régional ou national important pour le tourisme
 zone de concentration de résidences secondaires
 principales stations thermales
 zones de sports d'hiver
 tourisme vert
tourisme culturel
 centre important de pélerinage
 tourisme culturel important
 grand parc d'attraction

Côte Normande
Schtroumpfland
Astérix
Paris
Eurodisney
Val de Loire
Côte Vendéenne
Futuroscope
Alpes du Nord
Périgord
Côte Basque
Provence
Côte d'Azur

0   50   100 km

Plans

1. Les échanges de la France avec l'Asie

Introduction : une grande faiblesse de nos échanges

La balance commerciale* de la France avec le Japon est lourdement déficitaire (entre 30 et 20 MDF de 1990 à 1994). Le taux de couverture* oscille entre 40% et 50%.

La France était aussi déficitaire avec les pays d'Asie à développement rapide (les quatre NPI, les autres pays de l'ASEAN – Brunei, Indonésie, Malaisie, Philippines et Thaïlande – et la Chine populaire) même si le déficit s'est comblé (– 18 MDF en 1991 ; – 13,3 MDF en 1992 ; – 8,6 MDF en 1993 : + 9 MDF en 1994).

Au total, sur nos quinze premiers excédents commerciaux en 1994, Hong Kong apparaît seulement en 4ᵉ place avec + 9,7 MDF.
En revanche, sur les quinze premiers déficits en 1994, on relève :

1	Japon	– 21,7 MDF
4	Chine	– 10,7 MDF
15	Taïwan	– 2,0 MDF

1. Avec le Japon : le plus important déficit bilatéral

1.1. Un déficit majeur

1.1.1. Des échanges insuffisants et déséquilibrés

Des échanges modestes. La France et le Japon restent aujourd'hui encore des partenaires commerciaux modestes en dépit de la forte progression des échanges bilatéraux qui a caractérisé les années 1980, puisque ceux-ci ont doublé entre 1986 et 1990. La France n'est que le 11ᵉ fournisseur du Japon et le 12ᵉ client du Japon.

	1981		1990		1994	
	valeur	% du total	valeur	% du total	valeur	% du total
Importations françaises	11,7	2	50,3	4	47,2	3,88
Exportations françaises	4,6	1	21,0	2	25,4	1,95
Taux de couverture*	40%		41%		53,8%	
Solde	– 7,1 MDF		– 29,3		– 21,7	

Un fort déséquilibre. La seconde caractéristique de ces échanges est leur déséquilibre, puisque le Japon accumule les excédents vis-à-vis de la France.

1.1.2. Des échanges concentrés sur un petit nombre de créneaux

La caractéristique des importations françaises reste la concentration sur *un nombre limité de créneaux*, à savoir les produits de consommation destinés aux particuliers incluant les biens de consommation, les automobiles.

Quant aux exportations, elles continuent à symboliser « *l'offre française* » pour bien des consommateurs de l'archipel (les cognacs/liqueurs, les sacs à main, les parfums, voire l'uranium enrichi ou les œuvres d'art).

1.2. Développement des investissements

1.2.1. Faiblesse des investissements français au Japon

Alors que les entreprises françaises ont investi plus de 500 MDF à l'étranger au cours des cinq dernières années, que la France est devenue le 1ᵉʳ investisseur mondial hors de ses frontières, la part des investissements français au Japon reste modeste (1,6% des investissements soit le 11ᵉ rang).

En 1990, un tiers seulement des 100 plus grandes entreprises françaises était représenté au Japon. D'autre part, les seuls investissements conséquents portent sur les produits de luxe.

En tout état de cause, le rapport est inégal : il y a vingt fois plus d'investissements japonais en France que d'investissements français au Japon.

1.2.2. Quelques implantations réussies

Malgré tout, la France ne vend pas que des produits de luxe : 200 entreprises sont implantées dans l'archipel et 3 200 autres y exportent régulièrement.

Parmi les premières sociétés à l'exportation figurent :

- la COGEMA (2,5 MDF par an pour le retraitement de l'uranium, son enrichissement et sa vente) ;
- Michelin est aussi très bien placée et s'est imposée sur le marché en créant une entreprise conjointe avec Okamoto ;
- Aérospatiale est le premier vendeur d'hélicoptères civils et détient 50% du marché ;
- ou encore Total, Rhône-Poulenc, Pechiney, Lafarge-Coppée, Roussel-Uclaf.

Malgré une réduction sensible, le déficit avec le Japon et les difficultés d'accès au marché nippon restent des points faibles dans les échanges français.

2. Les échanges avec les pays d'Asie en développement rapide

2.1. Un accroissement très rapide des échanges bilatéraux

2.1.1. Les exportations françaises et la croissance asiatique

Un rééquilibrage. Le taux de couverture* de nos échanges avec ces pays était du même ordre qu'au début des années 1980 (79% en 1992). A cette date, cette région représente ainsi 4% de nos exportations et 5% de nos importations.

En termes de commerce extérieur, la France profite depuis quelques années de l'ouverture des économies des NPI et de l'industrialisation des pays de l'ASEAN. Ainsi, son déficit commercial amorce progressivement un retour à l'équilibre.

Des échanges plus équilibrés (taux de couverture de la France par ses exportations en %)		
1980	Pays	1992
39%	Japon	42%
35%	Corée du Sud	91%
71%	Hong Kong	214%
96%	Singapour	98%
26%	Taïwan	56%
39%	Malaisie	39%
44%	Thaïlande	84%
73%	Indonésie	155%
44%	Philippines	107%

L'exception chinoise. En revanche, la situation est plus préoccupante avec la Chine. Avec 10,7 MDF en 1994, elle se place au 4e rang de nos déficits.

2.1.2. Les parts de marché françaises restent modestes

Malgré le potentiel de croissance exceptionnel de cette zone, et malgré la vive croissance de nos exportations, les positions françaises y apparaissent encore très modestes.

Avec une part de marché* de 3,3% dans l'ensemble de ces pays en 1992, la France vient très loin derrière le Japon (40,5%), les États-Unis (24,7%), l'Allemagne (7,3%) et peu après le Royaume-Uni (3,9%).

Dans les quatre Dragons, la France arrive même en 6ᵉ position derrière l'Italie.

2.2. La même image sectorielle des échanges

2.2.1. La moitié de nos exportations sont des biens d'équipement

Le poids des grands contrats. Traditionnellement, l'offre française à destination des pays asiatiques en développement rapide est très concentrée : les biens d'équipement professionnel représentent près de la moitié (49%) de nos exportations. Dans ce secteur, l'excédent commercial connaît des variations importantes d'une année sur l'autre, compte tenu des fluctuations de commandes liées aux grands contrats (Airbus, méthaniers*, centrales électriques, matériel de transport).

Un marché pour les produits de luxe. Deuxième grand secteur des exportations françaises vers ces pays, les produits de luxe, dont la demande forte traduit l'élévation du niveau de vie, principalement dans les NPI.

Ainsi, les eaux-de-vie sont le 1ᵉʳ produit français exporté en 1992 vers Hong Kong, pour 1,4 MDF, et le 4ᵉ vers Singapour. De même, la parfumerie occupe une place de premier choix dans nos ventes à Singapour ou à Hong Kong.

2.2.2. Nos achats : des biens de consommation et des produits électroniques

Le déficit se creuse pour les biens de consommation courante, il a été multiplié par trois entre 1985 et 1992, atteignant désormais 26,8 MDF, et a entraîné la dégradation du solde commercial de ce secteur depuis une dizaine d'années, avec un déficit de 19,5 MDF en 1992.

Les achats français concernent principalement le textile, le cuir et les chaussures (1ᵉʳ produit importé de Thaïlande), mais aussi les jeux et jouets, la maroquinerie-bagages et les articles de bijouterie-joaillerie.

Ces produits viennent essentiellement de Chine.

Preuve de l'industrialisation rapide de ces pays et de leur plus grande maîtrise technologique, *ce sont les importations d'électronique*, à la fois professionnelle et grand public, *qui progressent le plus* : la part de ces produits dans nos achats a doublé depuis dix ans ; avec 19,5 MDF, elle compte pour près du tiers dans nos importations en 1992. Ce secteur représente même 44% de nos importations en provenance des quatre Dragons.

La politique commerciale de la France vise à tripler rapidement ses parts de marché en Asie.

Conclusion : une présence française à accroître

En quelques décennies, les pays asiatiques en développement rapide, auxquels il faut ajouter le Japon, ont progressivement constitué un 3ᵉ pôle de l'économie mondiale se caractérisant par un dynamisme économique remarquable.

Compte tenu des perspectives de développement de ces pays au cours des prochaines années, le renforcement de la présence française en Asie, à la fois par les échanges commerciaux et les investissements, apparaît donc comme une priorité. En 1992, les exportations françaises vers l'Asie-Pacifique représentaient 7% de l'ensemble des exportations, deux fois plus qu'en 1980. L'objectif est de les porter à 10% dès 1997.

Les entreprises françaises l'ont bien compris en investissant massivement dans ces pays (un quart des capitaux français investis dans les pays hors OCDE en 1991-92). Malgré cet effort, la part de cette région dans l'implantation française à l'étranger demeure encore limitée, avec 79 000 salariés, soit seulement 3,5% des effectifs des filiales françaises à l'étranger au début de 1992.

Ces investissements porteurs d'exportations sont la condition pour participer à l'ouverture de ces marchés, d'autant que dans le cadre des grands contrats de biens d'équipement, l'installation de filiales locales est souvent la règle à l'exemple du contrat pour le TGV coréen.

2. La place de la France dans le système-monde

Introduction

– La France, avec 58 millions d'habitants n'occupe que le 20ᵉ rang mondial et ne représente plus que 1% de la population mondiale. Son poids démographique, sa croissance étant faible, est appelé à diminuer encore ces prochaines années.

La décolonisation lui a fait perdre son rang de puissance impériale, sa superficie (550 000 km²) ne la classe plus qu'au 47ᵉ rang mondial pour 0,4% des terres émergées.

– Mais la France est l'un des pays les plus développés du monde : c'est la 4ᵉ puissance économique du monde (5,5% des richesses mondiales), son agriculture est la 2ᵉ en valeur après celle des États-Unis, sa puissance commerciale lui vaut la 4ᵉ place mondiale. Son PNB total (1 289 milliards de dollars en 1993) n'est dépassé que par trois pays : les États-Unis (6 387), le Japon (3 526) et l'Allemagne (1 902).

L'indice de développement humain (IDH) est très positif : niveau de santé, espérance de vie, mortalité infantile ou niveau d'instruction (6ᵉ place mondiale sur 173 pays).

Un bilan des plus contrastés qui rend difficile l'appréciation exacte de la France dans le système-monde.

3 échelles territoriales permettent d'argumenter : la place de la France dans l'Union européenne, l'espace de la francophonie et le rôle géostratégique mondial de la France.

1. La France dans l'Union européenne

1.1. Un rôle moteur dans la construction de l'Europe
    1.1.1. Une initiative française
    1.1.2. La CECA, puis la CEE et enfin l'Union européenne

1.2. Son rôle économique

cf. *synthèse*
p. 124

    1.2.1. La première puissance agricole de l'Union européenne
    1.2.2. Une industrie performante avec des prouesses technologiques
    1.2.3. Une coopération européenne exemplaire (Airbus industrie ou l'espace avec Arianespace)

2. L'espace de la francophonie

2.1. Le français, une langue planétaire
    2.1.1. Le 10ᵉ rang seulement en nombre d'utilisateurs
    2.1.2. Mais le français est parlé sur les cinq continents
    2.1.3. L'avenir de la francophonie passe par l'Afrique

2.2. L'espace francophone, lieu d'échanges et de solidarité
    2.2.1. L'Entente Francophone naît en 1970
    2.2.2. Un des aspects du dialogue Nord/Sud
    2.2.3. Un espace de communication

3. Le rôle géostratégique de la France

3.1. Une puissance européenne à vocation mondiale
    3.1.1. L'héritage historique (3ᵉ domaine maritime mondial)
    3.1.2. Un potentiel scientifique et technique
    3.1.3. La troisième puissance militaire nucléaire

3.2. La France sur l'échiquier mondial
    3.2.1. La zone franc*
    3.2.2. Le déploiement militaire français dans le monde
    3.2.3. Paris est le siège de l'Unesco et de l'OCDE

Conclusion

Ainsi, la place de la France au sein du système-monde est très supérieure à celle que l'importance de sa population et de sa superficie ne le laisserait supposer. Son poids économique, son rayonnement culturel, sa force de dissuasion nucléaire ou son rôle actif dans l'espace, comme l'activité de sa diplomatie (nombre important de soldats français sous le drapeau de l'ONU, participations actives dans les instances internationales) se conjuguent pour en faire une puissance non négligeable dans le monde.

Clés et repères

Balance commerciale : dans les échanges extérieurs, la balance commerciale inclut uniquement les biens, les services étant exclus.
Corrélats : balance des invisibles, balance des paiements.

Balance des invisibles : c'est le solde entre la valeur des exportations et des importations de services (assurances, transports, brevets, tourisme, salaires, revenus des capitaux investis à l'extérieur…).

Balance des paiements : elle retrace toutes les opérations financières d'un pays avec le reste du monde. On distingue les *opérations courantes* (solde entre la balance commerciale et la balance des invisibles) et les *mouvements de capitaux*.
Corrélats : balance commerciale, balance des invisibles.

CAF (coût, assurance, fret) : s'emploie exclusivement pour les importations, c'est-à-dire qu'au prix du produit lui-même sont ajoutés les frais de transport et d'assurance qui ont été nécessaires pour l'amener à la frontière du pays importateur.
Corrélat : balance commerciale.

Compensation : opération commerciale se caractérisant par des paiements en nature et non pas en devises.

FAB (franco à bord) : s'utilise uniquement pour les exportations, c'est-à-dire y compris les frais de transport jusqu'à la frontière du pays exportateur, à l'exclusion de ceux qui sont encourus hors du territoire de l'exportateur pour acheminer la marchandise jusqu'au destinataire (en anglais FOB : *free on board).*
La balance la plus fréquemment utilisée est la balance FAB/FAB.
Corrélat : balance commerciale.

Franchise : exemption de droits, de taxes pour la fabrication ou pour le franchissement douanier des marchandises (port franc, zone franche).

GATT *(General agreement on tarifs and trade)* : accord général sur la réduction des droits de douane, en vigueur de 1948 à 1995, remplacé depuis par l'OMC (Organisation mondiale du commerce).

Parts de marché : pour évaluer la performance commerciale d'un pays, on considère l'évolution de ses parts de marché soit sur le marché mondial, soit dans une zone régionale, soit dans un pays. La part de marché est mesurée par le rapport entre le volume d'exportations et la demande mondiale adressée à un pays, pour un produit donné.
Corrélat : taux de pénétration.

Taux de couverture : le ratio exportations sur importations est aussi appelé taux de couverture (des importations par les exportations). S'il est égal à 100, les échanges sont équilibrés ; s'il est inférieur, il y a déficit ; s'il est supérieur, il y a excédent.

Taux de pénétration : part des produits importés sur un marché donné. C'est une mesure de moins en moins significative du fait de la délocalisation de nombreuses productions.
Corrélat : parts de marché.

TEC ou tarif extérieur commun : régime douanier commun s'appliquant aux produits industriels des pays tiers à leur entrée dans l'Union européenne.

Zone franc : ensemble de pays (13 pays de l'Afrique de l'Ouest, les DOM/TOM) dont la monnaie est définie et stabilisée par rapport au franc.

Conclusion

Un monde neuf s'est levé durant la décennie 1980-1990 et il a changé les données de la politique française en Europe comme hors Europe.

La France et l'Allemagne

En Europe, la France a perdu le rôle de leader qu'elle avait exercé de 1950 à 1980. Après la guerre, l'Allemagne vaincue et affaiblie s'est consacrée à son relèvement économique, a été à la remorque de la France sur le plan politique ; l'Angleterre a continué à mener sa politique du grand large ; l'Italie et l'Espagne n'ont joué que des seconds rôles. Aujourd'hui, Londres, Rome, Milan, Madrid et Barcelone, voire Berlin à l'aube de l'an 2000, redeviennent des foyers politiques, économiques et culturels très actifs en Europe et concurrencent Paris.

Mais c'est l'ascension allemande qui a modifié le plus le rapport de forces. Depuis la réunification allemande, Bonn ambitionne un rôle politique mondial tandis que sa coopération avec la France est plus complexe. Cette nouvelle Allemagne (RFA + RDA) a une industrie qui pèse 2,5 fois la nôtre ; une agriculture qui a acquis la 1re place pour la production du lait et la 2e pour le blé, au sein de l'Union européenne ; ses exportations sont presque le double de celles de l'hexagone. Certes, la France multiplie les initiatives européennes pour encadrer le géant d'outre-Rhin : union politique, économique et monétaire, défense commune...

Perte d'influence encore dans le Tiers-Monde où la France voit les États-Unis, l'Italie et le Japon jouer un rôle grandissant, faute de moyens suffisants. Notre influence en Asie reste trop discrète ; l'Amérique latine conserve des liens privilégiés avec les États-Unis. Une grande politique française reste à concevoir au Proche-Orient. Seuls les malheurs économiques de l'Afrique francophone ont contribué à maintenir des liens importants (remise de dette, zone franc*).

France : les vraies difficultés

La reprise est terminée. Dans l'économie occidentale, la reprise, c'est-à-dire l'expansion exceptionnellement rapide qui regagne le terrain perdu durant la récession, est terminée. La croissance a retrouvé son rythme normal, entre 2% et 2,5% l'an selon les pays.

Contrepartie positive : la stabilité des prix. Les indices des cours de matières premières sont pratiquement stables, hors oscillation des changes. Il semble qu'il en soit de même pour les prix des marchandises, objets du commerce international. Les prix intérieurs continuent à monter, mais à des rythmes assagis compris entre 3% l'an aux États-Unis et 1,7% en France.

Cependant, les économies occidentales sont si intimement liées par des échanges denses et si semblables qu'aucune ne peut espérer une croissance beaucoup plus vive que les autres, dès lors qu'elle n'a pris aucun retard particulier. La France, qui exporte 30% de sa production marchande, participe nécessairement à cette normalisation.

Il ne faut donc pas rêver, la pente de l'expansion française ne sera pas très différente des 2,2% l'an qui sont la moyenne depuis vingt ans.

La quadrature du cercle. Le point faible qui explique la défiance vis-à-vis du franc, c'est le déficit des comptes publics. En 1994, il a été de 5,7% du PIB ; en 1995, il devrait revenir autour de 4,15% et en 1996 à 3,5%. L'objectif de 3%, conformément aux critères de convergence européens, n'est pas garanti, mais il n'est pas non plus hors d'atteinte.

Le gouvernement tente de résoudre le problème de la quadrature du cercle : réduire le déficit sans trop diminuer les dépenses ce qui le conduit à augmenter les impôts à la fois sur les entreprises et les particuliers au moment où la conjoncture s'annonce un peu moins soutenue que prévu. La difficulté du problème vient de ce que, relativement au PIB, les prélèvements obligatoires sont déjà en France supérieurs à ce qu'ils sont non seulement au Japon et aux États-Unis, mais aussi au Royaume-Uni, en Allemagne et en Espagne. En 1996, ils atteindront 45,7% du PIB, battant par là même le précédent record de 1984 (44,6%).

La faiblesse essentielle de la France, ce n'est pas tant le déficit que sa cause : une augmentation des dépenses collectives plus rapide que celle de la production.

La vraie difficulté sera donc de gérer les déficits publics : celui de l'État et celui des régimes sociaux.

D'ici là, comment limiter le chômage ? En partageant mieux le travail dans le temps et dans l'espace comme vient encore de le démontrer un rapport du Commissariat au Plan : horaires flexibles, rémunérations variables au-delà d'un minimum, travail à mi-temps, retraite progressive, congés parentaux et de formation, allégement des charges sur les bas salaires...

Les perspectives

La croissance attendue en 1996 n'est que de 1,3%. Il en résultera un alourdissement des prélèvements obligatoires, une forte augmentation du chômage (+ 100 000 chômeurs supplémentaires à la fin de l'année 1996) malgré une accélération progressive de la croissance au cours du second semestre grâce aux investissements des entreprises. Il faudra attendre 1997 pour une reprise franche des créations d'emplois (croissance prévue de + 2,8%). En effet, l'environnement international deviendra progressivement plus porteur (FMI) aux États-Unis comme au Japon. Seule, l'Allemagne ne connaîtrait qu'une croissance faible et verrait sa situation économique et financière considérablement affaiblie, ce qui semble profiter au franc face au mark, en ce début d'année 1996.

Sur ces bases, que ce soit en Allemagne ou en France, les critères de Maastricht ne seraient pas respectés fin 1997 : à politique inchangée, les déficits publics atteindraient 3,6% du PIB en France et 3,4% en Allemagne. La France n'a donc pas encore tiré tous les bénéfices normalement liés à la désinflation et dont le premier est une confiance qui autorise, avec la baisse des taux, des stratégies un peu plus audacieuses. Mais, il faut aussi savoir que la France ne peut plus être une « locomotive » économique, elle ne représente que 1% de la population de la planète et 7% de la production de l'OCDE.

Bibliographie

1. Ouvrages généraux

DAMETTE (Félix) et SCHEIBLING (Jacques), *La France, permanences et mutations*, Hachette, Carré Géographie n°2, 1995, 255 pages.

BRAUN (Bernard) et COLLIGNON (Francis), *La France en fiches*, Bréal, 1995, 335 pages.

NOIN (Daniel), *L'espace français*, 9ᵉ édition, A. Colin, Cursus, 1996, 192 pages.

TUR (Jean-Jacques), *Géographie humaine et économique de la France*, Ellipses, 1994, 447 pages.

ECK (Jean-François), *La France dans la nouvelle économie mondiale*, PUF, Major, 1994, 312 pages.

MICHEL (Michel), *L'aménagement régional en France, du territoire aux territoires*, Masson, 1994, 312 pages.

PINCHEMEL (Philippe), *La France*, 2ᵉ édition, A. Colin, 1994, 2 volumes, 328 pages et 416 pages.

CLAVAL (Paul), *Géographie de la France*, PUF, Que-sais-je ?, n° 1239, 1993, 128 pages.

DÉZERT (Bernard), *La France face à l'ouverture européenne*, Masson, 1993, 192 pages.

COLOMBEL (Yves) et Odouard (Albert), *La France, économie et espace*, Ellipses, 1993, 2 volumes, 158 pages et 176 pages.

BALESTE (Marcel), *L'économie française*, 12ᵉ édition, Masson, 1992, 308 pages.

LERAT (Serge) et FROMENT (Roland), *La France*, Bréal, 1992, 3 volumes, 296 pages, 288 pages et 176 pages.

PUMAIN (Denise) et SAINT-JULIEN (Thérèse), *France, Europe du Sud*, Reclus/Hachette, Géographie Universelle, 1990, 480 pages.

DE PLANHOL (Xavier), *Géographie historique de la France*, Fayard, 1988, 635 pages.

FRÉMONT (Armand), *France, géographie d'une société*, Flammarion, collection Géographes, 1988, 293 pages.

2. Quelques études thématiques

CHARRIÉ (Jean-Paul), *Les activités industrielles en France*, Masson, 1995, 240 pages.

CADARS (Augusta) et Badower (Anne), *La France, industries, services*, 5ᵉ édition, Sirey, Mémento de Géographie, 1994, 272 pages.

ROUDIÉ (Philippe), *La France, agriculture, forêts, pêche*, 5ᵉ édition, Sirey, Mémento de Géographie, 1993, 246 pages.

CLARY (Daniel), *Le tourisme dans l'espace français*, Masson, 1993, 358 pages.

3. Étude régionale de la France

BALESTE (Marcel), BOYER (Jean-Claude), GRAS (Jacques), MONTAGNÉ-VILLETTE (Solange) et VAREILLE (Claude), *La France : 22 régions de programme*, 2ᵉ édition, Masson, 1995, 328 pages.

GAMBLIN (André) dir., *La France dans ses régions*, SEDES, 1994, 2 volumes, 368 et 328 pages.

ESTIENNE (Pierre), *Les régions Françaises*, 3ᵉ édition, Masson, 1994, 2 volumes, 268 pages et 272 pages.

FABRIÈS-VERFAILLIE (Maryse), Jouve (Annie) et Stragiotti (Pierre), *La France des régions*, Bréal, 1992, 383 pages.

DREVET (Jean-François), *La France et l'Europe des régions*, Syros, Alternatives, 1991, 235 pages.

DREVET (Jean-François), *1992-2000 : les régions françaises entre l'Europe et le déclin*, Souffles, 1988, 253 pages.

Pour une bibliographie complète sur la France, consulter la revue *Historiens-Géographes* (Marconis, Robert) :

- n° 349 (1995), pages 47-53,
- n° 341 (1993), pages 363-371,
- n° 334 (1991), pages 43-53.

Index

1. Index des clés et repères

Accord multifibre ou AMF, 139
Accroissement naturel, 66
AOC, 104
Arrière-pays, 200
Avant-pays, 200
Baby boom, 66
Balance commerciale, 231
Balance des invisibles, 231
Balance des paiements, 231
Baril, 166
Barrage, 166
Bassin sédimentaire, 34
Bilan énergétique, 166
Biotechnologie, 139
Bocage, 34
Cabotage, 200
CAF, 231
Cartel, 139
Cheptel, 104
CNR, 166
Compensation, 231
Conchyliculture, 104
Conglomérat, 139
Conteneur, 200
Côte ou cuesta, 34
Décentralisation industrielle, 139
Délocalisation industrielle, 139
Dépopulation, 66
Déréglementation, 200
Élevage hors-sol, 104
Énergie primaire, 166
Étranger, 66
Eustatisme, 34
Eutrophisation, 34
EVP, 200
FAB, 231
Faire-valoir direct, 104
Fécondité, 66
Feedering, 200
FEOGA, 104
Filière, 139
Finage, 104

Firme transnationale, 139
Flexibilité, 139
Franchise, 231
Fret, 200
Friche industrielle, 139
GATT, 231
Géomorphologie, 34
Géothermie, 166
GNL, 166
Hercynien, 34
Holding, 139
Houille, lignite, coke, 166
Hub, 200
Immigration, 66
INED, 66
INSEE, 66
Interfluve, 34
Intermodal, 200
Intrants, 104
ISF, 66
Isthme, 34
Jachère, 104
Karstique, 34
Lithologie, 34
Logistique, 200
Malthusien, 66
Marchandises diverses, 200
Massif ancien, 34
Mégawatt, 166
Méthanier, 166
Métropole, 66
Mortalité infantile, 66
Nationalisation, 139
Oléagineux, 104
ONIC, 104
Openfield, 34
Orogenèse, 34
Parts de marché, 231
Passagers/km, 200
Pavillon bis, 201
Paysage, 34
Planification, 139
Plate-forme, 201
Pôles de conversion, 139

Pont terrestre, 201
PSC, 104
Puissance nucléaire installée, 166
Pyrénéo-alpin, 34
Quota, 104
Recherche et développement, 139
Roulage, 201
Rurbanisation, 66
Secteur d'activité, 67
Sex-ratio, 67
Solde migratoire, 67
Structural, 34
Surpêche, 104
Synapse, 201
Taux d'activité, 67
Taux d'indépendance énergétique, 166
Taux de couverture, 231
Taux de mortalité, 67
Taux de natalité, 67
Taux de pénétration, 231
TEC, 231
Technopôle, 139
Téléport, 201
Tep, 166
Terminal, 201
Terroir, 104
TIR, 201
TJB, 201
Tonne/km, 201
Touriste, 67
Tour du monde, 201
TPL, 201
Tramp, 201
Transition démographique, 67
Transport combiné, 201
Trust, 139
Unitisation des charges, 201
Vacances, 67
ZEE, 34
Zone Franc, 231
ZPIU, 67

2. Index des notions

accidents climatiques, 12, 19
activité féminine, 46, 51
agriculture et ruralité, 82
aides agricoles, 80
aménagement du territoire, 22, 24, 169, 172
approvisionnement énergétique, 144, 145, 146
    carte, 160-161
autarcie, 206

balance énergétique, 211

céréales, 74, 93
charbon, 145
chemin de fer, 171
    schéma directeur, 172, 173
    SNCF, 188
    TGV, 171
        carte, 192-193
chômage, 48, 59
    causes, 49
    politiques de lutte, 49
climat méditerranéen, 12
    carte, 20
    vocation, 17
climat océanique, 11
    carte, 20
    vocation, 17
compétitivité, 208, 209
conception multimodale, 171, 186
    carte, 187
consommation d'énergie, 143, 153
contrainte pétrolière, 153, 155, 162
croissance urbaine, 41, 60-61

déficit des échanges, 205, 207, 208, 213, 214
dégradation continentale, 12
    carte, 20
dépendance énergétique, 143
    plan, 162
différentiel de conjoncture, 208

eau,
    activités, 32
    bassin (Loire), 22
    bilan de l'eau, 21
    et agriculture, 21
échanges,
    de services, 221
    industriels, 211, 212
échanges agro-alimentaires, 210
échanges extérieurs, 205
électricité, 146
    carte, 160-161
    EDF, 146, 148
    hydroélectricité, 147

nucléaire, 147, 158
    plan, 164
élevage, 75
    carte, 99
    plan, 98
endettement, 80
entreprises publiques, 108, 132
espace industriel,
    carte, 130-131
    plan, 135
espace intermédiaire, 184
espace montagnard, 30
espérance de vie, 44, 57
étrangers, 39, 62
évolution agricole régionale, 79, 81
    carte, 94-95
évolution climatique, 12
excédent des échanges, 209, 213, 216, 218
exode ouvrier, 46
exode rural, 40
exportations agro-alimentaires, 71

forêt,
    carte, 102
    plan, 100
France alpine, 10
France hercynienne, 9
frontières, 14, 15

GATT: négociations agricoles, 77, 86
Gaz naturel, 145
    GDF, 145, 149
glissement paysan, 41
grandes entreprises, 108

histoire géologique, 9

industries agro-alimentaires, 126
    carte, 128
intégration européenne, 171, 173, 174, 182
    plan, 196
internationalisation, 113, 115, 220
investissement industriel étranger, 111

logistique des transports, 171, 196

maillage de l'espace, 197
malaise paysan, 80, 83
mines, 156
    carte, 157
modèle productiviste, 78
mortalité, 44

natalité, 39
    baisse, 42
    causes, 43

nationalisations, 109
    bilan, 120

ouverture extérieure, 205, 206

PAC, 76
    ancienne, 84
    bilan, 77
    nouvelle, 77
    réajustements, 76
pêche, 96
pénétration des marchés, 114
pétrole, 144
    Bassin parisien, 154
    carte, 160-161
    Elf, 151
    facture pétrolière, 155
    Total, 150
PMI/PME, 123
politique de transports, 170
politique industrielle, 107, 118
    coopération européenne, 124
    plan, 132
    pôle de conversion européen, 129
population active, 45
population agricole, 73
ports, 178
    carte, 192-193
    Le Havre, 179
    Marseille, 180
privatisations, 110, 133
Productions, 78
pyramide des âges, 56

réseau de transports, 187
réseaux (politique des), 24
revenu agricole, 80, 81

révolution démographique, 52
Révolution des transports, 169
rôle des transports (plan), 194

secteur primaire, 47
secteur secondaire, 47
secteur tertiaire, 47, 64, 221
sociétés de commerce international, 217
spécialisation agricole, 73
structures, 72
surmortalité masculine, 44, 56
systèmes urbains, 60
système-monde (plan), 230

taille critique, 114
territoire, 7, 14
tourisme, 224
    carte, 226
transnationales françaises, 116
transports aériens intérieurs, 175
    aéroports, 181
    Air France, 190
    compagnies régionales, 175
    déréglementation, 176, 190
    Roissy, 186
transports maritimes, 176, 177
    plans, 177
transports routiers, 170
    carte, 192-193
    plan autoroutier, 170
    trafic, 180

vieillissement, 51, 57
vignobles, 88
voies navigables, 173
    schéma directeur, 174, 183
    trafic, 174

Table des synthèses

1. Le cadre français
Phénomènes naturels – catastrophes humaines 19
Les climats français 20
Le bilan de l'eau 21
L'aménagement du bassin de la Loire 22
L'émergence d'espaces transfrontaliers : les Eurorégions 24
Atouts et contraintes de l'espace français 28

2. La population française
Comparaison 1789-1989 52
Cartes du recensement de 1990 53
Les cinq grandes tendances du recensement de 1990 54
La pyramide des âges 56
La répartition de la population 58
Le chômage, un mal français ? 59
Le système urbain français 60

3. L'agriculture française
La fin des paysans 83
L'ancienne PAC, une cause perdue 84
Le différend agricole CEE-États-Unis : un conflit exemplaire 86
Les vignobles de qualité en France 88
Les céréales 93
Les régions agricoles en France 94
La pêche française 96

4. L'industrie française
Atouts et handicaps de la France 119
Bilan des nationalisations 1981-1990 120
Les PMI/PME 123
La coopération aéronautique européenne 124
Les industries agro-alimentaires 126
Longwy, pôle de conversion européen 129

5. L'énergie en France
Le Bassin parisien, nouvelle province pétrolière 154
La maîtrise de la facture pétrolière 155
La France ferme ses mines 156
L'avenir du nucléaire 158

6. Les transports en France
La question de la liaison Rhin-Rhône 183
La notion d'espace intermédiaire 184
Roissy, une plate-forme multimodale majeure 186
Quel avenir pour la SNCF ? 188
Air France dans la crise du transport aérien 190

7. La France dans le monde
Les méconnues du commerce international, les SCI 217
1995, un excédent historique en trompe-l'œil 218
L'internationalisation des entreprises et le commerce extérieur 220
Les services : un atout durable pour les échanges extérieurs ? 221
Le tourisme en France 224

Masson & Armand Colin Éditeurs
5, rue Laromiguière
75241 Paris Cedex 05
N° 001414/01
Dépôt légal : septembre 1996

Photocomposition
Nord Compo
59650 Villeneuve-d'Ascq

Normandie Roto Impression s.a.
61250 Lonrai
N° d'imprimeur : 961596
Dépôt légal : septembre 1996